Rifqa Bary

Untergetaucht im Licht

RIFQA BARY

UNTERGETAUCHT IM LICHT

Warum ich alles riskierte, um den Islam zu verlassen und Jesus zu folgen

media
maria

Bibliografische Information: Deutsche Nationalbibliothek.
Die deutsche Nationalbibliothek verzeichnet diese Publikation in der Deutschen Nationalbibliografie; detaillierte bibliografische Daten sind im Internet über http://dnb.ddb.de abrufbar.

Bestimmte Namen und Einzelheiten wurden verändert, um die Identität der betreffenden Personen zu schützen. Jede daraus resultierende Ähnlichkeit mit realen Personen ist zufällig und nicht beabsichtigt.

Die Originalausgabe erschien unter dem Titel:
»Hiding in the Light – Why I risked everything to leave Islam and follow Jesus«

UNTERGETAUCHT IM LICHT
Warum ich alles riskierte, um den Islam zu verlassen und Jesus zu folgen
Rifqa Bary
Übersetzung: Dr. Gabriele Stein

ISBN 978-3-9454011-8-7

www.media-maria.de

Für meinen geliebten kleinen Bruder Mohamed Rajaa Bary

Ich kann nur ahnen, welche unbeantworteten Fragen dich quälen. Warum hat deine geliebte große Schwester dich verlassen und ist nie wieder heimgekommen? Ich hoffe, dieses Buch ist wie ein langer Brief, der dir alles erklärt.

Auch wenn du meine Antwort vielleicht nie verstehen wirst, bete ich, dass die Worte auf diesen Seiten deinem Herzen Heilung bringen. Ich bete, dass du mir eines Tages vergeben kannst, was ich dir angetan habe. Ich bin nicht gegangen, weil ich dich nicht genug geliebt hätte. Ich bin gegangen, weil ich einem Gott begegnet bin, der es wert war, alles andere aufzugeben: selbst den kostbarsten kleinen Menschen in meinem Leben.

Ich wünschte, du könntest in meine Träume blicken und erkennen, wie sehr ich mich danach sehne, dich in meinen Armen zu halten, wie ich es vor so vielen Jahren getan habe … und dich dieses Mal nicht loszulassen.

Anmerkung der Autorin

2009/2010 ging meine Geschichte durch die nationalen und internationalen Medien. Wie so oft basierte ein Großteil der Berichterstattung auf Spekulationen und Unwahrheiten. Das vorliegende Buch ist aus dem Wunsch heraus entstanden, eine detaillierte Darstellung der persönlichen Erfahrungen vorzulegen, die ich mit meiner Familie und meiner Religionsgemeinschaft gemacht habe. Bitte glauben Sie mir, dass es nicht meine Absicht ist, die Muslime oder den Islam insgesamt in Misskredit zu bringen.

Auch wenn die Geschichte, die Sie auf den folgenden Seiten lesen werden, wahr ist, habe ich zum Schutz der Privatsphäre und aus Sicherheitsgründen die Namen vieler Personen geändert.

Einleitung

Die Moschee hatte mein Geheimnis entdeckt.
Und meine Eltern wussten es inzwischen auch.
Die schützende Dunkelheit der frühen Morgenstunden wich rasch. Mutter schlief noch. Vater hatte seine Reise abgebrochen und war auf dem Heimweg. Wenn ich überleben wollte, musste ich *jetzt* gehen. Es war die einzige Möglichkeit, der Strafe zu entkommen: der Strafe nicht etwa für ein Verbrechen, sondern für meinen Glauben.

Unmittelbar bevor ich mich aus meinem Schlafzimmer zur Vordertür hinaus ins Unbekannte schlich, nahm ich mir einen letzten, verzweifelten Augenblick Zeit und schrieb mit zitternder Hand:

Jesus Christus ist mein Herr und Erlöser. Ich werde Ihn nicht verleugnen, weder jetzt noch in Zukunft. Ich bete und hoffe, dass ihr Sein Erbarmen und Seine Vergebung findet.

Rifqa

Ein letztes Mal ließ ich meine Blicke durch den Raum schweifen, der meine Zuflucht gewesen war. Ich legte die Nachricht auf mein Kissen, flüsterte tonlos ein Wort des Abschieds und ging fort.

Wovor ich weglief, war klar.

Doch wohin ich lief …

Das wusste Gott allein.

Eins

Ich spielte im Garten unseres Hauses in Sri Lanka. Meine Haut glänzte in der Sommersonne wie Karamell und die Luft war vom Duft des Geißblatts erfüllt. Ich sog sie tief ein und füllte meine kleinen Lungen damit. Ich war erst fünf, ein kleines Mädchen in einer so großen Welt, doch ich fühlte mich sorglos und sicher. Freude wallte in mir auf. Ich breitete die Arme aus und stellte mir vor, es wären Flügel. Ich wäre ein mächtiger Vogel, der am wolkenlosen Himmel seine Kreise zöge. Mit weit ausgespannten Schwingen lief ich umher, jauchzte, lachte …

Und stand dann plötzlich still.

Denn in diesem Augenblick bemerkte ich etwas Starkes und Neues. Eine Gegenwart, ruhig und tröstlich, schwebend, fast greifbar. Sie kam immer näher.

Ich hatte noch nie etwas Ähnliches wahrgenommen, aber ich hatte keine Angst. Ich fühlte mich seltsam beschützt, gehalten, ja geliebt. Ich spähte angestrengt in die Richtung, aus der es zu kommen schien, und rechnete halb damit, dass die leere Luft sich zu Augen und Gesichtszügen verdichtete und zu mir zurückspähte. Doch ich sah nichts. Aber ich wusste, dass *jemand* da war, ein starker Mann, dessen Bewegungen die Luft aufzuwirbeln schienen: zu elementar, um unsichtbar zu sein.

Ich bekam eine Gänsehaut und eine starke Erregung packte meinen kleinen Körper. Während ich mein Spiel wieder aufnahm, blickte ich zurück, noch immer in der Erwartung, eine physische Person zu sehen. Wieder war niemand da. Ich lachte. Es wurde eine Neckerei daraus: spielen, umdrehen, kichern. Spielen, umdrehen, kichern. Diese Gegenwart war so verlockend, strahlte eine solche Wärme aus. Ich wollte nicht, dass es aufhörte. Doch selbst wenn es aufhörte, wusste ich, dass sie wiederkommen würde.

Ich bin in Sri Lanka aufgewachsen und ich war ein glückliches kleines Mädchen – besonders, wenn ich bei meiner Mutter, meiner »Mami«, war. Ich wollte immer in ihrer Nähe sein. Ihr volles, schönes Lächeln machte mich froh, und ihr herzliches Lachen schallte durch das ganze Haus.

Wenn ich die Augen schließe, sehe ich sie heute noch vor mir, in ihrem langen Baumwollrock, den sie zu Hause trug. Und ich erinnere mich, wie sie mich, als ich noch sehr klein war, immer zum Essen zu überreden versuchte. Ich griff nach ihren langen schwarzen Locken und neckte sie mit schelmischen Augen.

»Noch ein Häppchen, kleine Rifqa«, sagte sie in unserer Muttersprache Tamil.

Ich sperrte den Mund weit auf und ließ mich von ihr füttern. Ich spürte den Geschmack von Reisbällchen, die mit Curry gewürzt waren.

»Gut so. Und jetzt kommt ein Flugzeug! Mach den Mund weit auf, Rifqa!«

Mamis Flugzeug lieferte seine Fracht ab. Ich kaute mit offenem Mund und quietschte vor Vergnügen. Sie verwandelte die Mahlzeiten in ein Spiel, weil sie wusste, dass sie mich nur so zum Essen bringen konnte. Ein Flugzeug nach dem anderen flog über den Tisch und in meinen Mund hinein.

Damals ließ meine Mutter mir, wenn Papa nicht zu Hause war, gewisse Freiheiten. Manchmal durfte ich Nagellack ausprobieren, obwohl meine muslimische Familie das eigentlich verboten hatte – angeblich macht es uns unrein. Doch Mami erlaubte mir, einen heimlichen Vorrat davon anzulegen, und ich trug ihn auf, wenn niemand es sah. Ich wusste, dass ich ihn nicht mehr benutzen dürfte, sobald ich erst einmal alt genug wäre, um zu beten. Doch den Geruch nach Chemikalien und das Funkeln meiner Fingernägel im gedämpften Licht meines Zimmers würde ich nie vergessen.

Die frühen Erinnerungen an meinen Vater lassen sich nicht so leicht heraufbeschwören. Aber ich weiß, dass ich ihn vergöttert habe. Er kam mir *riesig* vor! Ich weiß heute, dass er durchschnittlich groß ist, aber damals war er der größte Mensch in meiner kleinen Welt, und deshalb glaubte ich, dass ich bei ihm in Sicherheit war und er mich vor Schaden bewahren würde. Ich war ganz versessen darauf, seine Aufmerksamkeit zu erregen, sooft ich nur konnte, und ich wollte unbedingt etwas Besonderes für ihn sein – ein Schatz, den er immer hüten würde.

Mein Vater bestritt unseren Unterhalt: Er verkaufte Edelsteine und hatte oft mit Händlern in Amerika zu tun. Nicht selten war er monatelang auf Geschäftsreise. Als Kind verstand ich nicht, warum er so lange wegblieb, aber ich weiß noch, wie sehr ich mich immer gefreut hatte, wenn er zurückkam. Einmal kehrte er von einer längeren Reise heim und sah völlig verändert aus: Sein sonst glatt rasiertes Gesicht war dunkel und struppig. Ich streckte meine Hand aus und berührte seine Wange, dann legte ich meine eigene Wange an seine kratzigen Stoppeln und quietschte vor Vergnügen. Statt wegzulaufen, rieb ich meine andere Wange an seiner und kreischte erneut. Er lächelte, weil sein Bart mich so faszinierte.

In den darauffolgenden Jahren brachte er mir von seinen Fernreisen oft Kleider oder Süßigkeiten mit. Ich freute mich darüber, doch noch mehr freute ich mich, wenn er, was selten genug vorkam, einmal mehr als nur ein paar Tage hintereinander zu Hause blieb und wir alle zusammen sein konnten.

Trotz seiner häufigen Reisen war mein Vater ein gläubiges und angesehenes Mitglied unserer Moscheegemeinde. Das geboten ihm seine Ehre als Mann und seine Pflicht als Muslim. Und ich war nicht nur als Rifqa Bary und als Tamilin, sondern mit genau derselben Selbstverständlichkeit auch als Muslimin geboren worden. Natürlich war ich mit meinen fünf Jahren noch zu jung, um wirklich zu verstehen, was der Islam für mich und für die Menschen um mich herum bedeutete, doch es war klar genug, dass er unsere Identität war und immer sein würde. Die streng muslimische Kultur war alles, was ich kannte, und so akzeptierte ich sie als normal. Jeder Mensch und jeder Tag gehörten Allah. Das war eben so. Wer wäre auf die Idee gekommen, eine solch feste Gewissheit zu hinterfragen?

Meine fromme Familie hielt sich an alle Rituale, die der Islam vorschrieb, betete fünfmal am Tag, fastete und feierte und lernte den Koran auswendig. Es gehört zu meinen frühesten Erinnerungen, dass wir im heiligen Monat Ramadan um drei oder vier Uhr morgens aufstanden, vor Sonnenaufgang eine Mahlzeit zu uns nahmen, die meine Mutter vorbereitet hatte, und dann wieder zu Bett gingen. Dabei mussten wir ein bestimmtes Gebet sprechen, das wir auswendig gelernt hatten und das ich vor mich hinmurmelte, während ich versuchte, wieder in den Schlaf hinüberzugleiten. Schon als ich sieben Jahre alt war, wurde von mir erwartet, dass ich mich an dem ganztägigen Fasten beteiligte und nichts, nicht einmal einen Schluck Wasser, zu mir nahm, bis wir um sieben oder acht Uhr abends unser Fasten mit ein paar Datteln und einer sri-lankischen

Suppe brechen durften, die meine Mutter jeden Tag eigens zu diesem Zweck zubereitete.

Auch an den Imam erinnere ich mich noch, der jede Woche zu uns nach Hause kam. Er lehrte mich, das Heilige Buch zu »lesen«, doch ich hatte keine Vorstellung von dem, was drinstand. Ich sprach Tamil und ein bisschen Englisch, konnte aber weder die eine noch die andere Sprache lesen. Und der Koran ist auf Arabisch verfasst, denn es gilt bei den muslimischen Autoritäten in meiner Heimatregion als unheilig, ihn zu übersetzen. Wir sollten nur – in perfektem Arabisch – daraus zitieren können, um uns das Wohlgefallen der Ältesten und des Moscheevorstands zu verdienen.

Doch trotz aller Verwirrung, die seine Sprache und sein Geheimnis in mir hervorriefen, machte das Lob meines Vaters das stundenlange Lernen wieder wett. Ihm zuliebe bemühten wir uns, gute Islamschüler zu sein: mein großer Bruder Rilvan und ich.

Rilvan ist zwei Jahre älter als ich und unsere Beziehung war (wie bei vielen Geschwistern, die nicht sehr weit auseinander sind) heftigen Schwankungen unterworfen, die von dicker Freundschaft bis hin zu blankem Hass reichen konnten. Er war mein engster Gefährte und ich liebte ihn innig, auch wenn ich das damals nicht zugegeben hätte. Ich folgte ihm wie ein Schatten durchs ganze Haus, bis er mich entnervt fortscheuchte, und auch dann lief ich nur weg, um mich bald darauf wieder unverdrossen an seine Fersen zu heften. Wenn er gnädiger gestimmt war, spielten wir Fangen, rannten unter Geschrei und Gelächter durchs ganze Haus und trieben harmlose Späße miteinander.

Eines Tages – es war kurz nach meinem sechsten Geburtstag – kam mein Vater von einer Geschäftsreise nach Hause und brachte ein kleines Metallflugzeug mit, das man ihm am Flughafen geschenkt hatte. Rilvan spielte damit und ich wollte es auch haben.

»Nein, Rifqa«, sagte er. »Papa hat es *mir* geschenkt. Du kannst später damit spielen.«

»Ich will es nur ansehen«, rief ich, »nur für eine Minute!«, ehe ich zu meiner Geheimwaffe griff: »Ich sag's der Mama!«

»Nein«, sagte Rilvan und hielt das Flugzeug umklammert.

»Mami, Mami, er ...«

»Na *gut*«, sagte Rilvan mit einem Seufzer und schleuderte mir das Flugzeug entgegen.

Ich weiß noch, wie es auf mich zuflog, doch danach ist alles verschwommen. Nur an das viele Blut erinnere ich mich noch: Es war überall, lief über mein Gesicht und tränkte mein orangefarbenes Kleid. Meine Mutter hörte mich schreien und kam aus einem anderen Raum herbeigerannt, während Rilvan stocksteif dastand, entsetzt auf seine Hände starrte und Worte stammelte wie: »Aber wie ...? Ich wollte doch nur ...«

Es fühlte sich an, als hätte jemand die Zeit angehalten. Und genau das war auch das letzte Bild, das sich meinem Gedächtnis an jenem Tag einprägte: die beiden Uhrzeiger, die beide senkrecht nach oben standen: Punkt zwölf Uhr mittags ... Dann wurde es schwarz um mich.

Als Nächstes strömte eine Flut aus zusammenhanglosen, trudelnden Bildern auf mich ein, die sich in traumatischen Bewusstseinsphasen wellenartig ineinanderwoben und wieder entwirrten. Ich erinnere mich noch, wie mein Großvater schrie: »Hilfe! So helft doch!« Ich erinnere mich an das schwache Echo der hektischen Stimmen von Ärzten und Krankenschwestern; eine von ihnen – zumindest vermute ich das – erklärte meiner Familie: »Wir können sie nicht hierbehalten, es tut mir leid. Sie ist zu schwer verletzt. Die Blutung ist zu stark. Sie müssen sie in ein anderes Krankenhaus bringen, das den nötigen Eingriff durchführen kann. Aber beeilen Sie sich! Wenn ihr nicht bald geholfen wird, wird sie es vielleicht nicht schaffen!« Ich sehnte mich nach der tröstenden Gegenwart meiner Mutter. Schlaff und leblos hing ich in den Armen meines Großvaters und röchelte.

Erst mehrere Tage später hatte ich meine Sinne wieder beisammen. Alle bis auf einen. Mein rechtes Auge war von der scharfen Spitze des Metallflugzeugs so schwer verletzt worden, dass es nicht auf die verschiedenen Eingriffe und Behandlungen ansprach, mit denen man versuchte, seine Funktion wiederherzustellen. Obwohl ich Wochen in einem weit entfernten Krankenhaus und in der Obhut seines vermeintlich besser geschulten Personals verbrachte, ist die Sehkraft auf diesem Auge bis heute nicht zurückgekehrt. Sein goldenes Braun verblasste zu einem milchigen Grau.

Doch so erschreckend und verwirrend der teilweise Verlust meines Augenlichts für mich mit meinen sechs Jahren auch war, war ein anderer Verlust doch weitaus schrecklicher. Und kam (mindestens) genauso unerwartet.

Ich fühlte mich von jenem Tag an wie gebrandmarkt. Ich konnte es noch nicht so richtig in Worte fassen, doch etwas hatte sich verändert. Gleich nachdem wir aus dem Krankenhaus wieder nach Hause gekommen waren, begann meine Familie, mich anders zu behandeln. Wenn sie mich ansahen, wurde ihr Blick plötzlich kühl. Und in Situationen, in denen sie vorher über meine Dickköpfigkeit oder Sturheit oder was auch immer gelacht hatten, wurde ich nun weit öfter ermahnt, mich zu benehmen und still zu sitzen.

Warum?, fragte ich mich. Es war ja nicht so, dass meine Verletzung mich beeinträchtigt hätte. Ich war in der Lage, mich anzupassen und darauf einzustellen und so ziemlich alles zu tun, was ich auch vorher getan hatte. Ich war immer noch dieselbe Rifqa, das wusste ich. Und doch hatte sich ihr Verhalten mir gegenüber verändert. Als wäre ich eine Last für sie geworden. Als sähen sie jedes Mal, wenn sie in mein verunstaltetes Gesicht blickten, etwas, das für sie einfach inakzeptabel war.

Selbst das kleinste Missgeschick oder die kleinste Bitte meinerseits konnte nun heftige Zornesausbrüche und schwerwiegende Folgen nach sich ziehen. Auch wenn körperliche Züchtigungen in meiner Kultur durchaus üblich sind, hatte ich dergleichen in meiner Familie doch bis dahin nie erlebt. Ich erinnere mich noch, wie ich eines Nachmittags an den Rockzipfeln meiner Mutter hing und bettelte, dass sie mit mir spielen solle. Ich muss wohl einmal zu oft gequengelt haben, denn schließlich rastete sie einfach aus. Mit einem Ruck packte sie mich, hob mich hoch und warf mich auf den Boden. Ich prallte auf den kalten Beton, schürfte mir die Knie auf und stieß mir die Ellenbogen an.

»Hör auf damit!«, schrie sie. »Ich habe heute keine Zeit für dich, Rifqa. Geh!«

In der Anfangszeit versuchte ich dennoch immer weiter, ihre Aufmerksamkeit zu erregen. Doch als die blauen Flecken zahlreicher und die Wutanfälle häufiger wurden, begann ich, ihr aus dem Weg zu gehen. Ihr Zorn brach ohne Vorwarnung aus, und wenn ich etwas tat, was ihr missfiel, oder zu lange brauchte, um etwas zu erledigen, konnte ich mit einem harschen Tadel rechnen. Selbst wenn ich versehentlich Milch oder irgendetwas anderes verschüttete, trug mir das eine schallende Ohrfeige ein.

Die zunehmende Härte im Herzen meiner Mutter war nicht mehr zu leugnen.

Ich erinnere mich zum Beispiel noch, wie ich einen herrenlosen kleinen Kater fand, der in der Nachbarschaft herumstreunte. Er war grau mit weißen Flecken und wenn er den Hals reckte, um mich anzusehen, leuchteten seine Augen hell. Ich nannte ihn Ajay. Er humpelte auf dem linken Hinterbeinchen und verkrampfte sich, wann immer ich ihn anfasste; deshalb vermutete ich, dass er misshandelt oder irgendwie vernachlässigt worden war. Stundenlang hatte ich ihn im Hof bei mir und versuchte mir vorzustellen, warum ihn jemand hätte im Stich lassen sollen. Er war so lieb; er konnte unmöglich irgendetwas Böses getan haben. Er wollte nur Aufmerksamkeit … und vielleicht ein bisschen Milch. Was auch passierte, ich war entschlossen, ihn am Leben zu erhalten. Ich war die Einzige, die das konnte.

Jeden Tag brachte ich ihm eine Schüssel Milch, denn meine Eltern wollten ihn nicht im Haus haben. Sie sagten mir, er sei unrein, wie so vieles andere auch, und ich durfte ihn nicht einmal berühren, wenn sie dabei waren. Ich schlug ihnen vor, ich könnte ihn doch baden, wenn er unrein sei. Doch sie antworteten, das hätten sie nicht gemeint.

»Er ist ein garstiges Tier«, sagte Mami. »Er könnte die Tollwut haben. Wir wissen es nicht. Lass ihn … lass ihn einfach in Ruhe, Rifqa. Lass ihn, wo er ist.«

Doch dann, eines Morgens, schien meine Mutter ihre Meinung über Ajay geändert zu haben. Wir wollten zum Markt fahren und sie sagte mir, ich dürfe das Kätzchen mitnehmen. Ich war überglücklich. Endlich hatte ich sie überzeugt! Ich nahm Ajay auf den Arm und kletterte in die gelbe Rikscha, die meine Mutter gemietet hatte.

Die Fahrt war langweilig, aber der Markt war grandios. Es gab so viele Zelte und Pavillons, dass ich sie unmöglich zählen konnte, und die Luft schwirrte vom Geschrei der Händler, die ihre Waren anpriesen, und vom Geschwätz der Kunden, die den neuesten Klatsch austauschten. Hin und wieder wirbelte der Wind eine kleine Wolke Straßenstaub auf, die sich dann durch die Gänge treiben ließ, als wollte sie sich ebenfalls die Auslagen ansehen. Das Areal war weitläufig, aber gut gepflegt. Hohe Palmen standen in Reih und Glied wie bewaffnete Wachen hinter den endlosen Reihen der Geschäfte und niedrige Büsche schirmten den Markt gegen die nahe Schnellstraße ab. Ajay schmiegte sich zuerst an mich, während wir uns unter die Menge mischten, doch als wir an den Ständen vorbeischlenderten, streckte er schließlich doch den Kopf, um all die intensiven Gerüche und seltsamen Geräusche zu erkunden und ihnen sein eigenes Maunzen hinzuzufügen. Meine Mutter ging neben mir, ohne ein Wort zu sagen. Sie studierte ihre Einkaufsliste und kaufte systematisch die Lebensmittel ein, die wir benötigten.

Wir beendeten unseren Einkauf und gingen, unsere Päckchen im Arm und Ajay auf den Fersen, zurück zu den Reihen der wartenden Taxis und Rikschas. Mamis Augen aber, das konnte ich sehen, waren aus irgendeinem Grund hart wie Stein. Sie war müde, ungeduldig und angespannt. Und dann stampfte sie plötzlich mit einem entnervten Seufzer so fest mit dem Fuß auf, wie sie nur konnte, um den kleinen Kater zu verjagen. Ajay erstarrte, machte einen Buckel und schoss dann in das hohe Gras neben der Straße. Weg war er. Es war das Letzte, was ich je von ihm gesehen habe.

Ich war vor Schreck wie gelähmt und starrte ins Leere. Warum? Warum hatte meine Mutter das getan? Doch ohne jede weitere Erklärung packte sie mich, hob mich grob in die Rikscha und sagte dem Fahrer, er solle losfahren.

»Rifqa«, sagte sie, »ich habe dir doch gesagt, du sollst diesem Ding nicht zu nahe kommen. Ich habe dich den ganzen Nachmittag damit spielen lassen, doch jetzt reicht es. Es ist weg. Wir fahren.«

Die Erinnerung an diesen Tag hat sich mir ins Gedächtnis eingebrannt, und Ihnen würde es wahrscheinlich nicht anders ergehen. Ajay zu verlieren, brach mir das Herz, und außerdem war diese Szene das perfekte Bild für den Gemütszustand meiner Mutter (und meines Vaters). Ihre Stimme war hart, ihre Augen völlig gefühllos, ihre Botschaft unmissverständlich: *Geh weg, geh weg, geh weg!*

Wieder hatte ich eine frühe Lektion fürs Leben gelernt. Meiner Familie durfte man nicht trauen.

Als ich etwa sieben oder acht Jahre alt war, kam eines Tages ein entfernter Verwandter zu uns, um auf mich aufzupassen, während meine Mutter und mein Bruder außer Haus waren. Er hatte eine dunkle Haut und pechschwarzes Haar, das er stets zur Seite gelte. Seine fast schwarze Haut sah im Kontrast zu dem weißen Hemd, das er trug, noch dunkler aus. Sein strenger Körpergeruch füllte den Raum.

Ich war ungewöhnlich klein für mein Alter. Und dieser Onkel, dem das ungleiche Kräfte- und Größenverhältnis auf eine perverse Weise bewusst war, nutzte meine Wehrlosigkeit aus und missbrauchte mich sexuell. Obwohl ich nicht verstand, was da geschah, fühlte ich mich nach dieser Tortur abscheulich. Ich hütete mich zu schreien. Ich wollte stark sein. Doch ich fühlte mich schwach und verängstigt. Etwas in mir starb an diesem Tag.

Als mich meine Eltern das nächste Mal zu ihm schickten, damit er auf mich aufpasste, sagte mein Onkel mir, dass er mich umbringen würde, wenn ich irgendjemandem erzählte, was er getan hatte. Ich glaubte ihm, doch ich konnte dieses Geheimnis einfach nicht für mich behalten. Ich wollte nie wieder mit ihm allein sein, und so erzählte ich meiner Mutter später, was geschehen war. Doch statt mich zu trösten oder in Schutz zu nehmen, wie ich es gehofft oder erwartet hatte, brach sie in Tränen und Wehklagen aus und sagte nur: »Erzähl das nicht deinem Vater! Erzähl das niemandem!«

Mein Vater fand es trotzdem heraus. Und er war wütend. Doch nicht so sehr auf meinen Onkel. In einigen muslimischen Kulturen – so auch in meiner – ist diese Art des Missbrauchs eine schlimme Ehrverletzung. Allerdings lädt nicht der Täter, sondern das Opfer Schande auf sich. Damit war ich in den Augen meiner Eltern nicht mehr nur ein halbblindes Bild der Unvollkommenheit, sondern hatte überdies dem Namen Bary Schande gemacht. Durch meine bloße Anwesenheit und Erscheinung besudelte ich das Wichtigste überhaupt – unsere Familienehre.

So gesehen war ich wie das Kätzchen. Schmutzig. Wertlos. Unrein. Und in meiner Naivität fragte ich mich, ob sie auch mich eines Tages fortjagen würden. Ich konnte nur mutmaßen, was aus mir werden würde, denn wir sprachen nie wieder über diesen Vorfall oder über meine Gefühle. Wir ignorierten das Geschehene einfach und machten weiter.

Besser gesagt, wir gingen fort.

Zwei Wochen später verkündete mein Vater, dass er uns alle mitnehmen würde, wenn er das nächste Mal nach Amerika reiste.

Diese plötzliche Planänderung überraschte unsere eng verbundene Gemeinde. In den darauffolgenden Wochen gingen Freunde, Bekannte und andere wohlmeinende Besucher bei uns ein und aus und legten eine mehr oder weniger unverhohlene Neugier an den Tag. Meine Eltern waren in der Moschee und in der Stadt wohlangesehen, und dass sie so plötzlich auswandern wollten, kam vielen unserer Nachbarn verdächtig vor. Mami und Papi trugen die ganze Zeit über ein aufgesetztes Lächeln zur Schau, umarmten ihre Freunde ein bisschen zu innig und lachten ein bisschen zu laut über ihre Scherze. Sie sagten mir, ich solle mich zurückhalten und den Erwachsenen nicht auf die Nerven gehen, doch ich verstand, was sie mir eigentlich damit sagen wollten: die subtile, indirekte Botschaft. Sie fürchteten, dass ich etwas Kompromittierendes ausplaudern könnte. Über meinen Onkel? Ich wusste es nicht. Ich habe es nie wirklich erfahren. Jedenfalls verhielt ich mich besser ruhig. Das verstand ich – so deutlich, als hätten sie es laut gesagt.

Möglicherweise hatten meine Eltern recht, wenn sie sich Sorgen darüber machten, was die Nachbarn wohl denken mochten. Einige Leute konnten dieser Gelegenheit zum Klatsch einfach nicht widerstehen. Die neugierigeren unter unseren Besuchern stellten völlig ungehemmt, laut und ohne zu merken, welches soziale Unbehagen sie damit auslösten, Spekulationen darüber an, weshalb wir wohl fortgingen.

»Rifqas wegen«, sagte mein Vater dann, wenn er sich zu einer Erklärung gezwungen sah. »In Amerika haben sie bessere Krankenhäuser. Und auch bessere Chirurgen.« Dabei blickte er zu mir hinüber und sah mich warnend an. »Wenn sie Rifqa dort nicht helfen können, dann nirgends.«

Doch das war ganz sicher nicht die Wahrheit. Der letzte Arzt, der mein blindes Auge untersucht hatte, hatte die Stirn gerunzelt und uns gesagt, außer einigen kosmetischen Korrekturen und vorbeugenden Maßnahmen gegen eventuelle Schmerzen und Infektionen gebe es nur sehr wenig, was die Medizin in meinem Heimatland oder anderswo für mich tun könne. Dennoch schien *Amerika* eine Art Zauberwort zu sein. Jedenfalls fragten die Leute nicht weiter nach.

Wir gingen fort.

Das war alles.

Im Jahr 2000 brachen wir mit einem befristeten Visum in die Vereinigten Staaten auf. Die Umzugspläne meines Vaters waren jedoch keineswegs befristet. Als das Visum auslief, hatten wir nicht einmal mehr gültige Papiere.

Was mich betrifft, hatte ich in diesen ersten paar Jahren meines Lebens so viel von mir selbst verloren, dass es mir nicht wirklich leidtat, meine Heimat zu verlassen. Ich weiß noch, wie ich aus dem Flugzeugfenster zusah, wie meine Insel immer kleiner wurde, bis die Wellen des Ozeans und der Einbruch der Nacht sie schließlich verschluckt hatten.

Ich bin nie wieder in Sri Lanka gewesen. Und ich glaube nicht, dass ich je wieder Kind gewesen bin.

Zwei

Das Erste, was mir an New York auffiel, war, dass es dort keine Palmen gab. Natürlich gibt es auch in Sri Lanka nicht überall Palmen, aber die Strände sind so davon übersät, dass ich sie aufgrund ihrer schieren Masse nie wirklich wahrgenommen oder über sie nachgedacht hatte. Bis mir dann plötzlich in New York auffiel, dass es keine gab. Nirgends.

Das Einzige, was in New York City zu wachsen schien, waren Wolkenkratzer: riesenhafte Wächter, die an jeder Straßenecke standen. Natürlich gab es in den Stadtparks auch Gras und Bäume und hier und da spross ein bedauernswertes Unkraut aus einer Ritze im Bürgersteig. Aber das waren nur vereinzelte grüne Flecken in einem weiten, grauen Meer.

Doch obwohl die Stadt trist und unnatürlich wirkte, stellte ich fest, dass ich meine ersten Wochen in Amerika genoss. Schon die Vielfalt der Menschen, die hier lebten, war faszinierend! Weiße und Schwarze und eine große Menge anderer Menschen, deren Hautfarbe irgendwo dazwischenlag. Die Armut war sehr präsent, wie sie es auch in Sri Lanka gewesen war. Aber alles andere schien genauso präsent zu sein. Menschen in Anzügen und schicken Kleidern liefen mit derselben Selbstverständlichkeit durch die Straßen wie solche im Clown-Kostüm oder in der blauschwarzen Uniform eines Polizeibeamten.

Und wenn in dieser ganzen Vielfalt eine Gemeinsamkeit zu finden war, dann die: Sie hatten es alle sehr, *sehr* eilig.

Schon bald gewöhnten wir uns an unser neues Dasein als New Yorker. Wir lebten in sehr beengten, sehr bescheidenen Verhältnissen. Unser kleines Haus in Queens bestand, soweit ich mich erinnere, nur aus zwei Räumen. Es gab nicht viel zu sehen und keinen Platz, um sich auszubreiten. Doch das war Amerika – dieses Zauberwort, diese Zauberwelt – und einfach nur hier zu sein, bedeutete mehr für uns, mehr, als die meisten Amerikaner es sich wahrscheinlich vorstellen können.

Mein Vater war, genau wie früher, praktisch von Anfang an viel unterwegs (und allmählich war uns das auch lieber so) und meine Mutter war oft mit ihren eigenen Angelegenheiten beschäftigt. Also war ich gezwungen, gemessen an meinen acht Jahren, ein sehr unabhängiges Kind zu werden. Jeden Morgen stand ich selbstständig auf und machte mich für den Tag fertig. Durch Arbeitervororte, die langsam in den zersiedelten Stadtrand übergingen, lief ich allein bis zu meiner Schule, die sechzehn Blocks entfernt lag. Es war ein Weg von zwanzig Minuten, doch oft ging ich so schnell, dass ich nur fünfzehn Minuten brauchte. Ich wollte ja gern mutig und zuversichtlich sein, doch es fiel mir schwer, mich nicht vor den obdachlosen Männern zu fürchten, die frühmorgens in Queens auf den Bürgersteigen herumlungerten. Ich hielt den Atem an und hoffte, dass niemand mich ansprach. Und sobald mich jemand zu lange ansah, liefen meine Füße automatisch schneller. Wenn abstoßender Zigarettenrauch oder Körpergeruch zu mir herüberwehte, schnürte es mir die Brust zusammen, und ich hastete schwitzend und keuchend weiter, bis ich sicher hinter der nächsten Ecke war – nur weg von dem widerlichen Geruch meines Onkels.

Meine Eltern hatten uns eigentlich auf eine muslimische Schule schicken wollen, konnten es sich aber nicht leisten. Unser Budget reichte nur für die staatliche Schule, obwohl mein Vater sagte, dass es dort keinen Allah gebe. Doch da sie keinen großen finanziellen Spielraum hatten, meldeten meine Eltern uns einfach an der nächstgelegenen Schule an. Um solche Dinge wie den Schulweg oder unsere Hausaufgaben mussten mein Bruder und ich uns selbst kümmern.

In Sri Lanka war ich keine schlechte Schülerin gewesen, doch die Schule in Amerika war wie ein fremder Planet. Es gab Dutzende von Klassenräumen mit Schülern jeder Hautfarbe und in jeder Klasse waren Mädchen und Jungen. Unter Anleitung des Lehrers sprachen wir jeden Morgen das Treuegelöbnis gegenüber der Nation und der Flagge der Vereinigten Staaten, das ich mir einzuprägen versuchte, während ich mit der Hand auf der Brust unbehaglich dastand. Und selbst die Waschräume waren exotisch für mich mit ihren vornehm-privaten Toiletten, die in separaten Einzelkabinen untergebracht waren. Wow! So etwas hatte ich noch nie gesehen.

Trotz meines gebrochenen Englischs und meiner geringen Vertrautheit mit der amerikanischen Lebensweise war ich kein kompletter Sozialversager. Ich fand ein paar Freundinnen, die ich allerdings nicht zu Hause besuchen durfte. Rilvan – als Junge – blieb natürlich fast jede Woche bis spätabends bei seinen Freunden. Ich aber brachte jeden Freitagabend damit zu, auf dasselbe Stück Decke über meinem Bett zu starren.

Meinen Eltern war diese Ungleichheit durchaus bewusst, doch wenn ich darauf zu sprechen kam, schimpften sie nur. »Du bist ein Mädchen«, sagte meine Mutter dann, »und Mädchen bleiben zu Hause.« Rilvan würde eines Tages ein Mann sein, sagte sie mir, und deshalb musste er seine Freiheiten haben. Der Platz einer Frau aber sei zu Hause, nahe bei ihrer Familie, nahe bei Allah.

Nahe am Ersticken.

Gelegentlich durfte ich Freundinnen nach Hause einladen, doch ich fühlte mich immer unbehaglich, wenn sie die angespannte Atmosphäre bei uns mitbekamen. Ich hatte Angst, dass meine Eltern mich in eine peinliche Situation bringen würden.

Meine Freundin Emma lebte zum Beispiel gleich nebenan. Eines Nachmittags kam sie zum Spielen herüber und hatte einen ganzen Rucksack voller Barbiepuppen dabei. Ich war sprachlos: nicht nur, weil ich eine dieser Puppen in Händen halten durfte, die ich nie besessen, mir aber immer gewünscht hatte – Puppen mit heller Haut, rosigen Wangen und hellbraunem Haar, wie Emma es hatte –, sondern auch vor Staunen darüber, wie viele davon und wie viele Kleider Emma aus ihrem Koffer zutage förderte. Nie zuvor hatte ich so viel Spielzeug auf einem Fleck gesehen. Ich hatte nicht annähernd so viele Spielsachen. Wir breiteten die Puppen und Accessoires auf den Stufen vor unserem Haus aus. Emma zeigte mir, wie man sie anzog, und unsere Fantasie besorgte den Rest.

So spielten wir ein paar Stunden lang, bis ich schließlich meine Mutter die Straße entlang nach Hause kommen sah. Sie bog in unseren Weg ein, sah die Puppen …

Und erstarrte.

Ihre Kiefer verkrampften sich zu einer schmerzlichen Grimasse. Dann ging alles erschreckend schnell: Sie packte mich an den Haaren und zerrte mich ins Haus, aber nur so weit, dass Emma alles sehen und mit anhören konnte.

»Was! *Was* ist das?«, brüllte sie.

»Wir spielen nur, Mami.«

Ihre Stimme wurde immer lauter, ihre Schimpftirade immer heftiger. Schon bevor sie mir mit der Hand ins Gesicht schlug, brannten meine Wangen vor Scham. Es wäre alles nicht so schlimm gewesen, wenn es sich hinter verschlossenen Türen abgespielt hätte, wo niemand zusah. Doch als ich Emmas erschrockene Miene sah, wusste ich, dass sie die ganze Entwicklung bis zur Eskalation mit angesehen hatte. Hastig raffte sie ihre Spielsachen zusammen und rannte nach Hause. Ich fasste mir mit der Hand an meine sich rötende Wange und fragte mich, was ich denn eigentlich so Schlimmes getan hatte.

Das darauffolgende Schuljahr begann im August und dann kam der September 2001. Plötzlich war New York der schlimmste Ort, an dem man als Muslim sein konnte. In der Schule, auf der Straße, überall in der Öffentlichkeit machten unsere Hautfarbe und unser Akzent uns zu Komplizen der 9/11-Terroristen.

Kurz nach den entsetzlichen Ereignissen dieses Tages spielte ich allein draußen in unserem winzigen Hof. Ein »Pssst!« erregte meine Aufmerksamkeit und ich sah in die Richtung, aus der das Geräusch gekommen war. Ich war alarmiert.

Doch es bestand kein Grund zur Sorge. Es war Emma, die sich über den Zaun lehnte. Die winzigen Häuser in unserem Viertel in Queens lagen so dicht nebeneinander wie die Sardinen in einer Büchse, und es gab im Grunde keinerlei Privatsphäre, selbst wenn man versuchte, für sich zu bleiben.

»Kommst du rüber?«, flüsterte sie.

Ich lächelte, so gut ich konnte. »Besser nicht. Du weißt ja … meine Eltern.«

Natürlich wusste sie Bescheid, aber sie blieb trotzdem hartnäckig. »Komm schon«, lockte sie. »Wir beten nur. Deine Eltern beten doch auch gern, oder nicht?«

Für ein neunjähriges Mädchen ergab diese Logik einen Sinn. Also schlichen wir uns verstohlen zu ihr ins Haus, ehe mich irgendjemand aus meiner Familie sehen konnte.

Ich kam – das war merkwürdig genug – gar nicht auf die Idee, dass es vielleicht Probleme geben würde, wenn ich zum Beten in das Haus einer amerikanischen Familie ginge. Und ich war auch nie zuvor auf die Idee gekommen, dass Beten nichts ausschließlich Islamisches war. Ich hatte immer nur Muslime beten sehen und deshalb dachte ich, die Praktiken anderer Religionen seien so fremdartig, dass man sie sich gar nicht vorstellen könnte. Dabei war ich, was andere Religionen anging, nicht völlig unwissend. Selbst in Sri Lanka war es fast unmöglich, in der modernen Welt zu leben, ohne irgendwie mit dem Christentum in Berührung zu kommen. Doch das meiste, was der Imam mir über Christen beigebracht hatte, waren Warnungen und Lektionen über Dinge gewesen, die Muslime nicht tun dürfen. Man hatte mich immer gelehrt, dass Christen Teufel seien.

»Hier lang!«, sagte Emma, als sie mich ins Wohnzimmer führte, und ihre Augen lächelten. Ich beneidete sie um dieses Lächeln. Mein Lächeln war mir in letzter Zeit immer künstlich und gezwungen vorgekommen. Doch Emma lächelte ihr schönes Lächeln, ohne sich etwas dabei zu denken oder sich anzustrengen. Ich beeilte mich, sie einzuholen. Ich wollte bei meiner Freundin sein.

Ich sah mich um. Ich wusste nicht, wer all diese Leute waren, doch sie sahen aus wie Verwandte und enge

Freunde. Sie bildeten eine Art Kreis, hielten sich an den Händen und sprachen freundlich miteinander. Emma nahm meine linke, ihre Mutter meine rechte Hand, und ich wurde plötzlich ganz ruhig. Hier, in diesem Kreis, das schien ich mit einem Mal zu wissen, war ich geborgen – obwohl mein eigentliches Leben gleich nebenan stattfand und mich wohl schon erwartete, wenn ich heimkam.

Als Emmas Vater zu reden begann, schlossen alle die Augen. Ich hielt meine offen: Ich war einfach zu neugierig. Vieles von dem, was er sagte, verstand ich nicht, doch ich nickte genauso mit dem Kopf wie alle anderen. Dann aber fiel ein ganz bestimmtes Wort und im selben Augenblick überschlugen sich meine Gedanken und mein Herz drohte zu zerspringen. »Jesus«, betete er, »wir bitten dich, tröste …«

Moment! Was sagt er da? Jesus?

Wie ein Echo hörte ich die Stimme des Imams in meinem Kopf: *Das sind Christen!* Ich sah von einem Gesicht zum anderen und erinnerte mich an alles, was man mir beigebracht hatte, und daran, dass ich auf keinen Fall Umgang mit solchen Menschen haben durfte. Ich geriet in Panik.

»Es … tut mir leid«, platzte ich heraus. »Ich muss gehen. Ich habe nur … Auf Wiedersehen.« Damit verließ ich den Raum.

Erschüttert von dieser erschreckenden und viel zu nahen Begegnung mit Christen machte ich mich in den darauffolgenden Wochen mit neuem Eifer daran, den Koran und sonstige Praktiken des islamischen Glaubens zu studieren. Jetzt, da mir die Existenz anderer Religionen stärker ins Bewusstsein gerückt war, achtete ich mehr auf das Konzept des Islams und darauf, wie es sich auf mein Familienleben auswirkte.

Das Erste, was mir auffiel, war, dass sich die Autorität meiner Mutter praktisch in Luft auflöste, sobald mein Vater nach Hause kam. Sie war seiner Herrschaft genauso unterworfen wie ich. Manchmal hörte er sich an, was sie dachte, und ein- oder zweimal habe ich mit erlebt, dass er sich dazu herabließ, sie bei einer wichtigen Entscheidung um Rat zu fragen. Doch in den allermeisten Fällen handelte er so, wie er es für richtig hielt, und damit basta. Er tat, was seiner Ansicht nach nötig war, um unsere Familie in Gang zu halten, und er sorgte dafür, dass es meiner Mutter gar nicht in den Sinn kam, sich ihm zu widersetzen.

Ich weiß noch, wie sie einmal im Lebensmittelgeschäft aus irgendeinem Grund wütend auf ihn wurde und ihn ärgerlich an der Kasse stehen ließ. Mein Vater war außer sich, weil sie ihn in dieser Weise öffentlich »bloßgestellt« hatte. Als wir wieder im Wagen saßen, schrie er sie fast eine Dreiviertelstunde lang ununterbrochen an. Er warf ihr hässliche Dinge an den Kopf und sagte ihr immer wieder, was für eine Schande sie sei. Am liebsten wäre ich aus dem Auto gestiegen und einfach weggerannt, um dem Hass, den er verbreitete, zu entkommen. Doch ich wagte es nicht. Ich wollte nicht selbst zum Opfer seiner Wut werden.

Es geschah nun immer häufiger, dass er uns aus irgendeinem Grund schlug oder uns ohrfeigte. Dabei ging es gar nicht unbedingt um Disziplin, denn er schlug uns auch, wenn wir gar nichts Falsches gemacht hatten. Es genügte schon, dass einer von uns sein Missfallen erregte. Einmal – daran erinnere ich mich noch – hatte ich einfach nur ein bisschen herumgealbert (das kam häufig vor, aber er war so selten zu Hause, dass er mich nie dabei sah). Er packte mich und schlug mich, weil ich ihn »geärgert« hatte, wie er sagte. So musste ich auf die harte Tour lernen, dass es in der Nähe meines Vaters nicht ratsam war, albern oder laut zu sein.

Und es hatte auch keinen Sinn, ihn zu behelligen, wenn ich verstört war. Ich weiß noch, wie ich einmal am frühen Morgen aus einem besonders schrecklichen Albtraum erwachte. Ich war schweißgebadet und konnte vor Angst nicht wieder einschlafen. Ich wiegte mich in meinem Bett vor und zurück und begann zu weinen. Ich brauchte jemanden, der mich tröstete, der mir sagte, dass alles in Ordnung sei. Die Bettdecke fest um mich gewickelt und zitternd klopfte ich an die Tür des Elternschlafzimmers. Mein Vater kam heraus. Er war wütend, dass ich ihn geweckt hatte.

»Rifqa! Was machst du? Geh zurück ins Bett!« Sein harscher Ton zerriss mir das Herz.

»Ich habe schlecht geträumt. Ich habe Angst.« Die Tränen strömten mir übers Gesicht.

»Ich will nichts davon hören. Geh weg!« Er schob mich aus dem Weg und schlug mir die Tür vor der Nase zu. Welchen Trost ich auch immer erwartet hatte: Hier, das begriff ich nun, fand ich keinen. Das Gefühl der Sicherheit, das er mir früher gegeben hatte, war verschwunden.

Normalerweise schlug er mich nicht in der Öffentlichkeit. Doch einmal, als ich etwa neun Jahre alt war, hielten wir unterwegs an einem Restaurant. Er bestellte für mich irgendein Gericht mit Reis und Krabben, das nicht gegen unsere strengen islamischen Speisevorschriften verstieß, doch ich war nicht sehr hungrig und die Krabben schmeckten mir nicht, also schob ich sie zur Seite. Ohne Vorwarnung schlug mich mein Vater hart ins Gesicht und sagte mir anschließend, dass ich die Krabben essen müsse. Unverzüglich stopfte ich sie mir in den Mund.

Es war immer besser, sich nicht mit ihm anzulegen.

Nicht einmal Rilvan war vor ihm sicher. Nie werde ich den Tag vergessen, als ich mit anhörte, wie mein Vater wutentbrannt in Rilvans Zimmer stürmte, ihn aus dem Schlaf riss und mehrmals hintereinander schlug, weil Rilvan unserer Familie mit irgendetwas Schande gemacht hatte. Ich war furchtbar erschrocken, doch wieder hatte ich nicht den Mut, einzugreifen, weil ich um meine eigene Sicherheit fürchtete.

Ich hatte nur eine Chance, meinem Vater zu gefallen: Ich musste ihn durch meine Frömmigkeit und Treue zum Islam beeindrucken, denn Muslim zu sein war das Einzige, was für ihn wichtig war. Vielleicht würde ich sein Herz gewinnen, wenn ich stundenlang den Koran studierte.

Also wiegte ich mich im Schlafzimmer unseres kleinen Hauses in New York vor und zurück und rezitierte den Koran. Ich saß auf dem Boden und verrichtete die täglichen Gebete. *Rooobummaa Yuwaaano …,* echote ich. *Subhaaa Wata Allaaaah …* Ich hatte keine Ahnung, was ich da sagte, doch der poetische Rhythmus war beruhigend. Und wenn es mir das Wohlwollen meines Vaters eintrug – umso besser.

Doch das geschah leider nie.

Drei

Der Junge hieß Aiden. Er war ungefähr in meinem Alter, vielleicht ein oder zwei Jahre älter. Und obwohl er mich deutlich überragte, fühlte ich mich in seiner Gegenwart nicht unbehaglich wie bei anderen Jungen. Vielleicht lag das an seinen leuchtenden, klaren Augen, die alles Unbehagen beseitigten. Jungen – Gespräche mit Jungen, Umgang mit Jungen – waren ein großes Thema in unserem Haus. Generell war es mir streng verboten, mit ihnen in Kontakt zu treten.

Doch in diesem Fall war es anders. Unsere Väter arbeiteten zusammen und deshalb konnten Aiden und ich Zeit miteinander verbringen. Hin und wieder fanden die Geschäftstreffen unserer Väter bei seiner Familie zu Hause statt. Dann gingen unsere Eltern in einen Raum und redeten und wir Kinder wurden uns selbst überlassen. Meine Mutter und mein Vater waren zu beschäftigt, um zu bemerken, dass Aiden und ich dabei hin und wieder allein blieben. Und so erlebte ich in diesen ungewöhnlichen Zeitsplittern etwas, was in meinem Leben sonst selten vorkam: Ich hatte Spaß.

Aidens fröhliches Lachen war ansteckend. »Was wollen wir machen, Rifqa? Wir könnten Karten spielen oder Verstecken! Oder … hmm …«, er machte eine Pause, stützte den Kopf in die Hände und setzte sich auf die Bank im Hinterhof. Dann sah er auf und rief, noch ehe ich antworten konnte: »Oh, ich weiß, wir spielen Fangen!« Aiden sprang auf. Er war so aufgeregt, als hätte er gerade den Plan gefasst, zum Mond zu fliegen. Sein sanft schokoladenfarbenes Gesicht und sein dunkelbraunes Haar leuchteten in der Sommersonne.

Meine Antwort war Schweigen. Wahrscheinlich habe ich nicht sehr freundlich ausgesehen. Doch in Wirklichkeit war ich einfach nur verblüfft. Verblüfft, weil er mich nach meiner Meinung gefragt, mich gefragt hatte, was wir spielen sollten. Das war unerhört.

Pass auf, Rifqa, mahnte ich mich selbst zur Vorsicht. *Es ist wahrscheinlich nur ein gemeiner Trick.*

Doch ich fühlte mich angezogen von dem Frieden auf Aidens Gesicht. Ich konnte nicht anders, als ihm zu trauen. Warum war er so freundlich zu mir? Er war anders als die anderen muslimischen Jungen, die ich kannte.

Nach einer Stunde machten meine Eltern sich bereit zum Aufbruch, und Aiden und ich gingen zurück ins Haus. Als ich mich zu ihm umdrehte und mich höflich verabschieden wollte, bemerkte ich mit einem Seitenblick hinter ihm einen feinen, blauen Wandteppich aus Wolle, in den mit eleganten Buchstaben ein seltsames Wort hineingestickt war: *Amen.* Ich blickte rasch noch einmal zurück, um das Wort zu lesen. Meine Neugier war geweckt. Ich zog Aiden beiseite und flüsterte ihm – leise, damit meine Eltern es nicht hörten – ins Ohr: »Was bedeutet dieses Wort?«

»Was für ein Wort?«, fragte er verwirrt.

»Das Wort da auf dem Teppich … ›Amen‹.«

»Das sagen wir am Ende eines Gebets.«

Oh! Plötzlich dämmerte es mir. Aiden war kein Muslim – denn die Muslime, die ich kannte, sagten ganz sicher nicht »Amen« am Ende ihrer Gebete. Aber wie war es möglich, dass Aiden *kein* Muslim war? Die wenigen

Jungen, mit denen ich je hatte sprechen dürfen, waren immer Muslime gewesen.

Ich zögerte einen Moment, doch dann stürzten die Worte aus mir heraus. »Das verstehe ich nicht. Wie betest *du* denn?« Die Verzweiflung in meiner Frage muss ihn überrascht haben, aber ich wollte das Gespräch voranbringen. Mein Herz pochte wild, denn meine Eltern konnten jeden Moment um die Ecke kommen.

»Ich bete so, wie ich gerade mit dir rede, auf Englisch. Ich sage Gott einfach, was ich auf dem Herzen habe.«

Seine Worte verwirrten mich völlig. *Mit Gott reden … wie mit einer echten Person? Auf Englisch? Sagen, was ich auf dem Herzen habe?*

Als ich am Abend in meinem Bett lag, gingen mir Aidens Worte nicht aus dem Sinn. Meine Erinnerung kehrte zurück zu den Tagen nach 9/11 und zu dem Gebet bei Emma zu Hause. Was Aiden gesagt hatte, stimmte. Auch Emmas Familie hatte zu Gott gebetet, als ob … als ob sie einfach mit Ihm redeten. Der Gedanke, dass jemand einfach auf Englisch beten konnte, was er wollte, war für mich skandalös und faszinierend zugleich. In meiner Kultur beteten wir nur auf Arabisch. Ich verstand nie, was ich sagte. Und wir beteten nicht einfach, wenn uns danach war, oder sagten Gott, was wir auf dem Herzen hatten oder worum wir Ihn bitten wollten. Ich war in dem Glauben erzogen worden, dass Beten der pflichtschuldige Umgang mit einem gebieterischen Gott war. Zehn bis fünfzehn Minuten, fünfmal am Tag. Jeder Tag hatte gemäß dem islamischen Kalender besondere Gebetszeiten. Und wenn ein Muslim dieses Zeitfenster verpasste, dann war es zu spät. Zu spät zum Beten.

Daran war nichts Spontanes oder Persönliches.

Leider war ich ein etwas nachlässiges Kind und verpasste trotz meiner kindlichen Sehnsucht, meinem Vater zu gefallen, meine Gebetszeiten oft. Dann schimpften meine Eltern, schoben mich in ein Zimmer, legten mir einen Gebetsteppich hin und schrien mich an, ich solle das tun, was Muslime *Salāt** nennen. Sich zu weigern, war keine Option. Rein theoretisch konnte man ein versäumtes Gebet auch nachholen, doch damit würde man definitiv nicht denselben Segen erlangen, erklärten sie mir.

Beten erschien mir als viel Lärm um nichts.

Aber konnte es womöglich mehr sein? Wirklich?

Nein, Aiden und Emma sind bestimmt betrogen worden, rief ich mir die Lektionen der Moschee ins Gedächtnis, *wie alle Christen, das hat der Imam gesagt.* Wenn er darüber gesprochen hatte, konnte man seine Verachtung fast körperlich spüren. Ein Dutzend oder mehr Menschen hatten in dem kleinen Raum gesessen und mit den Hände auf ihre Pulte geklatscht, wenn der Imam rief: »Wenn Jesus Gott ist, wie die Christen sagen, warum konnte er sich dann nicht selbst retten? Ha! Ha! Ha! Diese Leute haben sich hereinlegen lassen, sie halten einen Menschen für Gott! Wie dumm! Selbst ein Hund wäre zu klug, um so einen Unsinn zu glauben.« Die Anwesenden hatten gepfiffen und gejohlt, während der Imam die Sache immer weiter ins Lächerliche zog. Ich hatte auch gelacht, mit allen anderen.

Doch jetzt, in meinem Zimmer, wusste ich nicht, was ich glauben sollte. Ich wusste nur, dass nicht beides stimmen konnte. Und ich wollte die Wahrheit wissen.

Da ist etwas an der Art, wie Christen mit ihrem Gott sprechen, dachte ich damals. Als Emmas Familie gebetet hatte, hatte ich eine gewisse Vertraulichkeit und doch auch einen Respekt gespürt. Und sie hatten nicht zu Gott gesprochen, als ob Er zornig wäre, sondern als ob Er da wäre. Und of-

---

* Rituelles Gebet im Islam.

fen. Als ob Er zuhörte. Und Ihm das, was sie sagten, nicht egal wäre. Dieser Gedanke faszinierte mich. Und verwunderte mich zutiefst.

Aidens Worte hatten mein Herz angerührt und die Versuchung hinterlassen, mich mit diesem Gott zu befassen, um Ihn zu begreifen. Konnte es wirklich mehr im Leben geben, als Worte aus einem toten Buch zu wiederholen, um – was doch nie gelang – meinem strengen Vater zu gefallen? Dieser Gott, zu dem Aiden betete, war Er womöglich jene Gegenwart, die ich als Kleinkind in unserem Garten in Sri Lanka gespürt hatte? Für mich fühlte es sich so an, als ob ich im Nebel nach einer Antwort tastete. Doch mit jedem Schritt sah ich ein wenig klarer.

Vier

Sosehr ich auch nach der Wahrheit suchte, zwang mich das Leben doch, wie bisher weiterzumachen. Das war nicht einfach, weil ich immer wieder daran denken musste, was ich vom Gott der Christen und ihrem freimütigen Verhältnis zu Ihm gehört und gesehen hatte. Ich wusste nicht, weshalb mich diese neuen, unfassbaren religiösen Vorstellungen, die mir so aus dem Nichts zugeflogen kamen, so ungewöhnlich stark anzogen. Ihre Andersartigkeit beeindruckte mich und erregte meine grenzenlose Neugier. Vielleicht wollte ich auch herausfinden, ob die Erfahrungen meiner Freunde sich deshalb so drastisch von meinen eigenen unterschieden, weil sie in dieser natürlichen Umgebung des Friedens und unbekümmerten Vertrauens aufwuchsen. War es verrückt, dass ich darüber nachdachte? War es falsch, dass es mir überhaupt auffiel? Das Leben bei Aiden zu Hause, das Leben bei Emma zu Hause – es fühlte sich definitiv anders an als das Leben bei mir zu Hause.

Natürlich waren unsere reglementierten Gebetszeiten nicht das Einzige, was an meiner Familie und unserem Glauben oder an den Erwartungen anders war, denen ich als muslimisches Mädchen gerecht werden musste. Da ich so viel Zeit zu Hause verbrachte, lag mir der Weg, den meine Eltern und meine Kultur für mich vorgesehen hatten, klar vor Augen.

Meine Mutter zum Beispiel war wie viele Frauen ihres Alters in Sri Lanka mit vierzehn Jahren von der Schule genommen worden, damit sie sich auf das konzentrieren konnte, was ihr Vater für ihre Prioritäten hielt: die häuslichen Pflichten. In meiner Kultur gelten Frauen hauptsächlich deshalb als Bereicherung, weil sie kochen, putzen und Kinder zur Welt bringen können. Bei meiner Mutter war das nicht anders.

Doch obwohl sie damit gerade einmal über die Schulbildung eines amerikanischen Sechstklässlers verfügte, muss man ihr zugutehalten, dass sie ihre Lektionen gründlich gelernt hat. Sie ist eine der fleißigsten und brillantesten Frauen, die ich kenne. Nachdem wir in die Vereinigten Staaten gezogen waren, hatte sie ohne fremde Hilfe Englisch gelernt. Und außerdem hatte sie sich das schwierige und nervenaufreibende Handwerk beigebracht, Perlen auf Hochzeitskleider zu nähen: für sie eine völlig neue Fertigkeit. Nach Hunderten Stunden des Übens war sie eine exzellente Näherin. Sie arbeitete nicht außer Haus, aber sie hatte oft kleinere Projekte, an denen sie bis in die Nacht hinein saß.

Da sie seit ihrem zwölften Lebensjahr kochte, war sie obendrein eine meisterhafte Köchin. In meiner Kindheit sah ich jeden Tag zu, wie sie sich stundenlang in der Küche abrackerte. Doch trotz all der Zeit und Arbeit, die sie in die Zubereitung unserer Mahlzeiten steckte, aßen wir nie als Familie zusammen. Vater war ohnehin nur sehr selten zum Essen zu Hause. Und wir schöpften uns einfach, wenn wir hungrig waren, unsere Portion aus dem großen Topf, der auf dem Herd stand. Kochen war keine Leidenschaft und nichts, was meine Mutter aus eigenem Antrieb tat; es war eine Pflicht und gehörte zu dem Leben, in das sie hineingeboren worden war. Dieses Leben würde ich erben, wenn ich das entsprechende Alter erreicht hatte.

Und während ich so einsam in meinem Zimmer saß, wurden meine Neugier und mein spiritueller Hunger größer und größer. All diese neuen Ideen zwängten sich unbequem zwischen die anderen Vorstellungen, die schon viele Generationen alt und womöglich übermächtig waren. Höchstwahrscheinlich würde mein Leben dem meiner Mutter sehr viel ähnlicher werden, als es mir lieb war.

Ein bedrückender Gedanke.

Doch als ich elf war, kehrte die Freude in meine Welt zurück.

»Du wirst noch einen Bruder bekommen, Rifqa.«

Mamis langes, lockiges Haar fiel ihr auf die Schultern, als sie ihren Bauch streichelte und die große Neuigkeit verkündete. Ich liebte es, wenn sie das Haar zu Hause offen trug und es nicht in den *Hidschab* einhüllte (das muslimische Kopftuch, das zur Verhüllung dient), den sie anlegte, sobald sie einen Fuß aus dem Haus setzte. Doch obwohl es mir bei dieser überraschenden Ankündigung vor Aufregung in den Ohren rauschte und mich die Vorstellung begeisterte, konnte ich doch nicht umhin, in ihrem Tonfall einen gewissen Ernst und vielleicht sogar so etwas wie Furcht zu entdecken. Sprachlos starrte ich sie an und versuchte, die widersprüchlichen Signale zu deuten. Was würde das für mich heißen? Ich war immer die Jüngste gewesen. Ich wusste nicht, was ich empfinden sollte. Freude? Sorge? Vergnügen? Würde ich vielleicht noch weiter an den Rand gedrängt werden?

Doch mit Mamis Bauch wuchs auch meine Vorfreude. Ich fing an, davon zu träumen, dass ich ein Baby in den Armen halten würde. Ich schwor mir, die beste große Schwester zu sein, die ich nur sein konnte. Und dann endlich, in einer besonders stürmischen Nacht, brauste mein Vater mit den beiden ins Krankenhaus und ließ Rilvan und mich zu Hause, wo wir auf die Nachricht von der Geburt unseres Bruders warten sollten.

Wenige Tage später kamen meine Eltern durch die Tür zurück und trugen mein neues Brüderchen in seiner Babyschale. Ich konnte mich kaum beherrschen und es gar nicht erwarten, ihn zu sehen.

Er war perfekt. Sein winziges Gesicht. Seine großen, strahlenden Augen. Sein warmes Köpfchen mit den dünnen, dunklen Haarsträhnen. Ein einziges, gebündeltes Entzücken. Im Handumdrehen eroberte er mein Große-Schwester-Herz. Meine Mutter sagte mir, sie hätten den Imam in Sri Lanka angerufen und gebeten, ihm einen Namen zu geben. Mohamed Rajaa Bary – so würde er heißen.

Rajaa.

Er wurde das Licht in meiner kleinen dunklen Welt. Ich fütterte ihn, spielte mit ihm, badete ihn und brachte ihn ins Bett. Ich fühlte mich fast wie seine zweite Mutter. Obwohl ich selbst noch klein war, beschützte ich ihn eifersüchtig vor allem, was ihm vielleicht schaden konnte. Wenn ich bei Rajaa war, war alles andere unwichtig. Er sah mich mit seinen großen braunen Augen an und ich spürte eine Liebe und Bestätigung, wie ich sie nirgends sonst erfuhr.

Für kurze Zeit machte seine Gegenwart mich glücklich. Glücklicher, als ich es seit Langem gewesen war.

Im selben Jahr, als Rajaa zur Welt kam, erklärte mein Vater, dass wir erneut umziehen würden, diesmal nach Ohio. Die Lebenshaltungskosten in New York seien zu hoch und seine Reisen führten ihn meist in das Gebiet von Ohio Valley. Außerdem hatte er Gutes über das dortige Schulsystem gehört. Und so luden wir bald darauf unsere Habseligkeiten in unseren kleinen dunkelgrünen Toyota und verließen das Viertel in Queens. Weinend sah ich zurück und winkte New York zum Abschied zu.

In Gahanna, einer von der unteren Mittelschicht bewohnten Vorstadt von Columbus, fand Vater ein Haus für uns. Die Umgebung unterschied sich deutlich von unserer bisherigen Wohngegend. Hier gab es keine lärmenden Autos oder heulenden Sirenen, die unablässig vorbeibrausten. Außerdem waren die Grundstücke sehr viel gepflegter als in unserem Zuhause in New York. Es war definitiv das hübscheste Haus, in dem wir je gelebt hatten. Das Gras war fein säuberlich geschnitten und im Vorgarten stand ein kleiner Baum. Der perlweiße Anstrich und die tiefbraunen Tür- und Fensterflügel bildeten einen anmutigen Kontrast.

Hübsch.

Von außen wäre sicher der Eindruck entstanden, dass darin eine liebevolle Familie leben würde.

Doch Sie hätten sich getäuscht. Die unstete, unberechenbare Stimmung meiner Eltern konnte jederzeit umschlagen und Rilvan und ich zankten uns ständig – meistens wegen des Computers. Wir besaßen nur den einen. Ich erinnere mich noch an einen Vorfall, der sich kurz nach unserem Umzug zugetragen hatte. Ich hatte den ganzen Tag über darauf gewartet, auch einmal am Computer spielen zu dürfen, doch Rilvan war einfach nicht bereit, seinen Platz zu räumen, und stellte sich taub.

»Komm schon, Rilvan. Lässt du mich jetzt auch mal?«

Nichts. Keine Antwort. Absichtsvolles Schweigen. Ich bat ihn wieder und wieder.

Schließlich wurde ich wütend und boxte ihn gegen die Hand, um mich bemerkbar zu machen. Da fuhr er von seinem Stuhl auf, stieß mich zu Boden und fing an, mich in die Seite, die Brust und den Magen zu treten. Die Gewalt dieser hämmernden Fußtritte schickte den Schmerz in Schockwellen durch meinen Körper. Ich lag weinend auf dem Boden, während meine Mutter mit gefalteten Händen danebensaß und den Ereignissen mit kühler Gleichgültigkeit ihren Lauf ließ. Als wäre ich unsichtbar. Ich zählte einfach nicht.

Rilvan tat immer, was er wollte, genau wie mein Vater. Und aus einem einzigen Grund: weil er ein Mann war. Einmal, als mein Vater nicht in der Stadt war, sah ich, wie er meine Mutter mit einem Messer bedrohte, weil er wollte, dass sie sofort etwas für ihn kochte. »Mach mir etwas zum Essen, Frau«, schrie er und richtete die Spitze seiner Waffe gegen sie.

»Du bist ein Monster, weißt du das?«, schrie sie in Panik. »Habe ich dich dazu auf die Welt gebracht?«

Aber was konnte sie schon tun? Hilflos stellte sie ihre Töpfe auf den Herd und begann zu kochen. Denn dazu sind Frauen ja da. Um für die Männer zu kochen. Wann würde das endlich in meinen harten Schädel gehen?

Und genau das las ich nun auch im Gesicht meiner Mutter, während ich mich vor Schmerzen wand und um Hilfe schrie: Ich bekam nur, was ich verdiente, weil ich es gewagt hatte, mich seiner männlichen Herrschaft zu widersetzen.

Der Umzug nach Ohio hatte daran nichts geändert.

Nichts würde daran je etwas ändern.

Dass wir in einem anderen Staat lebten, bedeutete auch, dass ich an eine neue Schule kam. Da war es keine große Hilfe, dass für mich mit der Mittelstufe nun ein neuer Lebensabschnitt begann, der ohnehin schon peinlich und stressig genug war – auch ohne dass man sich auf neue Leute und eine neue Umgebung einstellen und zu Hause tagtäglich neue Dramen miterleben musste. Und es war auch keine Hilfe, dass meine neue Schule in New Albany lag, das sehr viel wohlhabender war als Gahanna.

New Albany sah aus wie eine Märchenstadt. Weiße Gartenzäune umgaben perfekt gepflegte Rasenflächen. Trendige Geschäfte und schicke Gebäude spiegelten den kommerziellen Einfluss und Wohlstand der Anwohner. Ich fühlte mich wie eine Hochstaplerin, wenn ich durch diese makellos in Ordnung gehaltenen Straßen ging. Meine Familie hielt sich nur mühsam über Wasser.

Als ich am ersten Tag an meine neue Schule kam, blieb mir beim Anblick des Gebäudes der Mund offen stehen. Es ähnelte eher einem Schloss als einer Schule. Majestätisch weiße Säulen ragten zwei Stockwerke hoch an der Vorderseite des massigen roten Ziegelbauwerks empor. Plötzlich fühlte ich mich sehr allein und befangen und war mir der hundert Augenpaare, die mich anstarrten, nur allzu deutlich bewusst. Offenbar war ich das einzige Mädchen mit brauner Haut auf dem Flur; alle anderen waren weiß. Das war an meiner bunt gemischten New Yorker Schule ganz anders gewesen.

Aus Tagen wurden Wochen und ich lernte vor allem die Mittagessenszeit fürchten. Die Einsamkeit erdrückte mich, wenn ich allein an einem der Tische saß und mein Lunchpaket verzehrte. Das Gelächter um mich herum tat mir weh. Ich sehnte mich so schmerzlich danach, wie die anderen Mädchen zu sein. Nachdem ich mich schon in meiner Familie gehasst fühlte, war die Schule meine einzige Hoffnung auf Akzeptanz gewesen. Doch jetzt kam mir auch das nicht mehr sehr wahrscheinlich vor.

Wie alle Mittelschulen war auch meine in Cliquen unterteilt, die durch den sozialen Status bestimmt wurden. Es war eine Art Kastensystem. Unsichtbare Linien zeigten ganz klar an, wer dazugehörte und wer nicht. Nur die reichen Mädchen, die in ihren Designerklamotten herumstolzierten, schafften es in die Oberschicht. Mädchen wie ich –

in meinen *Walmart*-Sachen, die ich drei Tage hintereinander trug, ehe ich sie wechselte – wurden ignoriert und als wertlos verworfen.

Die Mode war für mich ein echtes Problem – nicht, weil ich mich nicht dafür interessiert hätte, sondern wegen der religiösen Einschränkungen. Nach muslimischer Sitte mussten meine Schultern und Beine stets bedeckt sein. Damit kamen die süßen Shorts oder ärmellosen T-Shirts und Sommerkleider, die die anderen Mädchen trugen, für mich nicht infrage. Alle meine Kleider waren sackartig und formlos. Es war mir schlichtweg nicht erlaubt, ein bisschen Stil in meine Garderobe zu bringen.

Doch ich wusste, dass ich nicht nur durch meine Kleidung zur Außenseiterin wurde. Selbst wenn wir Geld gehabt hätten – was nicht der Fall war –, hinderte meine muslimische Kultur mich daran, vieles von dem zu tun, was die anderen Kinder taten. Die Mittelstufe ist die Zeit, in der Jungen und Mädchen anfangen, voneinander Notiz zu nehmen, vorausgesetzt, man ist kein Mädchen, das in einer streng muslimischen Umgebung aufwächst. Das machte meine Mutter mir unmissverständlich klar. Eines Abends sah ich mir gerade im Wohnzimmer einen Spielfilm an, als sie sich mit einer Näharbeit neben mich setzte. Als der Film mit einer Kuss-Szene endete, blickte sie auf und stieß einen lauten Seufzer aus. Sie begann aggressiv auf ihre Näherei einzustechen und schüttelte dabei den Kopf, als ob ihr schlimmster Albtraum wahr geworden wäre. Dann sah sie mich mit einem stahlharten Ausdruck in den Augen an und sagte auf Tamil: »Rifqa, denk nicht mal im Traum daran, einen Freund zu haben. Wenn du das tust, bist du hier nicht länger zu Hause.«

Ich weiß, es hört sich seltsam an, aber es war mir strikt verboten, mit nicht-muslimischen – das heißt im Grunde mit allen – Jungen zu reden. Das heißt nicht, dass ich mich daran hielt. Ich sprach mit Jungen in der Schule, wo meine Eltern es nicht sehen konnten. Ansonsten aber trug mir jeder selbst zufällige und beiläufige Kontakt zu einem Jungen, der kein Muslim und nicht zuvor von meinen Eltern gebilligt worden war, unweigerlich eine harsche Standpauke ein. In ihren Augen hatte ich nicht mit einem Jungen zu sprechen, geschweige denn, mich mit einem zu verabreden. Wenn es Zeit war, über solche Dinge nachzudenken, würde ich mir ja auch den Mann, den ich heiraten würde, nicht selbst aussuchen dürfen. Wie in den Generationen vor mir würde meine Heirat, wenn ich knapp unter oder Anfang zwanzig war, von meinem Vater arrangiert werden. Das heißt, ich würde den Mann heiraten, den mein Vater nach Gutdünken für mich bestimmte. Wahrscheinlich würde er bedeutend älter oder wohlhabend oder ein verbohrter Muslim sein. Oder alles zusammen.

Wenn sich ein Mädchen in meiner Kultur verlieben sollte und jemanden heiraten wollte, wurde sie von ihrer gesamten Familie verstoßen. Bei der Hochzeit ging es um Traditionen, nicht um Liebe. Als meine Eltern geheiratet hatten, war meine Mutter sechzehn und mein Vater mindestens zehn Jahre älter gewesen. Vor ihrer Hochzeit waren sie einander nie begegnet. Sie hatte nur ein Foto von ihm gesehen, das war alles. Sie war so streng erzogen worden, dass sie Männern nicht einmal ihr Gesicht zeigen durfte. Meine Eltern waren zum Glück nicht ganz so streng. Nur in der Moschee musste ich den *Hidschab* tragen. Doch die Ehe und die Reglementierung der Beziehungen zwischen Jungen und Mädchen waren eine Tradition, an der sie unverbrüchlich festhielten.

Neue Schule. Neue Kämpfe. Alte Geschichten. Alte Unterdrückung. All die Regeln, die die Moschee mir auferlegte, führten in Kombination mit dem Minenfeld der Misshandlungen, die sie bei uns zu Hause auslösten – und die jederzeit ohne Vorwarnung über mich hereinbrechen konnten –, dazu, dass ich den Islam insgeheim zu hinterfragen begann. Im Kleinen hinterfragte ich ihn allerdings schon länger oder versuchte es zumindest, denn ich war fasziniert von einem Gott, der irgendwie weniger grimmig, dem menschlichen Fühlen gegenüber weniger gleichgültig und leichter zufriedenzustellen war, der anders war als unserer.

War Gott womöglich eher so wie die liebevolle, gütige Gegenwart, die ich als Kind damals in unserem Garten in Sri Lanka erfahren hatte? Gewaltig und stark, ja, das schon, aber auch barmherzig und anteilnehmend? Hoch und erhaben und doch bereit, zu mir in Beziehung zu treten? Keine lastende, bedrohliche Forderung, sondern ein vertrauter Freund, wie man ihn sich wünscht?

Vielleicht war es auch etwas verschroben, dass ich all diese Tagträume und Fragen mit mir herumtrug, ich weiß es nicht. Mir war aufgefallen, dass ich – und je älter ich wurde, desto mehr – wissbegieriger war als die meisten Kinder in meinem Alter. Ich wollte etwas über das Warum hinter dem Was erfahren. Ich hatte das Gefühl, dass die Menschen mit dem brennenden Wunsch erschaffen worden waren, für etwas zu leben, das größer ist als sie selbst. Der Islam gab mir nur ein Gefühl der Leere und Haltlosigkeit. Er nahm und nahm und nahm, aber gab nur selten etwas zurück. Er zwang mich, Dinge zu tun, aber er ließ mich nichts werden – zumindest nichts, was ich gern sein wollte.

Warum? Warum musste das so sein?

Natürlich konnte ich mit niemandem über diese Dinge sprechen, denn den Koran oder den Islam infrage zu stellen, ist verboten und gehört zu dem Schändlichsten, was ein Muslim tun kann. Doch meine Familie merkte allmählich, dass ich die täglichen islamischen Praktiken zu vernachlässigen begann. Sie waren mir wirklich gleichgültig geworden. Die Misshandlungen bei uns zu Hause waren derart eskaliert, dass ich echten Hass gegenüber meiner Familie empfand. Immer häufiger kam es zu physischen Auseinandersetzungen mit meinem älteren Bruder. Ich fühlte mich so klein, so schwach, so wehrlos. Doch obwohl ich auch körperlich litt, waren die Schmerzen in meinem Inneren schlimmer.

Ich verabscheute mein Leben. Die Depression umgab mich wie eine dunkle Wolke. Als Zwölfjährige sah ich manchmal tagsüber aus dem Fenster, sah die Autos auf der Straße vorbeifahren und dachte verzweifelt: *Wenn das alles ist, was das Leben zu bieten hat, dann will ich nicht mehr leben. Vielleicht wäre es besser, zu sterben.*

Um meine Qualen zu erleichtern, begann ich, mich mit Rasierklingen selbst zu verletzen. Ich ritzte mir die Handgelenke und dachte dabei, wie sehr ich meine Familie hasste, wie sehr ich die Schule hasste, wie sehr ich das Leben hasste, das ich führte, wie sehr ich … hasste. Dieser physische Schmerz, den ich mir selbst zufügte, war leichter zu ertragen als das ständige Leid in meinem Inneren.

Ich wollte mehr. Ich wollte raus. Ich wollte Antworten. Ich wollte die Wahrheit finden. Ich war es leid, mich still zu verhalten, einfach dazusitzen und alles hinzunehmen, zu tun, was immer sie sagten, zu sein, was immer sie von mir verlangten, rückwärts zu taumeln, wann immer sie Lust hatten, mich ohne Grund zu schlagen, zu ohrfeigen oder zu demütigen. Ich wollte ausrasten. Ich wollte schreien. Ich wollte Freiheit im vollen Wortsinn, in *jedwedem* Wortsinn: Wahlfreiheit, Freiheit von Schmerz, Freiheit von einem sterilen, kontrollsüchtigen System, das mir jeden Gedanken vorschrieb, ohne danach zu fragen, wer ich war. Ich wollte die Erfahrung machen, dass jemand, irgendjemand, meine Schreie hörte. Ich wollte es und ich wünschte mir jemanden, der mich beachtete. Und wenn sie das nicht taten und nicht tun würden, wenn ich niemanden fand, der sich meiner annahm, dann war ich fertig. Fertig mit dem Leben.

Ich meinte es ernst.

Ich war erst zwölf Jahre alt und doch schon entzweigerissen. Und eines Nachts, als ich allein in meinem Schlafzimmer war, als ich wieder einmal geschlagen worden war und der Schmerz durch meinen Körper pulsierte, als ich wieder einmal darum rang, der Versuchung meiner selbstmörderischen Gedanken nicht zu erliegen, sackte ich mit tränenüberströmtem Gesicht auf dem Boden zusammen. Der Schrei in meinem Inneren gerann zur Blasphemie, und obwohl mir dabei unwillkürlich ein Schauder der Scham über den Rücken kroch, legte ich all das, was aus meinem Leben geworden war und wurde und was ich nicht länger unterdrücken konnte, in diesen einen Augenblick hinein. In einem einzigen qualvollen Crescendo brach es aus mir heraus, während ich spürte, wie sich der raue Teppich in meine Knie grub. Da ich keinen anderen Ort hatte, an den ich mich mit meinen Gedanken wenden konnte, sah ich zum Himmel empor und flehte: »Gott! Wenn es Dich gibt, wenn Du real bist – bitte! –, *verbirg* Dich nicht länger vor mir! Es ist mir gleich, ob Du Allah, Buddha oder Jesus bist, wer immer Du bist: Zeige Dich! Denn wenn Du die Wahrheit bist, dann werde ich Dir mein Leben hingeben. Ich werde Dir folgen – was es auch koste.

Ich werde es tun!«

Ich lauschte dem Nachhall meiner Worte, während meine aufgewühlten und erschöpften Emotionen sich nach Erholung sehnten. Als ich die Augen wieder öffnete, hatte sich nichts verändert. Ich war noch immer Rifqa, noch immer wund, noch immer weinend, noch immer in der Hölle meines Zuhauses gefangen, noch immer in denselben schmächtigen Körper gezwängt. Meine pastellfarbene Decke lag noch immer nachlässig über mein Bett gebreitet, wie ich sie zuvor liegen gelassen hatte. Noch immer lagen meine Bücher und Kleider auf dem Boden verstreut und gestapelt.

Jämmerlich gegen die Bettkante gelehnt seufzte ich vor Verzweiflung und Enttäuschung. Offenbar gab es für mich keine Erleichterung. Durch das Fenster starrte ich in den fernen Himmel, der meine Gefühlslage perfekt widerspiegelte. Dunkle, graue Wolken sprachen meiner Sehnsucht nach Sonnenschein Hohn.

Langsam zwang ich mich auf die Füße, schlüpfte zwischen die Laken und zog die Decke über mich. Ihre Wärme und Behaglichkeit hüllten meinen zitternden Körper ein. Für den Moment spendete sie mir das einzige Gefühl des Friedens, das ich für mein gepeinigtes Herz erwarten konnte. Es war mir gleich, ob ich jemals wieder aufwachen und meinen entwürdigenden Albtraum weiterleben würde.

Fünf

Flur. Umkleideraum. Speisesaal. Toilette. Matheunterricht. Wohin ich auch zu Beginn dieses neuen Schuljahrs ging – ein koreanisches Mädchen mit langen schwarzen Haaren schien bereits vor mir da zu sein. Wir sprachen nie wirklich miteinander, sagten nur Hallo oder nickten uns zu. Wir gehörten verschiedenen sozialen Gruppen an. Doch ihre Allgegenwart war bemerkenswert. Und jedes Mal, wenn sich unsere Wege kreuzten, zog sie mich geradezu magnetisch an.

Eines Morgens, als es schellte, folgte ich ihr in unser Klassenzimmer. Stühle wurden vor- und zurückgeschoben, als Mädchen und Jungen sich hinsetzten. Rucksackreißverschlüsse wurden auf- und zugezogen und Gespräche flogen hin und her, bis unsere Mathematiklehrerin sich schließlich Gehör verschaffte. »Gut jetzt, Klasse. Setzt euch hin.«

Sie nahm einen Stapel Papier und gab dem jeweils ersten Schüler in jeder Reihe einen dicken Packen in die Hand. »Ich will, dass ihr euch zu zweit zusammensetzt und diese Aufgaben in Partnerarbeit löst. Manche sind sicherlich eine Herausforderung, aber ihr solltet euer Bestes geben. Leere Felder werden nicht akzeptiert.«

Mathe ist mein kleinstes Problem, dachte ich, als der Stapel bei mir ankam und ich das Blatt überflog, um zu sehen, welche algebraischen Schrecken uns erwarteten. Die Schüler fingen an, ihre Tische für die Teamarbeit zusammenzurücken. Ich saß einfach nur da und starrte auf die Gleichungen. Ich wusste nicht, mit wem ich zusammenarbeiten sollte, und mir fiel wieder ein, weshalb ich diese krampfhaften Teamarbeit-Aufgaben so sehr hasste.

»Hey, wollen wir Partner sein?«, fragte mich jemand und kam forsch auf mich zu.

Sie.

Das Überall-Mädchen.

»Oh, sicher«, sagte ich höflich und fragte mich, weshalb sie sich auf meine niedrige soziale Stufe herabließ. Es gab ganz sicher andere Kinder, die sie sich lieber ausgesucht hätte. Ich hätte nie gedacht, dass ich es wert wäre, ihre Beachtung zu finden, auch wenn ich *sie* natürlich sehr wohl beachtet hatte.

»Okay, gut!« Ihre muntere Stimme und freundliche Miene verblüfften mich. »Ich bin übrigens Angela. Du heißt Rifqa, stimmt's? Bist du Christin?«

Mit Small Talk hältst du dich wohl nicht lange auf, was? Geht's vielleicht noch direkter? Sie hatte mich mit ihrer so unverblümt ins Blaue hinein gestellten Frage völlig überrumpelt.

Dennoch antwortete ich, ohne zu zögern: »Ja ... Ja, bin ich.« Diese Gelegenheit zu einer Gemeinsamkeit mit einem so beliebten Mädchen würde ich mir doch nicht entgehen lassen!

»Super! Willst du mit mir in die Kirche gehen?«

Hast du eine Ahnung, was du mich da fragst? Doch wieder kam mir die unehrliche Antwort über die Zunge, ehe ich sie zurückhalten konnte. Ich *musste* etwas sagen. Aber was?

»Ja, ich komme mit«, antwortete ich.

Meine Eingeweide verknoteten sich bei dem Gedanken, wie tief die Grube war, die ich mir hier gerade grub. *Was tust du da, Rifqa? Wie willst du da wieder herauskommen? Dass du überhaupt darüber nachdenkst, wird deine Eltern schon in Rage versetzen!* Mir war klar, dass ich gerade in etwa zehn Sekunden einen ganzen Berg von Scherereien angehäuft hatte.

Mit einem Mal schien es mir keine so gute Idee mehr gewesen zu sein, dass ich gelogen hatte. Das hier würde ein gewaltiger Schlamassel werden.

Wieder einmal war Mathe noch das kleinste meiner Probleme.

Nach dem Unterricht fragte Angela mich, ob ich mich nach der Schule mit ihr treffen wollte, damit wir uns zur Kirche verabreden konnten. *Klar, gern.* Denn auch wenn ich furchtbare Angst hatte, auch wenn ich wusste, dass meine Eltern nie davon erfahren durften – weshalb sollte ich lange nachdenken? Das Ganze war so seltsam, hatte sich so aus heiterem Himmel ergeben. Was, wenn es genau das war, wonach ich suchte? Was, wenn Gott mir auf genau diese Weise zu verstehen gab, dass er sich nicht länger vor mir verstecken würde?

Ja, was dann?

Bin ich bereit, es herauszufinden? Das war die Frage, die mich drängte, auf ihren Vorschlag einzugehen.

Ich hatte Ihm gesagt, dass ich Ihm folgen würde, wenn Er sich nicht länger vor mir versteckte.

Und so fand ich mich völlig entgegen meiner üblichen Gewohnheiten in dem vornehmen Viertel wieder, das unsere Schule umgab: auf dem Weg zu einem nahe gelegenen Restaurant namens *The Rusty Bucket*, wo wir uns treffen und eine Kleinigkeit essen wollten, wie Angela vorgeschlagen hatte.

Für die meisten Menschen war das *Rusty Bucket* ein gemütliches Stammlokal: eine Bar mit Grillrestaurant, wo man üppige Vorspeisen, Hamburger für sechs Dollar, Steaks und Meeresfrüchte essen konnte. Doch für mich war es einfach unglaublich. Meine Familie ging niemals aus zum Essen, und zu Hause gab es immer nur die vertraute sri-lankische Küche. Doch hier waren wir nun, Angela und ich, zwei Kinder, die sich wie Erwachsene benahmen, sich an einen Tisch setzten und die Speisekarte studierten, die groß genug war, um unsere kleinen Gesichter zu bedecken. Ich ging die Vorspeisen durch, die mir allesamt fremdartig vorkamen. Curry-Hühnchen konnte man hier vermutlich nicht bestellen.

Die Kellnerin in ihrem schicken weißen Dress kam an unseren Tisch und ich ließ Angela für uns beide bestellen, denn sie schien zu wissen, was sie tat. Ich war mit meinen Gedanken eher bei dem, worüber sie und ich gleich sprechen würden. *Christen. Kirche.* Was bedeuteten diese Wörter überhaupt? *Soll ich einfach ehrlich sein und ihr die Wahrheit sagen? Was ich bin und was ich nicht bin?*

Nach ein paar Minuten Small Talk fasste ich mir ein Herz und holte tief Luft. »Angela, ich muss dir etwas sagen. Ich bin keine …« In dem Moment kam die Kellnerin zurück.

»Bitte sehr, die Damen«, sagte sie, als sie uns das Essen servierte. »Ruft mich, wenn ihr noch irgendetwas braucht.« Dann drehte sie sich um und ging fort.

Ehe wir anfingen zu essen, sah Angela mich mit einem sanften Lächeln an und fragte: »Ist es okay, wenn ich bete?«

Ich nickte und folgte ihrem Beispiel, als ob ich wüsste, was ich da tat. Sie neigte leicht den Kopf und schloss die Augen. Ich tat rasch dasselbe, blinzelte dann jedoch, um zu sehen, was sie als Nächstes machte. Mit noch immer geschlossenen Lidern begann sie ihr Gebet zu sprechen, und so schloss auch ich respektvoll die Augen. Und hörte zu. In wachsender Erregung.

»Vater, danke für dieses Essen«, sagte sie. »Danke für Rifqa und dafür, dass wir uns treffen können. Sei bei uns und sei verherrlicht in den Dingen, über die wir reden. In Jesu Namen. Amen.«

Amen. Das war alles. So einfach. So authentisch. Ich war überwältigt. Sie konnte nicht ahnen, was ich empfand. Für sie war das etwas so Normales und Alltägliches. Beten. Doch für mich ... Ich dachte an Emmas Haus in New York zurück, wo sie und ihre Familie in den Tagen nach 9/11 so offen und aufrichtig gebetet hatten. Wie konnte jemand so dankbar und so vertrauensvoll mit Gott sprechen?

In diesem Augenblick wurde das Schuldgefühl unerträglich. Ich konnte es nicht länger verheimlichen. Ich gestand, als hätte man mich bei einem schweren Verbrechen ertappt.

»Ich bin keine Christin!«, stieß ich hervor. Die Worte hingen in der Luft und erheischten eine Antwort von meiner neu gefundenen Freundin. Ich fühlte, wie sich meine verspannten Schultern allmählich lösten, als der Betrug ans Licht kam.

Sie war überrascht und antwortete nicht sofort. Also versuchte ich die unangenehme Stille zu überbrücken, beugte mich zu ihr vor, dämpfte meine Stimme beinahe zu einem Flüstern und sagte: »Ich bin Muslimin.«

Ich weiß nicht, welche Reaktion ich erwartet hatte, aber diese ganz bestimmt nicht. Ihr Gesicht hellte sich auf und zeigte nun eine Mischung aus mitfühlendem Interesse und aufgeregter Neugier. Sie sprach kein Wort, doch dieses Strahlen auf ihrem Gesicht bedeutete anscheinend, dass mein Geständnis eine willkommene Neuigkeit war.

»Angela, ich weiß nicht, wie ich dir das sagen soll, aber ich komme aus einer *streng* muslimischen Familie. Meine Eltern dürfen auf keinen Fall erfahren, dass ich auch nur über irgendetwas nachdenke, was mit dem Christentum zusammenhängt. Wenn sie herausfinden würden, dass ich mit dir in die Kirche gegangen bin, dann wäre das *sehr* gefährlich, glaub mir.«

Ich machte eine Pause. Mein Gesicht wurde ernst, als ich sie ansah. »Das muss unser Geheimnis bleiben, okay? Meine Eltern *dürfen* es nicht erfahren. Verstehst du das?«

Ich musste nicht warten. Ihre Antwort kam wie aus der Pistole geschossen. »Natürlich, Rifqa! Das ist unser Geheimnis. Ich bin sicher, dass wir einen Weg finden werden.«

Wir redeten und aus Minuten wurden Stunden. Ich erzählte von meiner Familie und der großen Gefahr, in die ich mich begab, wenn ich in die Kirche ginge. Ich verheimlichte nichts. Ich sagte ihr alles. Manche der Geschichten und Einzelheiten, die ich ihr erzählte, konnte ich selbst kaum glauben – Dinge, die ich nie zuvor irgendjemandem erzählt hatte. Nie. Doch ich hatte sie so lange mit mir herumgetragen und sie schien mir jemand zu sein, dem ich trauen konnte. Dass ich an diesem Nachmittag über all das sprechen konnte, fühlte sich befreiend (und zugleich erschreckend) an.

In ihren Ohren muss das, was ich über meine Familie und meine Situation enthüllte, unvorstellbar geklungen haben, so krass war der Gegensatz zu dem Bilderbuch-Familienleben, das die meisten Schüler in New Albany ganz offensichtlich führten. Wenn meine Freunde in der Schule von ihren Familien erzählten, beneidete ich sie um ihre liebevollen Mütter, die zu Hause waren und einen Kuchen backten, wenn sie Freunde mit nach Hause brachten, und um ihre hart arbeitenden Väter, die eine Menge Geld verdienten. Während die meisten meiner Mitschüler das Geld mit vollen Händen für Designerklamotten ausgaben und in stattlichen Häusern lebten, bestand mein Alltag aus endlosen und hitzigen Diskussionen meiner Eltern darüber, dass das Geld nicht reichte, um die Miete zu bezahlen. Niemals würde ich wollen, dass meine Freundinnen mit ansahen, wie tyrannisch mein Vater sich aufführte und wie er meine Mutter und uns behandelte. Niemals würde ich Angela zu mir nach Hause einladen. Doch ich konnte sie einladen, mich zu verstehen. Und ich durfte hoffen, dass sie der Einladung Folge leistete.

Mit jeder meiner Enthüllungen sackte ihr Kiefer ein Stückchen weiter ab. Sie war fassungslos und konnte es nicht glauben, was mich nicht überraschte. Es war und ist wirklich schockierend. Doch wenn man nicht aus einer Kultur wie der meinen stammt, wenn man ein Teenager und in einem kirchlichen Umfeld aufgewachsen ist, dann ist es schwierig, die Konsequenzen und die Verfolgung voll und ganz zu ermessen, die einen Muslim erwarten, wenn er den christlichen Glauben annimmt – selbst hier in Amerika, dem »Land der Freien«. Man kann sich vielleicht in Teilen in die alltägliche Dynamik unserer Lebensführung einfühlen, doch man kann sich nicht wirklich vorstellen, dass die Abkehr vom Islam jemanden wie mich alles, sogar das Leben, kosten kann. Ich hatte Geschichten von Muslimen gehört, die den Islam aufgegeben hatten, von ihren Familien verstoßen wurden und dann für immer verschwunden sind. Doch was für mich normal schien, schien in Angelas Augen völlig unmöglich.

Also verzichtete ich, obwohl ich viel erzählte, doch darauf, diesen Teil meiner Geschichte so düster einzufärben, wie er tatsächlich war. Stattdessen schwächte ich die schlimmste aller Möglichkeiten zu der Gefahr ab, von meiner Familie verstoßen zu werden, obwohl selbst dieses Wort für meine christliche Freundin unerhört und vielleicht übertrieben dramatisch klang.

»Sie würden dich wirklich verstoßen?«, fragte sie.

Ich nickte. »Mhm.«

»Sie würden dir wirklich wehtun?«

Ich nickte wieder, tunkte eine Pommes in Ketchup und biss ein Stück davon ab.

»Ich kann das nicht glauben«, sagte sie, starrte vor sich hin und schüttelte in wachsender Bestürzung den Kopf. »Du darfst nicht einmal in die Kirche gehen? Das ist so ungerecht!«

Doch während sie sich in ihre zornige Empörung über dieses himmelschreiende Unrecht hineinsteigerte, war ihre Reaktion für mich eine Bestätigung, die mir ganz entscheidend den Rücken stärkte. Ich wurde von Minute zu Minute entschlossener. Ich *würde* mit ihr in die Kirche gehen. Was immer das bedeutete. Und fürs Erste würde ich sie so lange festhalten, bis ich ihr all die Fragen über das Christentum gestellt hatte, die ich seit ich weiß nicht wie vielen Jahren mit mir herumtrug.

»Was bedeutet es, Christ zu sein?«

»Was bedeutet das Kreuz?«

»Warum ist Jesus gestorben?«

»Was tut ihr in der Kirche?«

»Wie viele Regeln habt ihr?«

»Was dürft ihr nicht tun?«

Ich schoss sie eine nach der anderen völlig beliebig ab. Kaum hatte sie die Erste beantwortet, ließ ich voller Ungeduld schon die Nächste auf sie los. Ich war wie ein Bettler bei einem Festmahl: außerstande, mich auf ein einziges Gericht zu beschränken. Jede Antwort offenbarte eine Freiheit in ihrem Glauben, die einfach zu schön klang, um wahr zu sein. Alles, was sie sagte, ließ mein sehnsüchtiges, eingesperrtes Herz nach mehr verlangen: nach einer aufrichtigen, offenen Gottesbeziehung, nach Wahlfreiheit, nach einer liebevollen Glaubensgemeinschaft. Ich lechzte förmlich nach diesen Dingen!

Was war das für ein Kontrast zu meiner islamischen Gesellschaft und unmittelbaren familiären Umgebung! Die Muslime, die ich kannte, taten alles aus Pflichtgefühl oder unter Zwang. Entscheidungen traf man gemäß der Kultur der Ehre, an die wir uns halten mussten. Schande war eine wirkungsvolle Strategie, die eingesetzt wurde, damit die Mitglieder der Gemeinschaft dem Islam Folge leisteten, weil sie fürchteten, andernfalls eine Sünde zu begehen. Ehre und Ansehen waren entscheidend; unser Glaube drehte sich darum, in den Augen der anderen als heilig und rechtschaffen zu gelten. Selbst als ich den Koran auswendig gelernt hatte, war es dabei hauptsächlich um das Ansehen meiner Familie innerhalb der islamischen Gemeinschaft gegangen – und nicht etwa um meine Beziehung zu Allah.

Angelas Glaube dagegen war so unwiderstehlich. Ihr Herz – davon konnte ich ein Lied singen – war wirklich mit ihrem Gott verbunden. Sie war die personifizierte Freiheit und Gnade. Und dass ich mich an diesem Tag mit ihr getroffen hatte, war der Beginn eines Abenteuers, das das Unterste zuoberst und das Innerste nach außen kehrte und *alles* veränderte.

Ich war dabei, die Fahrt meines Lebens anzutreten.

Sechs

»Morgen nach der Schule gehe ich zum Lernen zu einer Freundin«, log ich meine Eltern eines Dienstagabends an. Jetzt, da ich ein bisschen älter war, erlaubten sie es mir ab und zu, außer Haus zu sein – aber nur, wenn es mit der Schule (oder später mit meiner Arbeit) zu tun hatte. An diesem Abend stellten sie keine weiteren Fragen, was mir das Lügen noch unerträglicher machte. Doch ich schob das mulmige Gefühl ebenso beiseite wie den Gedanken an die Konsequenzen, die es haben würde, wenn mein Geheimnis jemals entdeckt werden sollte. Ich redete mir ein, dass sich der Einsatz lohnte.

Lohnend klang das, was Angela mir geschildert hatte, allemal.

Und so stieg ich am nächsten Tag, einem Freitag, nachmittags nach der Schule mit Angela in den Bus, der uns zu ihr nach Hause brachte – in gespannter Erwartung des Unbekannten, das dieser Abend für mich bereithielt.

Mit Angela und ihrer Familie zusammen zu sein, war mehr als erfrischend. Ihr Haus war so riesig und schön, dass ich mir winzig vorkam, und doch vermittelte mir die Atmosphäre, die darin herrschte, zugleich ein Gefühl des Friedens und der Sicherheit. Ich sog das alles in mich auf, während ich dasaß und ihr beim Klavierüben zuhörte, ehe wir uns auf den Weg zur Kirche machten. Ihre Hände schienen über die Tasten zu tanzen und die Musik half mir, entspannt zu bleiben. Ich war furchtbar nervös bei dem Gedanken, was auf mich zukommen und was ich dort vorfinden würde. Und mir graute bei dem Gedanken, dass ich hinter dem Rücken meiner Eltern das schlimmste Verbrechen beging, das ein Muslim begehen konnte. Doch ich lehnte den Kopf gegen die Wand und ließ die Musik meine Ängste zerstreuen. Eine große braune Uhr hing über dem Klavier, und zwischen Angelas Übungsstücken lauschte ich dem stetigen Rhythmus des Sekundenzeigers, der bis zur nächsten vollen Stunde weiterwanderte. *Ticktack. Ticktack …*

Und dann war es auch schon Zeit zu gehen.

Angelas Vater brachte uns im Familienvan zur Kirche. Und obwohl meine Gedanken Karussell fuhren – *Bin ich verrückt, dass ich das tue? Was wird passieren, wenn meine Familie davon erfährt? Könnte es sein, dass ich wirklich finde, was ich suche?* –, konnte ich kaum glauben, wie sicher ich mich bei diesem Mann fühlte, den ich doch gerade erst kennengelernt hatte. Ich hatte immer gedacht, alle Väter wären wie meiner: aufbrausend, jähzornig, unstet und reizbar. Doch Angelas Vater war ganz anders. Das Licht in seinen freundlichen Augen strahlte vor Güte und Sanftmut. Und seine Liebe zu seiner Tochter spiegelte sich genau wie ihre bewundernde Liebe zu ihm in der unbefangenen Art wider, in der sie miteinander umgingen.

Ihre Beziehung versetzte mir einen Stich ins Herz, und ich spürte eine traurige Eifersucht. Ich dachte an all die Jahre, in denen ich versucht hatte, die Zuneigung meines Vaters zu gewinnen, nur um letztlich doch zu scheitern. Die Stunden, die ich in das Koranstudium investierte, schienen nie auszureichen. Meine Treue zum Islam konnte seinen Erwartungen nie gerecht werden. Ich war an einem Punkt angekommen, wo ich nicht länger versuchte, ihm zu gefallen und sein Herz zu gewinnen: Ich hatte aufgegeben.

Genug war genug. Ich schottete mich emotional völlig gegen ihn ab, ließ mich von ihm schlagen und nahm seine Kontrolle und Kritik klaglos hin, während ich innerlich vor Hass kochte, weil er eine solche Macht über mein Leben hatte. Als ich jetzt bei Angela und ihrem Vater sah, wie anders es tatsächlich sein kann, wenn ein Vater sein Kind liebt, fühlte ich einen bohrenden Schmerz in meinem Herzen. Am liebsten hätte ich geweint, weil ich mich bei diesem Fremden so gut aufgehoben fühlte.

Doch der Schmerz bestärkte mich umso mehr in meinem Entschluss, als wir auf dem Kirchparkplatz hielten, und ich sprang von meinem Sitz auf den ausgebleichten Asphalt. »Viel Spaß euch beiden«, sagte ihr Vater, nachdem Angela sich noch einmal zu ihm umgedreht und ein paar Worte auf Koreanisch mit ihm gewechselt hatte. Ich konnte davon ausgehen, dass sie ihn bereits über meine familiäre Situation informiert hatte, und der Gesichtsausdruck, mit dem er uns nachwinkte, war voller Liebe, Hoffnung und väterlichem Interesse an meinem Wohlergehen. Mir war voll und ganz bewusst, was ich tat, als ich auf die Kirche zuging und mein Spiegelbild mir aus der Glastür entgegensah. Ich hatte mein dickes, dunkles Haar zu einem straffen Knoten gebunden und auf meinem Gesicht lag ein kleines, hoffnungsvolles Lächeln. Angela hielt mir die Tür auf – meine Silhouette teilte sich – und gab mir mit dem Kopf ein Zeichen, dass ich vorangehen solle. Ich gehorchte und schlüpfte hinein.

Als wir eintraten, begrüßten uns viele lächelnde Menschen, die mit ihren schönen schwarzen Haaren und den mandelförmigen Augen alle ganz ähnlich aussahen wie Angela. Sie entschuldigte sich für einen Moment und huschte hinüber zu einer kleinen Gruppe, die sich zu einem provisorischen Kreis formierte, sobald sie zu sprechen begann – über mich, wie ich vermutete. Sie sah aus wie ein Trainer, der seinem Team vor dem Spiel noch einige letzte Anweisungen gibt und dann fragt, ob irgendetwas unklar ist. Sie sprach Koreanisch, sodass ich nicht verstand, was sie sagte. Doch ab und zu sah eines der Mädchen in meine Richtung, drehte sich dann wieder um und nickte zustimmend und verständnisvoll. Aufgeregte Aaahs und Ooohs stiegen aus der Gruppe empor, während ich verlegen in die Luft starrte, nicht wusste, wie ich mich verhalten sollte, und mich fehl am Platz fühlte. Doch als sie dann eine nach der anderen ihre improvisierte Runde verließen und mit ausgestreckten Händen und lächelnden Gesichtern auf mich zukamen, schmolz ich unter ihrer herzlichen Güte dahin.

»Ungläubige im Haus«, so lautete wahrscheinlich die Parole.

Was diese Menschen offenbar dazu motivierte, sich besonders gastfreundlich zu verhalten.

Ich wollte nicht unhöflich sein, aber da ich alles riskiert hatte, um zu sehen, wie es im Inneren einer Kirche aussieht, blieb ich hinter den Mädchen, die sich mit ihren anderen Freundinnen unterhielten, etwas zurück, um auf eigene Faust umherzustreifen und die Örtlichkeit zu erkunden. Ich nahm jede Einzelheit der Umgebung in mich auf. Ich weiß noch, dass ich mich besonders von einer Reihe handgemalter Bilder angezogen fühlte, die in einem Gang aufgehängt waren. Sie waren offensichtlich von kleinen Kindern gezeichnet und ausgemalt worden, und eine der Zeichnungen sprang mir vor der weißen Wand geradezu ins Auge. Langsam flüsterte ich die Worte vor mich hin, während ich las: »Jesus liebt mich«, und streckte meine Hand aus, um die Schrift auf dem Papier zu berühren.

Ich hatte so viele Fragen. Und die eine, die ich mir stellte, während ich dieses Bild bestaunte, fasste sie vielleicht alle zusammen. Wie konnte ein Kind davon überzeugt sein, dass ein Prophet (denn dafür hielt ich Jesus) es *wirklich* liebte?

Was für eine seltsame Aussage, dachte ich.

Jesus liebt mich?

Für viele Menschen klingen die Worte »Jesus liebt mich« so fest in Zeit und Raum verankert wie zwei plus zwei gleich vier oder die Newton'schen Gesetze. Ich aber hörte sie zum ersten Mal, und ich schnaubte verächtlich. *Liebe gibt es nicht! Das ist bloß ein Märchen, so etwas gibt es nur im Film.* Und doch regte sich tief in meinem Inneren die Hoffnung, dass ein Kind, das so etwas glaubte und auf einen Bogen Bastelpapier schrieb, dies womöglich auch im richtigen Leben erleben und erfahren konnte.

Vielleicht sogar ein Kind wie ich.

»Komm, Rifqa! Der Gottesdienst fängt an!« Angela tauchte auf, zupfte mich am Ärmel und führte mich in den eigentlichen Andachtsraum. Je näher wir kamen, desto lauter drangen die betörenden Melodien einer Gitarre an mein Ohr. Wir betraten einen großen Versammlungsraum, das Licht darin war so gedämpft, dass ich die Strukturen gerade noch erkennen konnte. *Wo bin ich hier?*, war mein erster Gedanke. Das war eine völlig andere Welt als alles, was ich je gesehen hatte. Mit einer Moschee hatte das nichts zu tun! Männer und Frauen im selben Raum? Die Frauen ohne Kopfbedeckung? Und die Musik …

Du meine Güte.

Es war atemberaubend.

Dieser erste offizielle physische Kontakt mit dem Christentum stellte alles infrage, was mir als muslimischem Kind in meine DNA hineingeschrieben worden war. Ich glaube, es war besonders die Musik. Man hatte mir immer gesagt, etwas anderes als den Koran zu singen, sei *haram* (»sündig«). Nur heilige Lieder waren erlaubt. Auf den himmlischen Klang dieser Kirchenlieder war ich nicht vorbereitet. Schön, ja, aber …

Sollte ich hier sein? Durfte ich das? Scham und Verwirrung brachen über mich herein und umhüllten mich wie ein Schleier. Das überdeutliche Bewusstsein dessen, was meine Eltern von einer solchen Schamlosigkeit halten würden, mischte sich mit der plötzlichen und überwältigenden Explosion von Bildern, Klängen und Erfahrungen, die an meinen tief eingewurzelten Vorstellungen von angemessener Ehrerbietung zerrten – mein Herz war außerstande, alle diese Gefühle richtig einzusortieren.

Während die Kirchenmusik mir in den Ohren klang, dachte ich an meine eigenen Erfahrungen mit dem islamischen Gottesdienst zurück. Sogleich kam mir die Erinnerung an einen Sommertag in Ohio in den Sinn. Mein Vater war mit mir im Auto unterwegs und durch das geöffnete Wagenfenster wehte eine warme Brise zu uns herein. Aus den Lautsprechern dröhnten arabische Lobgesänge, die mir in meiner Kindheit so vertraut waren wie das Alphabet. Männerstimmen, die, nur vom ledrigen Wummern einer Djembé-Trommel begleitet, *Laaaa illaaha illulaaaaa* (»Es gibt keinen Gott außer Allah«) sangen, schallten durch den Innenraum. Es erinnerte mich an Gesänge, die ich als kleines Mädchen in Sri Lanka gehört und mitgesungen hatte – voller Stolz, weil mein Vater mir zuhörte.

»Warum gibt es nur den Djembé-Beat?«, fragte ich. »Warum benutzen sie nicht mehr Instrumente?« Es klang so eintönig, verglichen mit der amerikanischen Musik, die meine Freundinnen hörten.

»Man benutzt nur natürliche Instrumente wie die Djembé-Trommel«, erklärte mir mein Vater. »Alles andere wäre eine Missachtung Gottes. Und nur der Koran darf gesungen werden«, fügte er in einem Tonfall hinzu, der keine Widerrede duldete. »Nichts anderes!« Ich sah ihn von meinem Sitz aus an. Sein Gesicht strahlte im stolzen Bewusstsein seiner Ehre und Rechtschaffenheit, während er die Worte mitsang, deren Klang mir so vertraut war, deren Sinn sich mir aber nie erschlossen hatte.

Die Erinnerung verflüchtigte sich und ich kehrte zurück in die Wirklichkeit von Angelas Gemeinde, wo der Strom der gemeinschaftlichen Anbetung meine Ohren und meine dürstende Seele mit einem neuen Gefühl der vorsichtigen Verzückung füllte.

So feiern die Christen also Gottesdienst …

Ich fühlte mich wie im Himmel.

Selbst bei der gedämpften Beleuchtung konnte ich sehen, dass jeder zutiefst bei der Sache war. Und je mehr ich mich akklimatisierte, je vertrauter ich mit dieser für mich völlig neuen Dynamik wurde, desto mehr genoss ich die Sicherheit und den Frieden, die mich umgaben. Nie zuvor hatte ich ein so greifbares Gefühl der Akzeptanz und Zugehörigkeit gespürt. Eine unsichtbare Woge schien mich einer spirituellen Bestimmung entgegenzutragen, die ich von ganzem Herzen erreichen und erfahren wollte.

Obwohl ich mir alle Mühe gab, niemanden anzustarren oder mich irgendwie auffällig zu benehmen, konnte ich nicht anders, als mich verwundert umzusehen, und so fiel mein Blick auf eine alte, runzlige Frau in meiner Nähe. Während sie sang, liefen ihr die Tränen über das Gesicht, und sie sah unbeschreiblich schön aus, wie sie dastand und ihrem Geliebten ihr Herz ausschüttete. Vorn liefen die Worte »Heilig ist der Herr« in Leuchtbuchstaben über einen schwarzen Bildschirm und sie sang sie, als ob außer ihr niemand im Raum wäre. Immer wieder schaute ich verstohlen zu ihr hinüber und sah voller Ehrfurcht, welche Freude sie ausstrahlte. Mein Herz hämmerte, so sehr sehnte ich mich danach, den Frieden zu finden, den sie mit ihrem Gesang zum Ausdruck brachte: diese Gewissheit und Überzeugung, diese Zuversicht und dieses tiefe Vertrauen. Sie inspirierte mich so sehr, dass ich es in einer Anwandlung von reiner, unmittelbarer Sehnsucht wagte, wie der Rest der Gemeinde meine Hände emporzuheben – offenbar die bevorzugte Gebetshaltung –, auch wenn ich keine Ahnung hatte, was ich tat oder sagte. Ich fühlte es, wollte es. Vielleicht streckte ich mich nach der Antwort aus, die ich so verzweifelt zu finden hoffte. Konnten meine Hände irgendwie das Gesicht des Einen berühren, der diese Frau so verzauberte?

Nach einer Weile verstummte die Musik und ein Mann ging nach vorn, um zu sprechen. *Was wird er sagen?*, fragte ich mich, als wir alle Platz nahmen. Ich wischte meine verschwitzten Handflächen an meiner Jeans trocken und versuchte, meine Nerven zu beruhigen und mich darauf einzustellen, dass nun, da ich mich gerade an das bisherige Geschehen gewöhnt hatte, ein neuer Abschnitt des Gottesdiensts begann. Ich lauschte auf jedes Wort und wartete auf ein Aha-Erlebnis, etwas, das mir helfen würde, den Sinn dieser Odyssee, dieser spirituellen Reise zu begreifen, die mich letztlich hierhergeführt hatte, an diesen Ort und zu diesem Zeitpunkt. Irgendwie wusste ich, dass er einen Satz formulieren oder eine Wahrheit aussprechen würde, die meine Fragen klären und mir erste Antworten geben konnte.

Doch das Ganze schien nur eine wahllose Ansammlung bunt zusammengemischter Gedanken. Nichts von dem, was er sagte, ergab für mich einen Sinn. In meiner kindlichen Unerfahrenheit hatte ich keinerlei Bezugsrahmen, obwohl ich ihn so unbedingt verstehen wollte. Das alles schien einfach nur grotesk. Was hat er da gerade gesagt? *Dieser Mann namens Jesus … ist Gott?*

Skepsis stieg in mir auf, obwohl mein Wissensdrang mit aller Macht dagegen ankämpfte. Doch eins stand unerschütterlich fest, so unverständlich seine Worte auch sein mochten: Als Kind hatte ich mich dem Islam, Allah, ganz hingegeben. Der Islam war mein Leben, das Leben meiner Familie. Und obwohl ich ihn ernster genommen hatte als so ungefähr jeder, den ich kannte, fühlte sich mein Herz so leblos an wie eine Leiche. Trost fand ich nur im Schlaf, wo Schmerz und Elend mich nicht aktiv quälen konnten. Etwas musste sich ändern. Das wusste ich nur zu gut.

Vielleicht war das Christentum nicht die Antwort.

Aber der Islam war es ganz sicher auch nicht.

Der Redner – ein Mann, den Angela »Pastor« nannte – beendete seine kurze Ansprache und lud dann jeden, der wollte, ein, zum Beten nach vorn zu kommen. Mir war nicht ganz klar, was er damit meinte, nach vorn zu kommen, zum Beten? Doch als ein paar andere Leute aus den Sitzreihen glitten und sich auf den Weg nach vorn machten, hatte ich das merkwürdige Gefühl, dass es mir in den Zehenspitzen juckte, mich ihnen anzuschließen.

Was für ein Gefühl! Alles um mich herum schien in diesem Augenblick zu verschwinden: Angela und ihre Freundinnen, meine eigenen Ängste und Unsicherheiten, der vernichtende Blick meines Vaters. Hier ging es um Leben oder Tod. Ich spürte einen verzweifelten Hunger. Gab es irgendeine Wahrheit an diesem Altar? Mein Leben hing davon ab, was ich womöglich dort finden würde.

Ich wollte es mir holen und nichts würde mich davon abhalten.

Alles ging sehr schnell. Ich schob alle Vernunft beiseite. Ich wusste, wie schändlich mein Vorhaben und dass es unumkehrbar war, dass ich die Ehre unzähliger Generationen vor mir in den Schmutz zog und meine Familie danach nie mehr dieselbe sein würde. Doch all diese schwerwiegenden Konsequenzen erfüllten mich mit einer stählernen Entschlossenheit und dem ganz deutlichen Gefühl, dass der Gott des Universums und vielleicht sogar dieser Mann namens Jesus mich wahrhaftig liebten.

Ich trat in den Gang wie von mächtigen Armen gezogen, die mich umfingen, so gequält und zerbrochen, wie ich war. Seine Gegenwart war die einzige Macht, die mich noch zusammenhielt. Ich hatte das Gefühl, reine Kraft zu atmen, eine ungetrübte Zuversicht, dass alles gut werden würde. Das einzige Mal, an das ich mich erinnere, etwas gespürt zu haben, was dieser Wärme, Sehnsucht und Tröstung nahekam, war an jenem Nachmittag geschehen, als ich noch ein kleines Mädchen war und die Gegenwart mich im Garten vorfand. Alle Zweifel an dem, was ich gerade tat, oder daran, dass Jesus die Wahrheit ist, zerstoben zu einem bedeutungslosen Häufchen pulverisierter Angst, als *die Wahrheit selbst* mich umhüllte. Ich konnte nicht länger leugnen, dass Er real war. Ich konnte nicht leugnen, was ich soeben am eigenen Leib erfuhr.

Tatsächlich schaffte ich es nicht einmal bis zum Altar. Mitten im Gang knickten meine Knie unter mir ein, außerstande, mich noch zehn, zwölf Schritte weiterzutragen. Das ganze Leid meines Familienlebens – die beständigen Misshandlungen, die krasse Ungerechtigkeit, die Lieblosigkeit, die Leere einer Religion, die unser Leben beherrschte, ohne je unsere Herzen zu verwandeln – brach in einer überwältigenden Woge der Hingabe und des Glaubens aus mir heraus.

Ich schluchzte und das Vorderteil meiner von Tränen durchnässten Bluse klebte auf meiner Haut. Einer der Pastoren kam zu mir, kniete sich neben mich, legte mir eine Hand auf die Schulter und begann zu beten. Doch ich konnte seine Worte nicht hören oder mir seine Anwesenheit auch nur bewusst machen. Ich saß einfach da und weinte, weinte und weinte, bis ich einfach nicht mehr konnte.

Vor diesem Abend hätte ich niemals auch nur im Traum daran gedacht, ein solches öffentliches Aufsehen zu erregen. Ich wäre viel zu gehemmt, viel zu sehr damit beschäftigt gewesen, was die anderen im Raum von mir denken würden. Doch an diesem Abend war das alles unwichtig. Alle und alles um mich herum schienen sich in einem Wirbel aus Tränen, Gebeten und Gedanken aufzulösen. Eine gefühlte Ewigkeit lang saß ich nur da, hielt meine Knie umklammert und war einfach überwältigt von der Erfahrung, die ich soeben gemacht hatte. Meine Augen waren geschlossen. Es fühlte sich an wie ein Traum. Bestimmt saß ich in meinem Schlafzimmer. Doch nein, ich war hier. In einer *christlichen Kirche*. Und gab – auf die einzige Art, die mir zur Verfügung stand – die in meinen Augen skandalöse Erklärung ab, dass ich an Jesus Christus glaubte und ihm für den Rest meines Lebens nachfolgen wollte.

Die meisten Gemeindemitglieder waren, während meine kleine Seele in ihren Grundfesten erschüttert wurde, nach und nach still hinausgegangen. Sanfte Musik füllte den Raum und mischte sich mit den wenigen gemurmelten Gebeten, die um mich herum noch zu hören waren. Ich holte tief Luft und sah auf, gleichermaßen erschöpft wie erleichtert. Mein Blick fiel auf ein großes Kreuz, das an exponierter Stelle vorn im Andachtsraum hing. Ich hatte in meinem Leben schon viele Kreuze gesehen: auf Gebäuden, Kunstwerken oder an Kettchen, die die Mädchen um den Hals trugen. Doch ich hatte nie so recht gewusst, was es bedeutete.

Bis zu diesem Augenblick.

Es bedeutete Freiheit. Es bedeutete Hoffnung.

Es bedeutete Vergebung, Freude und Versprechen, die nicht gebrochen wurden.

Doch vor allem bedeutete es, was ich mir nie hätte träumen lassen, dass es wahrhaftig existierte.

Unbeirrbare Liebe.

Eine Hand fasste mich sanft um die Schulter, und ich fuhr herum, um zu sehen, wem sie gehörte. Es war Angela, mit einem warmen Lächeln auf ihrem freundlichen Gesicht. Unsere Blicke trafen sich in einem tiefen Moment wortloser Harmonie. Ich ließ meine Hand auf ihrer Schulter ruhen. Schweigend saßen wir da, für eine lange Zeit, zumindest fühlte es sich so an. Nie hatte ich einen solchen Frieden empfunden. Nie.

Dann aber traf mich ganz unvermittelt eine Schockwelle des Entsetzens und ich fuhr erschrocken auf. »Wie spät ist es?«, fragte ich abrupt. Doch im Grunde brauchte ich keine Antwort. Mich ergriff die Panik wie Cinderella, kurz bevor die Turmuhr Mitternacht schlägt. Ich konnte mir nur allzu lebhaft vorstellen, wie mein Vater reagieren würde, wenn ich nach neun Uhr heimkam. In nackter Angst irrten meine Augen durch den Raum zu der großen Uhr, die über dem Eingang zum Andachtsraum hing.

Die dicke Schicht des Friedens, die mich in dieser unwirklichen Stunde eingehüllt hatte, wurde von einem Moment auf den anderen von Furcht weggeätzt. Ich wand mich aus Angelas sanfter Umarmung und sprang auf die Füße.

»Ich muss gehen!« Ich schrie beinahe.

Sieben

Kaum stand ich in der Haustür, brach der Sturm auch schon los …

Wut.

Geschrei.

Genau, wie ich es befürchtet hatte. Und schlimmer.

»Du bist zu spät!! Warum? Wo bist du gewesen?«

Mein Vater bebte vor Zorn am ganzen Leib. Seine Augen traten aus den Höhlen. Seine Stimme schwoll an. Seine Kiefer spannten sich über den zusammengebissenen Zähnen.

Hätte ich mich nur unsichtbar machen können! Ich schloss meine Augen, wünschte mir, dass es vorüber wäre, dass es schon morgen und ich wieder in der Schule wäre. Irgendwo in Sicherheit. Irgendwo, nur nicht hier.

Doch ehe ich auf die Treppe ausweichen und an Flucht denken konnte, schoss seine Handinnenfläche wie ein verschwommener Fleck in mein Gesichtsfeld, schlug hart gegen meine Wange und hinterließ ein dunkelrotes Mal. Unter der Wucht seines Schlages taumelte ich gegen die Wand, während er mich weiterhin auf Tamil anschrie.

»Du hast gesagt, ihr würdet zusammen Hausaufgaben machen! Hast du mich angelogen?«

»Nein, Papa, nein«, sagte ich und versuchte so überzeugend wie möglich zu lügen. Ich hatte keine andere Wahl. Was an diesem Abend geschehen war, die Schande, die ich über ihn und den Glauben meiner Familie gebracht hatte – das alles musste ein Geheimnis bleiben. Eine andere Möglichkeit gab es nicht.

In den nächsten Wochen und Monaten gingen mir unzählige Fragen durch den Kopf, während ich das, was ich in Angelas Gemeinde erlebt hatte, einzuordnen versuchte. Sie und ich sprachen oft miteinander, manchmal im Pausenraum, manchmal am Telefon. Wenn wir telefonierten, benutzten wir Codewörter für bestimmte Begriffe – die Bibel nannten wir zum Beispiel den »Brief« –, um unser Geheimnis zu wahren. Doch jede Antwort, die sie mir gab, warf eine neue Frage in mir auf.

Am schwersten fiel es mir, zu begreifen, wer Jesus war. Im Islam hatte ich gelernt, dass Jesus ein Prophet war wie Abraham und Mose. Er war nicht Gott, er war nur ein Mensch. Das gaben ja selbst die Christen zu: Ja, er war ein Mensch, der hier auf Erden gelebt hatte. Aber wie konnte denn ein Mensch von Gott geboren sein? Wie konnte ein Mensch Gott *sein*? Doch wenn ich Christin werden wollte, dann musste ich ihn anbeten. Einen Menschen anbeten? Einen Mann, der am Kreuz gestorben war? Das war alles sehr verwirrend und das genaue Gegenteil von dem, was man mich gelehrt hatte.

Doch wann immer meine verworrenen Gedanken mich frustrierten, schloss ich die Augen, und sofort war sie wieder da: die Erinnerung an jenen Abend, an jenen Augenblick, an das herzergreifende Loblied jener Frau, die bei mir in der Nähe gesessen hatte, an meine eigene, unwiderstehliche Gotteserfahrung. Ich konnte die machtvolle Wirkung von alldem nicht leugnen: dieses unvergessliche Gefühl der Zugehörigkeit und Sicherheit, als meine Welt plötzlich anhielt und Er mich mit Seiner Gegenwart berührte. Was ich an jenem Abend erfahren hatte, war wirklicher als das Leben selbst.

Obwohl ich sonntags nicht zur Kirche gehen konnte, weil ich damit womöglich ungewollte Aufmerksamkeit erregt hätte, fand ich Mittel und Wege, in den Andachtsraum zurückzukehren und mir das Erlebte wieder zu vergegenwärtigen, das heißt, an einem Ort, der für mich eine so unglaublich besondere Bedeutung erlangt hatte, über Gott nachzudenken und Ihn anzubeten. Eines Tages sagte Angela, sie müsse an einem der nächsten Abende zu einem Treffen in der Gemeinde, und fragte mich, ob ich mitkommen wolle: nur so, um allein im Andachtsraum zu beten.

Bei dem Gedanken daran überlief es mich kalt, denn ich wusste, dass ich meinen Eltern eine neuerliche Lüge würde auftischen müssen, wenn ich Angelas Einladung annehmen wollte. Konnte ich dieses Risiko ein zweites Mal eingehen? Ich wusste es nicht. Doch andererseits: Wie konnte ich überhaupt darüber nachdenken? Die Frage stellte sich gar nicht. Ich war Feuer und Flamme. Ich sehnte mich so sehr nach einer erneuten Begegnung mit Gott, dass es sich trotz aller Gewissensbisse irgendwie nicht falsch anfühlte, meine Eltern zu täuschen.

Und so fand ich mich wenige Tage später in demselben Andachtsraum vor demselben hölzernen Kreuz in demselben Ansturm der Emotion und der Überzeugung wieder. Natürlich gab es an diesem Abend keine Musik. Nur die entfernten Stimmen einer Handvoll Teenager, ihr Gelächter und Geplapper, das durch das Gebäude hallte. Die einzige Gegenwart, die für mich zählte, war Er, der mich noch näher zu meinem neu gefundenen Glauben hinzog. Er umwarb mich, lockte mich zu sich, sorgte dafür, dass ich mich nach Seiner Umarmung sehnte.

Laut und heftig schluchzend kniete ich allein vor dem Kreuz, erklärte Ihm meine Liebe und Treue, sagte Ihm, dass ich mich von Ihm verändern lassen wolle, und bat Ihn um Mut und um die Gnade, meine schwierige Familie zu lieben.

Der Glaube gewann an Boden.

Doch noch immer stand so viel auf dem Spiel.

Angela sprach täglich mit mir und ermutigte mich – doch wie sollte ich wissen, was als Nächstes zu tun war? Die Ströme meiner Tränen und meiner verborgenen Sehnsucht brachten mich nicht wirklich weiter, sagten mir nichts über meine Zukunft. Wohin würde dieser Weg mich führen? Und war ich stark genug, den Preis zu zahlen, den er mich leicht kosten konnte?

Ein paar Wochen später war Angela vor Aufregung ganz zappelig: »Ich habe etwas für dich!« Sie warf ihren Rucksack aufs Pult und sagte mir, ich solle die Augen schließen, während sie ihn öffnete.

Lächelnd fragte ich mich, was das wohl für ein Geschenk sein mochte. Ich hörte sie in ihrer Tasche herumwühlen, während ich mich ungeduldig hin- und herbewegte, und wartete. Ich war so dankbar für diese liebe Freundin, die mir mehr und mehr ans Herz wuchs und mich immer wieder mit ihrer Güte und Aufmerksamkeit überraschte.

»Okay, mach die Augen auf!«, sagte sie schließlich mit singender Stimme.

In ihren Händen sah ich eine Art schmales Heft. Graublau und mit einem kleinen, zierlichen Medaillon geschmückt. So hübsch. So elegant. So typisch Angela.

»Es ist eine Bibel«, sagte sie, indem sie den Umschlag öffnete, sodass ich den Text darin sehen konnte.

Eine Bibel? Für mich allein?

Mir war noch nicht wirklich klar, was die Bibel bedeutete und wie dringend ich eine brauchte, und so überwältigte mich vor allem der Gedanke, was es hieß, ein solches Geschenk von Angela zu bekommen. Nicht nur, dass sie sich die Mühe gemacht und darüber nachgedacht hatte, was sie mir schenken konnte: Der Ausdruck der Liebe und Zuneigung auf ihrem Gesicht zeigte mir außerdem, dass sie das Kostbarste mit mir teilte, was sie besaß.

Ich riss ihr das Buch aus den Händen und blätterte die hauchdünnen Seiten durch. Meine eigene Bibel! Eine Freundin hatte mir eine geliehen, die ich im hintersten Winkel meines Spinds versteckt hatte. Doch jetzt hatte ich eine, die mir wirklich gehörte! Ich war sprachlos.

Ich folgte einem Impuls und umarmte sie ganz fest. Ich wollte sie spüren lassen, dass sie mir kein perfekteres Geschenk hätte machen können.

»Sie ist klein, du kannst sie gut verstecken«, flüsterte sie mir zu und ihr Einfühlungsvermögen berührte mich tief. Denn ja, dieses Exemplar der Bibel stellte, so froh und entzückt ich auch darüber war, doch gleichzeitig ein belastendes Beweisstück dar. Ich wusste das. Und Angela wusste es auch. Und es bedeutete mir sehr viel, dass sie an ein so besonderes persönliches Detail gedacht und dafür gesorgt hatte, dass kein Titel auf dem Einband oder dem Buchrücken oder sonst irgendwo zu lesen stand.

Meine eigene Bibel.

Und meine eigene Freundin.

Die eine wie die andere brauchte ich mehr, als irgendjemand ahnen konnte.

Mein aufkeimender Glaube ließ sich nicht ganz so leicht verstecken wie meine Bibel. Spätabends, wenn meine Eltern schon schliefen, stand ich wieder auf, um zu beten und stille Andacht zu halten. Selbst wenn sie wach waren, ging ich häufig ins Bad, wo sie mich nicht sehen konnten, um in der Bibel zu lesen. Sooft ich konnte, stahl ich mich aus dem Haus, um in Angelas Kirche an Gebetstreffen und anderen Gottesdiensten teilzunehmen. Natürlich stieg mit jedem neuen Wagnis und jeder neuen Flucht das Risiko einer Entdeckung, doch meine wachsende Liebe zu Jesus ließ mich immer kühner werden. Die Täuschung lastete mir mit der Zeit immer schwerer auf dem Gewissen, doch der Lohn – dass ich Ihn kennenlernen durfte – war mir den Einsatz mehr und mehr wert.

Die Bibel, die für mich zunächst fürchterlich verwirrend war – weil ich ihren Aufbau nicht verstand und nicht wusste, wo ich mit der Lektüre beginnen sollte –, erwies sich nach und nach als ein Schatz an Wahrheit und Leben. Sie war meine heimliche Gefährtin. In manchen Nächten raufte ich mir frustriert die Haare, wenn ich zum Beispiel die Gleichnisse Jesu in den Evangelien las und mich in der Übersetzung hoffnungslos verloren fühlte, obwohl ich doch so unbedingt verstehen wollte, was Er meinte. Doch in anderen Nächten erhellte Gottes Gegenwart einen Vers oder eine Lehre mit so überwältigender Klarheit, dass ich Ihm unter Tränen dankte, weil Er sich mir so persönlich und machtvoll offenbarte.

Gleichzeitig nahmen die familiären Spannungen bei uns zu Hause zu. Obwohl mir das Licht in meinem Inneren nun häufiger ein Lächeln aufs Gesicht zauberte, konnte es doch nicht alle meine Lebenssituationen erhellen. Eines Abends – ich spürte gerade ein bisschen mehr Freude und Energie, als ich sie zu Hause normalerweise an den Tag legte – lief mir mein Vater über den Weg und versetzte mir aus heiterem Himmel einen wuchtigen Hieb gegen den Brustkorb, sodass ich zu Boden stürzte. Ich war außer mir.

Genau das war ja das Verrückte an der ganzen Situation und das, was mich so in Wut brachte: wie unberechenbar seine Zornausbrüche waren. Manchmal hatte ich gar nichts getan. Allem Anschein nach *gar nichts*. Und dann – peng! – ging es plötzlich los: sein brutaler Blick, seine drohende Stimme, seine blinde Gewalttätigkeit.

Als ich mein Gleichgewicht wiedergefunden hatte und losrannte, um in meinem Zimmer Zuflucht zu suchen, hätte ich am liebsten mit jedem Dezibel an Stimme, das mir zur Verfügung stand, zurückgerufen: »Ich hasse dich!«. Doch das Einzige, was ich tun konnte, war – wie jedes Mal –, dass ich versuchte, Wände und Türen zwischen mich und seine unberechenbaren Ausbrüche zu bringen. Vergeltung kam nicht infrage. Schwäche und Wehrlosigkeit – die nötigen Faktoren zu seinen zornigen Misshandlungen – waren meine einzige Option.

Doch nicht in dieser Nacht.

Sobald ich mein Zimmer erreicht und die Tür hinter mir geschlossen hatte, riss ich mein Bettzeug auseinander, um das Geheimnis, das darunter verborgen lag, zu enthüllen. Fieberhaft blätterte ich die Seiten vor und zurück und fragte mich, wo ich etwas finden würde, das in diesem Moment zu meiner Seele sprechen und meine Qualen lindern konnte. Endlich entschloss ich mich, einfach von vorn zu beginnen, und las mit wutbebender Flüsterstimme: »Im Anfang schuf Gott Himmel und Erde.«

Und von einem Moment auf den anderen verwandelte sich mein zorniges, rachsüchtiges Herz in einen Raum, der von Seinem göttlichen Trost erfüllt wurde. Zum allerersten Mal umgaben mich diese Worte mit ihrer Macht, Schönheit und Herrlichkeit.

»Die Erde aber war wüst und wirr, Finsternis lag über der Urflut und Gottes Geist schwebte über dem Wasser.«

Da war Er.

Von allem Anfang an bis zu diesem Tag im Kalender, hier und jetzt in diesem bescheidenen Wohnviertel in Ohio, wo ein kleines muslimisches Mädchen unter den Misshandlungen seines Vaters zitterte und sich nach Antworten sehnte, die, wie es gern glauben wollte, dort draußen waren, tat Gott immer schon Seine Wunder. Er schuf den Himmel und die Erde und bewegte sich in der formlosen Dunkelheit eines ungeschaffenen Universums.

Er war hier.

Er war alles, was ich je gesucht hatte.

Wenn ich es nicht schon vorher gewusst hatte, so war ich mir spätestens jetzt sicher. Plötzlich reiste ich durch die Zeit zurück in eine Szene aus meiner Kindheit. Die Kulisse eines Sonnenuntergangs auf Sri Lanka flimmerte über die Leinwand meiner Erinnerung. Der Himmel war meinen Kleinmädchenaugen an jenem Nachmittag so unermesslich groß erschienen und ich erinnere mich noch genau, dass ich mich damals gefragt habe, wer wohl dieses schöne Bild gemalt hatte.

Ähnlich große Fragen hatten mich danach mein ganzes junges, aber schwieriges Leben hindurch begleitet, Fragen, die meinen Wert und meine Existenz betrafen: Warum bin ich hier? Warum atmen meine Lungen? Warum schlägt mein Herz? Nie hatte ich, wenn ich an eine Kreuzung kam, wo diese Fragen wieder in mir aufstiegen, eine Antwort finden können, die geeignet gewesen wäre, meinen forschenden Geist zufriedenzustellen. Trotz der ungezählten Stunden, die ich in das Unternehmen investiert hatte, die beste Muslimin zu sein, die man sich nur vorstellen konnte, war der Islam anscheinend nicht imstande, auf das, was mein Herz wissen wollte, nein, wissen *musste*, zu reagieren.

Hier aber, in dieser faszinierenden Schöpfungserzählung und im Angesicht eines Gottes, der Freundschaft mit der Menschheit schließen konnte, ergab alles einen Sinn.

Ich existierte für *Ihn*, den Einen, der mich erschaffen hatte.

Er wusste, wer ich war, und Er erlaubte mir, Ihn zu erkennen.

Und je mehr ich in die Bibellektüre eintauchte, desto überzeugter war ich, dass genau das die Wahrheit war, die ich mein ganzes Leben lang so verzweifelt gesucht hatte.

Auf meinem warmen Bett spürte ich an diesem Abend, wie Seine Hoffnung und Seine Heilung sich in mir ausbreiteten.

Die Reise meiner Errettung führte mich immer tiefer hinein in den Ozean der bedingungslosen Liebe und Wahrheit Gottes. Langsam bewegte ich mich weg von den Wurzeln des Islams – Tradition und Ehre – und stürzte voller Leidenschaft und kopfüber einer geheimnisvollen Gegenwart entgegen, die Jesus Christus hieß. Und durch Seine Gnade erschloss sich mir dieses Geheimnis in kleinen, einfachen Stücken, von denen Er wusste, dass ich sie aufnehmen konnte.

Im Anfang hatte Er Himmel und Erde geschaffen.

Diese Wahrheit genügte mir einstweilen.

Acht

Im Frühling, etwa sechs Monate nach dieser denkwürdigen Nacht des Gebets, des Glaubens und der Andacht in Angelas Kirche, lud sie mich ein, an einem Einkehrwochenende für Jugendliche teilzunehmen, auch wenn wir zunächst nicht wussten, wie wir das anstellen sollten. Also steckten wir die Köpfe zusammen und tüftelten einen Plan aus: Wir wollten meinen Eltern erzählen, dass es sich um einen von der Schule angebotenen Schreib-Workshop handele. Mich plagten Schuldgefühle, weil ich schon wieder lügen würde. Wie konnte ich auf diese Weise Gott oder meine Eltern ehren? Doch die Sehnsucht danach, Jesus anzubeten, war sogar stärker als meine Hemmungen, meine Eltern anzulügen, und so setzte ich unseren Plan in die Tat um. Ich hoffte von ganzem Herzen, dass Gott meine Situation verstehen würde.

Jedenfalls kauften sie mir die Geschichte ab.

Und so lagen wir am letzten Abend des Wochenendes in unseren Betten, und ich drehte mich zu ihr um und sagte: »Also, Angela ...«

Schmunzelnd sah sie mich an und sagte dann mit gespieltem Ernst: »Lass mich raten. Du hast eine Frage.« Seit jenem unglaublichen Abend im vergangenen September und nach allem, was wir miteinander erlebt hatten, standen wir einander so nahe, dass sie immer schon vorher wusste, wenn ich wieder einmal mit einer meiner unermüdlichen Fragen über den christlichen Glauben zu ihr kam. Wir lachten beide darüber, wie vorhersehbar mein Verhalten war.

»Ja. Also sag mir nochmals, an welche Regeln muss ich mich halten?«

»Wie ich dir schon gesagt habe«, antwortete sie geduldig wie immer, »es gibt keine.«

»Keine?«

»Genau. Keine.«

»Wirklich? Bist du dir da ganz sicher?«

»Wenn du Christ bist«, erklärte sie mir, »dann gehorchst du Gott, weil du es willst, weil Er dich verändert, weil Er dich im Inneren zu einem neuen Menschen gemacht hat. Das heißt nicht, dass du losziehst und so viel sündigst, wie du willst, und dir keine Gedanken darüber machst. Aber du musst nichts tun, damit Gott dich liebt.«

Ich dachte über die Freiheit nach, die in dieser Logik enthalten war. »Du meinst also zum Beispiel, dass ich essen kann, was ich will?«

»Ja. Natürlich.«

In meiner muslimischen Umgebung durften wir nämlich kein Fleisch essen, wenn es nicht *halāl* war, also zu den erlaubten Fleischsorten gehörte; wenn das Tier auf eine unzulässige Weise geschlachtet oder wenn beim Schneiden und bei der Zubereitung des erlaubten Fleischs nicht Allahs Name angerufen worden war. Wenn ich zum Beispiel in einem Restaurant, das nicht *halāl* war, Fleisch bestellte oder auch nur ein Stück kostete, konnte es sein, dass ich damit in den Augen meiner muslimischen Familie eine Sünde beging. Meine Familie nahm diese Vorschrift, ausschließlich *Halāl*-Fleisch zu essen, sehr ernst, und so vermutete ich, dass es etwas Ähnliches auch im Christentum gäbe.

Während ich in meinen neuen Glauben hineinwuchs, machte ich immer wieder solche Entdeckungen, die mir die Augen öffneten, denn die Unterschiede zwischen dem Christentum und dem Islam waren überraschend deutlich. So verlangt der Islam viele äußerliche Opfer und Handlungen. Islam heißt, fünfmal am Tag zu beten. Es heißt, auf bestimmte Speisen und eine bestimmte Art der Kleidung zu verzichten. Manche extremistischen Muslime billigen sogar Gewalt, wenn es darum geht, die islamische Ehre zu wahren. In vielerlei Hinsicht ist der Islam eine Liste, die größtenteils aus *Ver*boten und aus nur einigen wenigen signifikanten *Ge*boten besteht. Und wer sich nicht genau und präzise daran hält, lädt durch diese Treulosigkeit Schande und Strafe auf sich.

Das Christentum hingegen (das fand ich allmählich heraus) ist viel mehr als eine Ansammlung religiöser Regeln und Pflichten, und es ist sogar mehr als die Ehre. Es betrifft unser Innerstes, unser Herz, und das ist in einem gewissen Sinne ein noch größeres Opfer als die bloße Befolgung und disziplinierte Umsetzung eines Verhaltenskodexes. Es geht um die persönliche Beziehung zu Gott selbst. Es geht um Liebe. Im Matthäusevangelium zum Beispiel wird Jesus von einem Gesetzeslehrer gefragt: »Meister, welches Gebot im Gesetz ist das wichtigste? Er antwortete ihm: Du sollst den Herrn, deinen Gott, lieben mit ganzem Herzen, mit ganzer Seele und mit all deinen Gedanken« (Mt 22,36–37).

Und was meine Frage an Angela betraf, so erfuhr ich, dass es ganz sicher nicht darum ging, was man essen oder nicht essen durfte. Wie es im Römerbrief heißt: »denn das Reich Gottes ist nicht Essen und Trinken, es ist Gerechtigkeit, Friede und Freude im Heiligen Geist« (Röm 14,17).

Und so konnte ich mich am nächsten Schultag, als wir von unserem Wochenende zurückgekommen waren, kaum beherrschen, als ich an der Theke der Cafeteria anstand. Meine Eltern waren nicht da: Sie konnten nicht sehen, wie ich den Teller von unserem Schulkoch entgegennahm und mich an einen Tisch in der Nähe setzte. Von der Vorspeise, die ich mir ausgesucht hatte, stieg ein Duft auf, der meinen leeren Magen noch lauter knurren ließ. Mir wurde schwindelig. Ich konnte meinen ersten Bissen kaum erwarten.

Mit einem unbeschreiblich aufregenden Freiheitsgefühl biss ich in die allererste Peperoni-Pizza meines Lebens. Ich verputzte das ganze Stück ohne die geringsten Schuldgefühle.

Ich fasse es nicht, dachte ich voller Staunen. *Ich darf essen, was ich will.*

Obwohl das Christentum für mich als Neubekehrte so spürbar befreiend war, bekam ich doch auch einen ersten Eindruck davon, dass es ein sogar noch größeres Opfer verlangte als der Islam. Indem ich die Bibel und Angelas Antworten konsequent weiterdachte, entdeckte ich nach und nach, dass die Zugehörigkeit zu Christus bedeutete, Ihm *alles* zu geben: meine Zeit, meine Kraft, meine Gedanken, meine Ressourcen, meine Träume. Es bedeutete, mich selbst zu verleugnen und bereitwillig zuzulassen, dass Sein neues Leben mein Herz von innen heraus veränderte.

Es bedeutete zum Beispiel auch, den Zorn und die Misshandlungen meiner Familie zu ertragen. Mein neuer Glaube verlangte, dass ich nicht vor Wut kochte oder mir vorstellte, wie ich mich für die Schmerzen rächen würde, die sie mir zufügten. Stattdessen sollte ich für sie beten, ihnen vergeben und sie so lieben, wie Christus seine Feinde liebte. Das hieß nicht, dass ich mich völlig passiv verhielt und mir alles gefallen ließ, sondern dass die Art, wie ich auf sie reagierte, dem neuen Leben Christi in mir entsprach und nicht von der falschen Kraft meines selbstsüchtigen Zorns, sondern von der echten Kraft der Liebe Gottes getragen war.

Das war alles ganz anders als das, was ich im Islam gelernt hatte, doch ich war entschlossen, mein Bestes zu geben. Ich war bereit, über Nacht eine »perfekte« Christin zu werden.

Doch trotz all meiner Sehnsucht und Begeisterung musste ich lernen (und lerne es noch), dass dieser Teil des Christentums ein langwieriger Prozess ist. Natürlich, mein Leben gehörte nicht mehr mir selbst. Ich gehörte Jesus, und Er war nun für mich verantwortlich. Doch mich in all diesen Bereichen, in denen ich bisher rein impulsiv reagiert hatte, Seiner Führung zu überlassen ...

Sagen wir einfach: Das dauerte seine Zeit.

Nach wie vor benutzte ich Schimpfwörter. Nach wie vor tratschte ich über andere Leute. Nach wie vor konnte ich mich ärgern und vor Wut schäumen oder selbstsüchtig schmollen. Manchmal, in meinen niedergeschlagensten, frustriertesten Momenten fürchtete ich, dass sich rein *gar nichts* verändert hatte.

So hatte ich mich zum Beispiel zu Beginn meines ersten Highschool-Jahres, als ich noch alles dransetzte, akzeptiert zu werden, als Mitglied des Cheerleader-Teams versucht, weil ich dachte, dass es mir helfen würde, mich zu integrieren. Ich wusste natürlich, dass meine Eltern so etwas niemals tolerieren würden. Kurze Röcke? Tanzformationen? Jungen, die mir von der Seitenlinic aus zusahen? Als Immigranten wussten meine Eltern nicht einmal genau, was *Cheerleading* überhaupt war. Also tarnte ich meine Aktivitäten als Schulprojekt oder Sonderaufgabe, die zusätzliche Zeit in Anspruch nahm. Weil ich wusste, dass sie die Cheerleader-Kleidung auf keinen Fall gutheißen würden, verließ ich das Haus in Jogginghosen oder in meinen normalen Sachen und legte meine Uniform erst an, wenn ich den Trainingsplatz erreicht hatte.

Doch dann zeigte Gott mir schon recht bald und ziemlich deutlich, dass dieses verzweifelte Ringen um Akzeptanz ein sinnloses Unterfangen war. Von niederträchtigen Mädchen bis hin zu anzüglich grinsenden Jungen führte das ganze Experiment dazu, dass ich mich noch missverstandener fühlte, als es ohnehin schon der Fall war. Ich sah und spürte, dass der Reiz der Beliebtheit letztlich nie Erfüllung bringt. Was ich wollte und brauchte, war Gottes Gegenwart – und nicht das falsche, zerbrechliche Trugbild fremder Anerkennung.

Dennoch wusste ich, während ich weiter mit meinen Verhaltensweisen und Reaktionen rang, tief in meinem Inneren, dass sich etwas verändert hatte und ich nicht mehr dieselbe war. Obwohl mein Vater und meine Familie mich noch immer in Rage brachten, obwohl manche meiner Gedanken und Einstellungen noch immer dringend der Verbesserung bedurften, begann ich doch – zum ersten Mal in meinem Leben – einen neuen Frieden in meinem Herzen und ein Mitgefühl mit anderen zu spüren, das mich manchmal auf ganz kostbare Weise überwältigte. Zum ersten Mal in meinem Leben hatte ich das Gefühl, die Welt wirklich mit Gottes Augen sehen und seine Empfindungen teilen zu können. Ich konnte die Obdachlosen sehen und den Stachel der Missbilligung fühlen, mit dem sie lebten. Ich konnte meinen Bruder sehen, der sich nach der Anerkennung und Liebe meines Vaters sehnte; ich konnte fühlen, wie er unter seiner beständigen Zurückweisung litt. Ich konnte die beliebten Mädchen in der Schule sehen und ihre innere Leere spüren, konnte spüren, dass sie sich nach mehr als äußerlicher Schönheit sehnten. Ich konnte die Schöpfung sehen – die Blumen, die Vögel in der Luft, den Geruch von Morgentau – und das Entzücken meines Vaters im Himmel spüren, der sich an seiner Schöpfung freute. Dieses Mitgefühl war definitiv etwas, das ich vor meiner Hinwendung zu Christus nie empfunden hatte.

Und doch gab es Tage, an denen ich mich fragte, ob sich überhaupt etwas verändert hatte.

Mein großer Bruder zum Beispiel konnte mich immer noch bis aufs Blut reizen. Wenn er Gemeinheiten zu mir sagte, wollte ich es ihm am liebsten sofort mit noch größeren Gemeinheiten heimzahlen. Ich erinnere mich noch, wie ich eines Tages ganz allein eine Ladung schwerer Einkaufstüten ins Haus schleppte, während er dasaß und viel zu sehr in sein Videospiel vertieft war, um mir zu helfen. Als ich mit der letzten Tüte an ihm vorbeiging und ihm einen bösen Blick zuwarf, sah er mich aus den Augenwinkeln an, während er weiter auf die Knöpfe hämmerte, und sagte: »Was ist los, du einäugiges Flittchen?«

»Halt's Maul!«, schnappte ich und kochte vor Wut. Dann rannte ich in mein Zimmer und weinte – nicht so sehr über das, was er gesagt, sondern mehr über die Art, wie ich reagiert hatte. Warum war ich nicht fähig, ihm mit Liebe zu begegnen, wie Jesus es getan hätte?

Wie gesagt, es war ein langwieriger Prozess.

Zu anderen Zeiten dagegen ging ich ganz in dem Bemühen auf, ihn inniger zu lieben und ihm irgendwie durch mein Verhalten Christus näherzubringen. In einem Jahr war ich zum Beispiel ganz besessen von der Idee, das perfekte Geburtstagsgeschenk für ihn zu finden. Geburtstage waren in unserer Familie keine große Sache. Ich erinnere mich nicht, dass mein Geburtstag in all den Jahren meiner Kindheit einmal besonders gefeiert oder ich mit Geschenken überhäuft worden wäre. Nicht, dass meine Eltern grausam waren – dort, wo wir herkommen, war es einfach nicht üblich, dass man um einen Geburtstag so viel Aufhebens machte wie in Amerika. Ich hatte meinem Bruder nie etwas zum Geburtstag geschenkt (und das war auch nie von mir erwartet worden).

Doch das wollte ich jetzt ändern – aus purer Freundlichkeit.

Ich grübelte wochenlang darüber nach und betete, dass mir etwas einfallen würde, was ich ihm schenken konnte: etwas, was er wirklich brauchte und was Eindruck machen würde. Endlich kam mir die Idee, ihm *Wide-Receiver*-Handschuhe* zu schenken. Er hatte vor Kurzem angefangen, Football zu spielen, und sich ein Paar von jemandem geliehen. Ich wusste nicht, wozu man diese Handschuhe so unbedingt brauchte, aber ich wusste, dass sie für ihn sehr wichtig waren, und ich wusste, dass er keine hatte. Und wenn ich nun Geld sparte und ihm ein eigenes Paar kaufte? Das wäre mehr als nur ein sportliches Equipment. Vielleicht wäre es sogar der Beginn einer neuen Beziehung.

Es wäre perfekt.

»Oh, hier«, sagte ich, als der große Tag kam, legte die in hübsches Papier verpackten Handschuhe vor ihn hin und murmelte ein undeutliches »Herzlichen Glückwunsch«. Dann lief ich in mein Zimmer und jubelte innerlich vor Freude über das, was ich getan hatte. Ich konnte es nicht glauben. Hatte ich ihm wirklich gerade etwas zum Geburtstag geschenkt?

Es mag zwar nicht wie eine große Sache klingen, aber die Liebe, die ich in diesem Augenblick für meinen Bruder

---

* Handschuhe für American Football-Spieler.

empfand, war eine Liebe, die von Tag zu Tag gewachsen war: als ich darüber nachdachte, was ich ihm schenken konnte, als ich in den Laden ging und die Handschuhe für ihn aussuchte, als ich mir im Gebet ausmalte, wie er darauf reagieren und was diese einfache Geste vielleicht in ihm auslösen würde …

Diese Liebe war eine verändernde Erfahrung. Wirklich.

Nur eins, glaube ich, konnte dieses Erlebnis noch toppen: nämlich das, was an meinem nächsten Geburtstag geschah. Eines Nachmittags ging ich mit meinem Bruder durch eine Einkaufsstraße in der Nähe unseres Wohnviertels, als er auf ein rosafarbenes Kleid zeigte und fragte: »Rifqa, wie gefällt dir diese Farbe?«

Wenige Tage später hielt ich an meinem Geburtstag ebendieses Kleid in meinen zitternden Händen.

Völlig unerwartet. Völlig unglaublich.

Vielleicht hatte der Herr *wirklich* etwas mit uns vor.

Höhen und Tiefen. Erfolge und Misserfolge. Es gab echte Fortschritte und Zeiten, in denen Gott mir wieder einmal auf schmerzliche Weise klarmachte, warum es nicht genügt, beliebt zu sein, von anderen Menschen geliebt zu werden, Geld zu haben und Dinge damit kaufen zu können oder von einem anderen Leben zu träumen. Warum *nichts* genügt – außer Jesus und den Veränderungen, die ich Ihn an mir vornehmen lasse, damit man meinem Leben ansieht, dass Seine Liebe meine Seele berührt hat.

Und so hat er aus mir nach und nach eine neue Rifqa gemacht.

Ein ganzes Jahr lang war es mir gelungen, meinen neuen Glauben geheim zu halten. Nicht etwa, indem ich ihn als Gelegenheitsglauben, sondern indem ich ihn als Untergrundglauben praktizierte. Dann aber bekam ich eines

Nachmittags im darauffolgenden Herbst eine erste erkennbare Warnung, die mir zweierlei klarmachte: erstens, dass ich mich nicht für immer verstecken konnte, und zweitens, dass Gott immer für mich da sein und mich beschützen würde.

Ich saß in meinem Zimmer und machte meine Hausaufgaben für den nächsten Tag. Sonnenlicht fiel durchs Fenster herein, während ich an einer frustrierend schwierigen Mathe-Hausaufgabe saß und meine Lösungsversuche wieder und wieder ausradierte. Ich sehe mich noch mit dem Taschenrechner in der Hand dasitzen, ich erinnere mich noch genau an jedes Detail und an den Moment, als dieser seltsame, aber starke innere Impuls – kaum ein Flüstern in meinem Herzen – mich irgendwie warnte, ich solle meine Bibel aus meinem Schulrucksack nehmen und verstecken.

Mittlerweile war mir dieses sanfte Flüstern zunehmend vertraut geworden und ich versuchte, mich an seine Weisheit zu halten, die stets zur rechten Zeit kam. Also reagierte ich rasch und ohne nachzudenken. Ich schob meine Bibel unter einen Stapel Kleider in meinem unaufgeräumten Kleiderschrank. »So«, sagte ich, als ich die Schranktür schloss.

Später am selben Abend lag mein Rucksack in der Nähe unseres Esstischs. Plötzlich griff mein Vater wortlos danach und fing an, ihn zu durchforsten. Er wühlte, stöberte und tastete in alle Ecken, ganz offensichtlich in einer bestimmten Absicht. Ich versuchte, meine Anspannung zu verbergen, so gut ich konnte, und fragte ihn: »Brauchst du etwas?«

»Ich habe nach einem Stift gesucht«, sagte er und zog endlich einen pinkfarbenen Druckbleistift aus den Tiefen des Rucksacks, ehe er ihn wieder auf den Boden gleiten ließ.

Ich atmete aus, ganz zittrig vor Erleichterung. Dann ging ich scheinbar völlig ruhig in mein Zimmer. Dort angekommen, konnte ich nicht anders, als mir mit einem unhörbaren Schrei Luft zu verschaffen. Ich sprang auf und nieder und formte mit meinen Lippen den Ruf: »Oh mein Wort! Oh mein Wort! OH! MEIN! WORT!«

Neun

»Rifqa! Warum betest du nicht?«

Die Stimme meiner Mutter wurde lauter, während sie sich meinem Zimmer näherte. Innerlich stöhnend stieg ich aus dem Bett.

»Zeit für *Salāt*«, sagte sie und trat ein, um zu sehen, was ich machte. »Schau dich an. Du hast ja noch nicht einmal deine Waschungen gemacht. Was ist los mit dir?«

Sie hatte pfirsichfarbene Gebetsgewänder angelegt, die ihren ganzen Körper bedeckten, und trug ein weißes Gewand und einen grünen Gebetsteppich für mich im Arm. Beides warf sie mir nun verärgert zu.

»Los! Bete!«, befahl sie und schnaubte, als ich an ihr vorbeiging.

Wortwechsel wie diese wurden bei mir zu Hause immer häufiger. Es war ihr und meinem Vater nicht entgangen, dass meine Begeisterung für den Islam offensichtlich nachließ. Sie sahen, wie ich bei jedem Gebetsruf die Zähne zusammenbiss. Sie lauschten auf die Stille in meinem Zimmer – Stille, die eigentlich mit Koranrezitationen hätte gefüllt werden sollen. Die Kluft zwischen mir und der islamischen Kultur meiner Familie wurde immer breiter.

Ein paar Monate später versammelten sich einige Mitglieder unserer islamischen Gemeinde bei uns zu Hause zum üblichen Wochentreffen, bei dem immer ein paar Familien zusammenkamen, um zu beten und ihre Kinder aus dem Koran rezitieren zu hören. Der Raum duftete nach den Kerzen, die beim Gebet abgebrannt wurden. Ich sah zu, wie der Rauch zur Decke stieg, und sehnte mich danach, mich auch irgendwohin zu verziehen und etwas anderes tun zu können. Ich wollte nicht hier sein und ich bin sicher, dass mir das überdeutlich ins Gesicht geschrieben stand. Verriet ich meinen christlichen Glauben, wenn ich hieran teilnahm, obwohl ich kein Wort von dem meinte, was ich sagte? Ich konnte an nichts anderes denken. Doch ich wusste, dass ich all diese Gedanken beiseiteschieben musste, als die Reihe an mich kam, die Verse vorzutragen, und so rezitierte ich mit lebloser, monotoner Stimme die vorgeschriebene Stelle: *LAAAA-illaaha-illullaaaah* ...

Ich blickte hinüber zu dem gequälten Gesichtsausdruck meiner Mutter; sie war von meiner Halbherzigkeit peinlich berührt. Auch mein Vater bohrte seine Augen in meine, als wollte er mich dazu bringen, lauter und inbrünstiger zu sprechen. Aus Angst vor ihm legte ich etwas mehr Begeisterung in meine Stimme.

Später am Abend, als die Gäste gegangen waren, kam meine Mutter zu mir. »Was soll dieser Unsinn, Rifqa? Hast du Nadia gehört? Wie weit sie schon ist im Koranvortrag? Du bist eine Schande! Warum kannst du ihr nicht ähnlicher sein?«

Die Situation wurde immer angespannter. Und es war klar, dass sie eines Tages eskalieren würde.

Da war es auch keine große Hilfe, dass es bald Sommer wurde – was für die meisten Kinder in der Schule das herrliche Ende einer neunmonatigen Gefängnisstrafe bedeutete. Die Stimmung in den Schulkorridoren flirrte geradezu vor Aufregung, wenn die Schüler von ihren Ferienplänen erzählten und sich vor lauter Vorfreude auf ihre nahende Freiheit kaum beherrschen konnten.

»Ich kann es gar nicht erwarten, diesen Sommer am Pool zu liegen und in der Sonne zu braten. Bikinis, wir kommen!«

»Hey, Alter, kommst du mit? Wir gehen heute Abend essen und gucken dann einen Film.«

Ich hörte das alles, fühlte das alles, doch mir blieb nichts anderes übrig, als mich davon fernzuhalten. Nicht, dass ich großen Wert auf die Gesellschaft der meisten von ihnen und auf ihr geistloses *Chillen* gelegt hätte. Was mich betraf, so ging ich am liebsten in die Kirche, sang aus voller Kehle Loblieder und stellte mir ein Leben vor, in dem meine begeisterte Christusnachfolge alle Menschen – einschließlich meiner Eltern – inspirierte und überwältigte. Nein, der Grund dafür, dass mich das Ende des Schuljahrs wie ein dumpfer Schlag in die Magengrube traf, war die Tatsache, dass die Sommerzeit für mich, einen Teenager und die Tochter einer streng muslimischen Familie, der Inbegriff des Elends war.

Ich durfte nirgendwohin gehen, außer in die Moschee, und ich durfte niemanden treffen außer meine unmittelbare Familie. Auszugehen und mit Freundinnen abzuhängen war verboten. Wenn so etwas zur Sprache kam, sagte meine Mutter Dinge wie: »Als ich in deinem Alter war, Rifqa, bin ich nie nach sechs aus dem Haus gegangen, wusstest du das? Damit die Männer mich nicht sahen und nicht durch mich in Versuchung geführt wurden.« *Wie verführerisch,* dachte ich mit bitterem Sarkasmus, während ich sie mir in *Hidschab* und Burka vorstellte.

Außerdem bekamen wir im Sommer zusätzliche Stunden Islamunterricht. Verglichen damit erschien mir die normale Schule wie eine aufregende Fahrt im Vergnügungspark. Unter anderem wollten meine Eltern mit dieser Maßnahme versuchen, meinen Mangel an religiösem Eifer zu beheben.

»Es ist eine Ehre, Allah zu verehren, Rifqa, und du machst uns Schande«, sagte meine Mutter. »Dass wir dich nach Amerika gebracht haben, war der größte Fehler, den wir je gemacht haben. Du sollst eine tragfähige Grundlage bekommen – wie die Erziehung, die wir selbst in Sri Lanka genossen haben. Deshalb lassen wir dich zusätzliche Islamstunden nehmen.«

Zusätzliche Islamstunden. Uff!

Also besuchte ich ohne jede Kraft und Berechtigung, mich zu widersetzen, mit Beginn des Sommers täglich sechs Stunden lang den Islamunterricht. Jeder dieser nicht enden wollenden, elend heißen Tage war mit stundenlangen Koranrezitationen in arabischer Sprache und mit Lektionen über die Geschichte des islamischen Glaubens angefüllt. Die Plackerei wäre auch so schon schlimm genug gewesen, selbst wenn mich das Thema interessiert hätte, da war ich mir sicher. Doch dazusitzen und von der Spannung zwischen meinen beiden so gegensätzlichen Welten schier zerrissen zu werden, war fast unerträglich. All die Lehren, in denen man mich unterwies, all die Übungen, an denen ich teilnahm, waren so völlig anders als alles, woran ich jetzt glaubte. Mir wurde klar, dass meine einzige Option keine Option war: alles aufs Spiel zu setzen, Leib und Leben zu riskieren und mich zu Jesus zu bekennen. Doch für mich, die ich mir doch nichts sehnlicher wünschte, als mehr über Christus und die Bibel zu erfahren, war diese Zwangsernährung mit islamischen Inhalten eine ausgesuchte Form der Folter.

Nach etwa drei Wochen Sommerkurs kam mir, während ich die Kursleiterin mit leerem Blick anstarrte, eine rebellische Idee. Meine Mundwinkel zuckten und ich musste ein Lächeln unterdrücken. Der *Hidschab* straffte sich um das Gesicht der Lehrerin, die vorn im Klassenraum stand und unterrichtete. Ihre Miene war streng und wenig einnehmend. Dennoch sah ich sie mit gespieltem Interesse an, während der verschwörerische Plan in meinem Inneren Gestalt annahm. Unschuldig griff ich in meine Tasche, um ein Notizbuch herauszuziehen.

Nur, dass es kein einfaches Notizbuch war: Es war mein geliebtes Tagebuch, in das ich all die galoppierenden Gedanken eingetragen hatte, die ich außer Gott und mir selbst niemandem anvertrauen konnte. Auch wenn ich das Schicksal damit herausforderte – falls diese persönlichen Aufzeichnungen je gefunden und ans Licht gebracht würden –, waren diese Tagebucheinträge für mich zu einer Art Flucht geworden. Ich verbrachte Stunden damit, Briefe an Gott zu verfassen, mein Herz auszuschütten und meine Ängste und Enttäuschungen, Träume und Leidenschaften niederzuschreiben. Ich weiß nicht, wie ich den Drahtseilakt dieser angsterfüllten Monate durchgestanden hätte, wenn ich nicht meine Gebete und inbrünstigen Bitten auf diese Weise zu Papier gebracht hätte. Sie niederzuschreiben brachte mir einen Trost, wie ich ihn nie zuvor erfahren hatte.

An diesem Tag jedoch entdeckte ich eine völlig neue Möglichkeit, mein Tagebuch zu verwenden. Während ich so tat, als ob ich mir Notizen zum Vortrag unserer Lehrerin machte, lenkte ich meinen Stift kühn in eine ganz andere Richtung.

9. Juni
Herr, ich sitze hier in einer muslimischen Gebetsstunde und bete zu Dir, oh Gott. Ich glaube nicht an das, was sie mir hier beibringen. Herr, ich bete, dass Du mir hilfst, alles, was sie sagen,

von mir fernzuhalten. Ich weiß, dass Du mich aus einem bestimmten Grund hierhergeführt hast. Hier zu sitzen und das anhören zu müssen, was mir so viel Qual beschert hat, ist einfach nur … schlimm …, aber es wird mich nicht davon abbringen, Dich anzubeten. Nichts wird mich je davon abbringen. Ich werde für Dich hierbleiben, oh Allerhöchster Herr.

Fast jeden Tag, an dem ich hier bin, sprechen sie darüber, wie sehr die Christen sich irren. Haben sie je darüber nachgedacht, dass sie diejenigen sein könnten, die sich irren? Ich habe viel Bitterkeit und Hass in mir. Ich bete, dass Du die Bitterkeit fortnimmst und mich mit Deiner Liebe erfüllst, damit ich sogar diese Mädchen hier im Islamischen Zentrum liebe. Ich habe so viel Zorn in mir, weil man mich zwingt, hierherzukommen. Ich bete, dass Du ihn fortnimmst.

Amen.

Durch meinen Verrat kühner geworden, beging ich am nächsten Tag ein sogar noch größeres Vergehen. Wir mussten während des Unterrichts in der Moschee den *Hidschab* und ein traditionelles islamisches Gewand tragen, das *Kurta** genannt wird. Doch als ich mich an diesem Morgen anzog, entdeckte ich eine Möglichkeit, diese Garderobe zu meinem Vorteil zu nutzen: Ich befestigte meinen iPod unter der langen Kurta und ließ die Ohrstöpsel seitlich an meinem Gesicht herabhängen. Zu meinem Entzücken wurden sie durch den dunklen *Hidschab* vollständig bedeckt. Ich sah in den Badezimmerspiegel und fühlte gleichzeitig Freude und Angst, während ich mein dunkles Haar mit dem *Hidschab* bedeckte.

Während des Unterrichts fasste ich unter meinen *Hid-*

* Kurta ist ein kragenloses, einfaches, traditionelles Kleidungsstück aus Baumwolle oder Wolle.

schab und tat so, als müsste ich ihn befestigen; dabei steckte ich mir hastig die Kopfhörer in die Ohren. Sofort strömte ruhige Andachtsmusik in meine Seele, während um mich herum der Koran gelesen und rezitiert wurde.

Allmählich wurde es zu einer Art Sport für mich, den christlichen Glauben auf kreative Weise in mein muslimisches Leben zu integrieren. Ich erinnere mich noch, wie ich eines Tages inmitten eines ungeduldigen Pulks von Frauen in die Moschee eilte; in ihrer Hast, sich durch die enge Tür zu quetschen, stießen sie sich beinahe gegenseitig um. Im gelblich beleuchteten Inneren zog ich meine Sandalen aus und nahm die Gebetshaltung ein. Links und rechts von mir standen die voll verschleierten Frauen säuberlich aufgereiht wie Dominos, während eine mächtige Männerstimme mit ihrem Gesang die gespenstische Stille durchbrach: *Alllllaaaaaahu Akbar Alllllaaaaaahu Akbar*. Wie Roboter beugten wir uns rhythmisch zu Boden und vollzogen die vorgeschriebenen Bewegungen.

Doch auch wenn mein Körper vor Allah kniete, verbeugte sich mein Herz vor meinem neuen Herrn und König. Und unter dem dröhnenden Echo des *Subash-haduanna Muhhammadan-Rasulullah* flüsterte ich meine eigene Version des täglichen Gebets: »Herr, ich bete Dich an. Du bist der einzig wahre lebendige Gott. Jesus, ich verbeuge mich vor Dir und vor keinem anderen Namen.«

Ich fragte mich, ob ich die Erste war, die je in diesen rustikalen Wänden anbetend Seinen Namen ausgesprochen hatte.

Und ich fragte mich, wie lange ich dieses Doppelleben noch würde führen können.

Zehn

Mit dem Beginn des neuen Schuljahrs nahm die Besorgnis meiner Eltern verständlicherweise zu, auch wenn ich nicht glaube, dass ihr Verdacht sich jemals auf die tatsächliche Wahrheit hin konkretisiert hat. Hin und wieder fanden sie christliche Bücher oder Materialien in meinem Zimmer, doch ich hatte sie noch jedes Mal mit der Erklärung beruhigen können, dass ich »an einem Forschungsprojekt für die Schule arbeite«. Außer einzelnen Gesprächsfetzen, die sie vielleicht aufgeschnappt hatten, wenn Freundinnen aus der Schule meine Bibel erwähnten oder sich über meinen Glauben lustig machten, gelang es mir offenbar, dies vor meiner Mutter und meinem Vater weitgehend zu verbergen. Nicht, dass mir das irgendeine Genugtuung verschafft hätte, doch es war für mich die einzige Möglichkeit, mit anderen Christen zusammenzukommen. Meine Eltern ständig über meine Aktivitäten zu informieren, war schlichtweg keine praktikable Option, wenn es sich um meine sporadische Teilnahme an einem Bibelkreis oder einem anderen christlichen Veranstaltungsangebot handelte.

Wir zogen aus unserem Mietshaus in eine Wohnung um, und da alle mit Ein- und Auspacken und Einrichten beschäftigt waren, gewann ich ein kleines bisschen mehr Bewegungsfreiheit. Hinzu kam, dass mich meine Mutter, wenn mein Vater auf Reisen war (und das war meistens der Fall), so wenig beachtete, dass meine Ausreden ihr meist genügten, solange sie sich nicht allzu sehr häuften. Ich nahm sogar einen Teilzeitjob als Kellnerin in einem kleinen Restaurant an – eine weitere Fluchtmöglichkeit, die ich gelegentlich als Begründung dafür nutzte, weshalb ich außerhalb der Schulzeiten aus dem Haus gehen musste. Ich sehnte mich verzweifelt danach, mich dem Kontrollgriff des Islams zu entwinden und die tröstliche Gemeinschaft meiner Brüder und Schwestern in Christus zu genießen oder einfach nur der erdrückenden Atmosphäre bei uns zu Hause zu entkommen. Doch um dies zu erreichen – und das war das Schlimme daran –, musste ich lügen, die Zähne zusammenbeißen, Geschichten erfinden. Es fiel mir nie leicht. Obwohl es die einzige Chance war, emotional zu überleben, wusste ich, dass es falsch war, und dieses Wissen tat mir sehr weh. Es war ein qualvolles, schuldig machendes Leben.

Früher oder später würden meine sich häufenden christlichen Aktivitäten zu meiner Entdeckung führen. Das wusste ich. Doch obwohl mir klar war, dass das Risiko desto größer wurde, je öfter ich mich in der Öffentlichkeit zeigte – mich aus dem Haus stahl oder später aus der Schule kam als gewöhnlich –, waren das Zusammensein mit anderen Christen und die Teilnahme an Gebetstreffen und anderen Gottesdiensten für mich so anregend und begeisterten mich so sehr, dass ich einfach nicht darauf verzichten konnte. Jesus hatte mein Herz so nachdrücklich dazu inspiriert, ihm nachzufolgen, dass ich immer wagemutiger wurde. Ich verliebte mich von Tag zu Tag mehr in Ihn und wurde immer blinder für die realen Konsequenzen, die mein Verhalten auf sich ziehen konnte.

Es half mir, dass der schreckliche Sommer endlich vorüber war und die Schule wieder anfing. Die Gelegenheit, mich außerhalb der engen islamischen Kreise meiner

Eltern mit anderen Schülern auszutauschen, stellte eine willkommene Erleichterung dar. Der einzige echte Dämpfer in diesem neuen Schuljahr war die Tatsache, dass Angela nicht mehr da war. Sie war in einen anderen Schuldistrikt gezogen und ich vermisste sie fürchterlich. Eine Zeit lang telefonierten wir häufig miteinander, doch mit den Wochen wurden unsere Gespräche immer seltener. Mir blieb nichts anderes übrig, als mir innerhalb der Kirche und der christlichen Gemeinschaft andere Freunde zu suchen. Und nach und nach fand ich sie auch, obwohl ich dabei sehr ängstlich zu Werke ging.

Eine Gelegenheit, neue Leute kennenzulernen, waren die Aktivitäten einer kirchlichen Jugendgruppe, der ich mich heimlich angeschlossen hatte. Wir studierten einen Ausdruckstanz ein, um ihn bei einem Event aufzuführen. Ich hatte monatelang geübt, doch weil meine Eltern nichts davon erfahren durften, hatte ich die meisten Trainingseinheiten in meinem Zimmer absolviert: mithilfe eines YouTube-Videos, das die Gruppenleiterin eigens für mich gedreht hatte. Wir sollten unsere Nummer im Rahmen eines abendlichen Künstler-Café-Gottesdienstes in der Kirche präsentieren, und ich war entsetzlich aufgeregt, weil ich wusste, dass ich bei dieser Veranstaltung auf der Bühne stehen und sehr viel mehr Menschen auf mich aufmerksam machen würde, als mir lieb sein konnte.

Genau genommen wurde es sogar noch ein bisschen schlimmer. Trotz meines Erschreckens und meiner zaghaften Gegenwehr hatte unsere Gruppenleiterin darauf bestanden, dass ich an der Spitze der Gruppe auflief und unsere Choreografie eröffnete. Also taten wir unser Bestes, koordinierten unsere Bewegungen, so gut es eben ging, und hofften, dass das Publikum durch das, was es sah und fühlte, zur Andacht hingeführt wurde.

Als die Musik verklang, ertönten von allen Seiten Beifallrufe. Mein Vater war natürlich nicht da, um mir zuzusehen, doch die Liebe meines himmlischen Vaters hatte ich noch nie so intensiv gespürt wie in diesem glücklichen Augenblick.

»Ihr seht alle aus wie tanzende Engel«, sagte der Pastor, als wir uns in einer Reihe aufstellten, und meine Wangen röteten sich vor Verlegenheit. Als die Veranstaltung schließlich am späten Abend endete, kam eine Frau, die ich noch nie zuvor gesehen hatte, auf mich zu und sagte: »Hey, ich heiße Shaniqua. Ihr habt das großartig gemacht!«

»Dankeschön.«

»Wie alt bist du?«, fragte sie.

»Vierzehn.«

Interessiert stellte sie mir viele weitere Fragen – wer ich sei und woher ich komme – und schließlich tauschten wir unsere Telefonnummern aus, um unser Gespräch zu einem späteren Zeitpunkt fortzusetzen. »Nur damit Sie es wissen«, sagte ich, »wenn ich Sie anrufe, muss ich sehr vorsichtig sein. Ich darf nichts sagen, was mit dem Christentum zu tun hat, denn meine Eltern sind Muslime.«

Sofort wich ihr lockeres Auftreten einer gewissen Anspannung.

»Oh, wirklich?«

»Ja.«

»Gut«, sagte sie dann nach einer kurzen Pause, fast so, als ob sie sich selbst die Genehmigung dazu erteilt hätte: »Ich möchte trotzdem mit dir in Kontakt bleiben, Rifqa.«

»Das würde ich auch gern.«

Shaniqua war etwa zehn Jahre älter als ich und wurde für mich zu einer Art großen Schwester und Mentorin. Aus Sorge um ihre und meine Sicherheit sahen wir einander nur selten. Doch die zahlreichen Telefonate, die wir spätabends führten – oft um zwei oder drei Uhr nachts, und das mehrmals die Woche –, waren für mein Herz wie Lebenslinien der Hoffnung und Ermutigung. Ich lebte für diese Momente; sie waren mir wichtiger als mein Schlaf. Nach diesen Gesprächen brannte in mir der Wunsch, mich Christus noch inniger hinzugeben. Sie fühlte sich wirklich in meine Situation hinein und ich wusste, dass sie für mich da sein würde, wenn ich jemals Hilfe brauchte.

Durch Shaniqua lernte ich ein anderes Mädchen kennen, Michaela. Sie war zwar jünger als Shaniqua, aber immer noch so viel älter als ich, sodass sie meine große Schwester hätte sein können. In einigen unserer Telefonate hatte ich mit Shaniqua darüber gesprochen, wie sehr es mich belastete, dass fast keines der Kinder in meiner Schule Jesus zu kennen schien und dass selbst die, die sich Christen nannten, nicht so lebten, als ob Er irgendeinen Unterschied in ihrem Leben bewirkte.

»Weißt du, wie du klingst? Wie ein Mädchen, das ich kenne: Sie heißt Michaela und studiert inzwischen an der *Ohio State*. Was in dir vorgeht, erinnert mich so sehr an sie. Ich glaube, ihr beide würdet euch gut verstehen.«

Und so saß ich eines Tages in einer Starbucks-Filiale gleich gegenüber meiner Schule mit einer neuen christlichen Freundin zusammen, deren graue Augen förmlich strahlten vor Gnade und Liebe. Ich weiß nicht mehr genau, worüber Michaela und ich gesprochen haben, aber ich erinnere mich, dass ich danach mit ihr zu ihrem Auto gegangen bin, dass wir uns hineingesetzt haben und dass sie mir weiter zugehört hat, um meine Geschichte und die Last, die mir auf dem Herzen lag, mit mir zu teilen. Schließlich konnte ich meine Emotionen nicht länger zurückhalten:

Meine Stimme brach, und ich schluchzte vor lauter Kummer über meine unerlösten Freundinnen in der Schule und über die Qual, bei mir zu Hause leben und den Balanceakt aufrechterhalten zu müssen, zu dem sich meine Tage entwickelt hatten. Sanft streichelte sie mir den Rücken, während der Sonnenuntergang ihre Windschutzscheibe in wunderschöne purpurne und orangefarbene Herbstschattierungen färbte.

Genau wie mit Shaniqua traf ich mich auch mit Michaela nur selten, doch wann immer mir dieses Privileg zuteilwurde, hat sie mich mit ihrem offenen, authentischen Glauben bestärkt und meine Sicht auf das Leben mit ihren Ratschlägen und ihrer Anteilnahme enorm beeinflusst. Außerdem gab sie mir wertvolle Tipps, wie ich mich an der Highschool aus Beziehungen, die meinem Glauben nicht zuträglich waren, lösen und mich doch gleichzeitig mit der tiefen Liebe Christi weiter um die betreffenden Leute kümmern könnte.

Und dann stellte sie mich jemandem vor, der für mich der vielleicht wichtigste Freund von allen werden sollte: Brian.

Brian leitete ein Gebetstreffen, das jeden Samstag auf dem Gelände einer Abtreibungsklinik in Columbus abgehalten wurde. Alle sprachen in den höchsten Tönen von ihm und ich fand die Vorstellung, gemeinsam mit anderen Gläubigen für (und vielleicht sogar mit) Frauen zu beten, die über einen Schwangerschaftsabbruch nachdachten, ungeheuer aufregend. Aufgrund der erhöhten Wachsamkeit zu Hause hatte ich monatelang nicht zur Kirche gehen können und diese sich andeutende Chance eines Engagements faszinierte mich so sehr, dass ich sie ergriff. Es gelang mir, Brian über Facebook zu kontaktieren und mit ihm ins Gespräch zu kommen, und Shaniqua half mir, jemanden zu finden, der mich dorthin bringen konnte.

Brian ist ein dicker Teddybär von einem Mann und wenn er von Jesus spricht (was er meistens tut), würdest du am liebsten alles stehen und liegen lassen und zu jemandem – zu jedem! – hingehen, der leidet, weil er den Herrn nicht kennt. Er kann dir aus erster Hand ganz viele Geschichten von Obdachlosen und Drogenabhängigen draußen auf der Straße erzählen, die zu Christus gefunden haben, und er lebt Jesus mit jedem Atemzug. Wenn ich noch irgendeine Bestätigung dafür brauchte, dass der Rest meines Lebens – selbst wenn es mich ins Grab brächte – von ganzem Herzen Gott versprochen sein sollte, so verlieh Brians spirituelle Leidenschaft mir die nötigen Flügel, um mich von der Klippe meines letzten Zweifels hinabzustürzen. Immer, wenn ich mich in seiner inspirierenden Nähe aufhielt oder einen der anderen Jugendlichen kennenlernte, die mit ihm umherzogen und diesen radikalen Glauben lebten, war mir völlig klar, wem meine Treue letztlich zu gelten hatte.

»Ist das die kleine Rifqa?«, sagte er jedes Mal, wenn ich bei einem Treffen auftauchte, an dem wir beide teilnahmen. Dann rannte ich, so schnell ich konnte, zu ihm und verschwand in seiner dicken Umarmung. Die meisten anderen Männer in meinem Leben – mein Vater, mein Onkel, mein großer Bruder – benutzten ihre Macht und ihre Position, um andere zu misshandeln, herumzukommandieren und zu manipulieren. Brian war der Erste, bei dem ich mich sicher fühlte, jemand, der mich respektierte und beschützte und als eines seiner spirituellen Kinder im Grunde väterlich umsorgte.

»Ich will nicht, dass dir irgendjemand wehtut«, sagte er dann. »Besonders nicht einer von diesen kleinen Skatern in ihren engen Jeans, die nur eins im Kopf haben. Ich passe auf dich auf, Rifqa, und wenn dir jemand etwas tut, dann werde ich ihm wehtun.«

Obwohl er sich nicht genau vorstellen konnte, wie es bei mir zu Hause und in meiner Familie zuging – wer konnte das schon? –, verstand Brian mich gut genug, um mir Mut zuzusprechen und mich zu bestärken. »Denk daran, Rifqa, das, was du durchmachst, hat seinen Sinn. Gott formt dich zu einer mächtigen Frau Gottes, und manchmal bedeutet das, dass die Leute einige sehr schwere Umstände durchmachen müssen, sie müssen geformt und geknetet werden, damit sie jemand ganz Besonderes werden. Das ist eine schöne Geschichte, die er da in dich hineinschreibt. Und er kämpft um dich. Du darfst niemals aufgeben«, sagte er und sah mir tief in meine erschrockenen, karamellfarbenen Augen.

Doch manchmal war ich kurz davor.

Kurz davor, aufzugeben.

Die ständige Geheimhaltung und Unruhe waren in Kombination mit der Panik und Furcht, entdeckt zu werden, mehr, als ich auf Dauer für mich behalten konnte. Als sich ein weiteres Schuljahr seinem Ende näherte – und ich begriff, dass sich mein Fluchtweg nach draußen für die Dauer eines weiteren Sommers verschließen würde –, saß ich eines Tages neben meiner Freundin Katie und spielte mit dem Gedanken, ihr etwas darüber zu erzählen, was bei uns zu Hause los war.

Katie und ich waren in der achten Klasse enge Freundinnen geworden. Sie war sogar einmal bei mir zu Hause gewesen; sie gehörte zu den ganz wenigen Menschen, die das je getan hatten. Ich glaube, meine Eltern waren ihr gegenüber aufgeschlossener, weil sie Afroamerikanerin war. Demzufolge ahnte sie mehr als irgendjemand sonst, wie streng meine Familie war. Sie hatte es aus nächster Nähe erlebt.

In unserem ersten Jahr auf der Highschool hatten Katie und ich uns ein wenig aus den Augen verloren, weil wir keine gemeinsamen Kurse hatten, doch in der zehnten Klasse hatten wir den Kontakt wieder aufgenommen. Wenige Wochen zuvor hatte sie mich angestupst, nachdem ich gerade eine Stillarbeit in Physik beendet hatte, und zu mir gesagt: »Wow, Rifqa, ich kann nicht glauben, dass du in der Schule die Bibel liest.« Sie machte sich nicht über mich lustig. Ich glaube, sie spielte auf die sozialen Signale an, von denen wir uns alle so leicht beeinflussen lassen, und darauf, wie erfrischend es für sie war, jemanden zu sehen, den das nicht zu interessieren schien. Tatsächlich interessierte es mich sehr wohl, es interessierte mich viel zu sehr, und ich hasste es, wenn ich dem nachgab. Doch meine Liebe zu Christus war wie ein überquellender Brunnen und die Sehnsucht, ihn besser kennenzulernen, war so groß, dass sie mir oft über die Belanglosigkeiten des Gruppenzwangs hinweghalf.

Seit dieser Zeit setzten wir uns auf unseren täglichen Fahrten mit dem Schulbus nebeneinander. Ihr Bruder hatte im Jahr zuvor seinen Abschluss gemacht und konnte sie deshalb nicht mehr mit dem Auto mitnehmen. Und obwohl wir tagsüber nicht mit denselben Cliquen herumhingen, lebte unsere Freundschaft auf diesen gemeinsamen Busfahrten wieder auf. Sie wurde wieder die besondere Freundin, als die ich sie in den vergangenen Jahren kennengelernt hatte.

»Katie?«, sagte ich und nutzte die Gelegenheit, mich ihr anzuvertrauen, während wir heimwärts rumpelten. Offenbar erkannte sie sofort den Ernst in meiner Stimme. »Ich muss dir etwas erzählen.« Und dann erzählte ich ihr alles.

Oder zumindest alles, was sie meiner Ansicht nach verarbeiten konnte, ohne mich für verrückt oder paranoid zu halten. Sie hatte genug von den Verhaltensweisen meiner Familie mitbekommen, um mir zu glauben, wenn ich ihr sagte, dass ich ernsthaft in Schwierigkeiten war. Ich betete, dass sie mich bis zu Ende anhören würde.

»Ich weiß einfach nicht, was ich tun soll«, schloss ich, nachdem ich ihr rasch alles erzählt hatte, ehe ich aussteigen musste. Sie sah besorgt aus und berührte mich am Arm, um mich zu trösten, als sie die Angst in meinen Augen sah. Sie fällte kein Urteil, sondern hörte einfach zu. Genau das hatte ich mir erhofft.

»Rifqa, du weißt, dass du bei uns mehr als willkommen bist: Falls es nötig werden sollte, kannst du bei mir und meiner Familie wohnen«, sagte sie mitfühlend.

Wie lieb von ihr. Ich hoffte, dass sie wusste, wie viel ihre Geste mir bedeutete, doch ich würde ihr Angebot niemals annehmen können. Mein Vater würde mich finden, wohin ich auch ging. Ich konnte es nicht verantworten, dass irgendjemand sich seinem Zorn in den Weg stellte.

Doch mit der Zeit brachte Gott mich mit Menschen zusammen, die sich bei meinen besonderen Herausforderungen und Glaubensentscheidungen als entscheidende Begleiter erweisen sollten und mir halfen, Kämpfe zu bestehen, die ich allein niemals durchgefochten hätte. Ich war noch nicht imstande, klar vorherzusagen, was die nächsten Tage bringen würden, doch Er sorgte dafür, dass ich, nur für alle Fälle, menschlichen Rückhalt fand.

Nur für alle Fälle.

Ich beantwortete die letzte Frage in meiner letzten Klausur und gab das Blatt meinem Spanischlehrer. Das Schuljahr war nun offiziell zu Ende. Ich war fertig.

Als ich das Klassenzimmer verließ, war der Flur zu meiner Freude völlig menschenleer. Meine Schritte hallten auf dem blank geputzten Boden wider und prallten im Stakkato von der Decke und den Wänden ab. Ich drehte mich langsam um mich selbst und sah an mir herunter, um das leuchtend rosafarbene Kleid zu bewundern, das mein Bruder mir geschenkt hatte. Das Leben zu Hause und die Einschränkungen, die mich auch in diesem Sommer wieder erwarteten, erfüllten mich mit düsteren Vorahnungen. Und doch schwelgte ich in dem befriedigenden Gefühl, dass ich in Gottes Händen war und die nächsten Monate schon irgendwie überstehen würde.

Ich strich mit den Fingern über jedes Schließfach, an dem ich vorbeikam, während ich – eine kleine Tradition, die ich mir angewöhnt hatte – durch den Korridor ging und für meine Mitschüler betete. Fast jedes Schließfach, das ich berührte, gehörte zu einem unbekannten Gesicht und Namen, und schon oft hatte ich ihre Besitzer allesamt dem Vater dargebracht, damit er sie segnete. Heute war es nicht anders – nur, dass ich am Ende der Schließfachreihe auch für mich selbst ein Gebet und ein Versprechen formulierte: »Muss ich auch wandern in finsterer Schlucht, ich fürchte kein Unheil; denn du bist bei mir.«

Als ich ins warme Sonnenlicht hinaustrat, schien eine unhörbare Stimme mir eine Antwort zuzuflüstern, die zuerst beinahe so etwas wie Angst, dann aber eine plötzliche Erregung in mir auslöste. »Du kommst nicht hierher zurück, Rifqa.« Ich schien es zu wissen. Das war das Ende. In diesem Sommer würden einige Brücken hinter mir abgebrochen werden und sich vor mir einige neue Wege auftun.

Ich drehte mich noch einmal zu den gewaltigen weißen Säulen um, die die vertrauten braunen Wände schmückten. Wie ein Wolkenkratzer ragte das Gebäude über meiner kleinen Gestalt empor, gekrönt von der majestätischen Eleganz des Schriftzugs »New Albany«. Seit wir in diesen Staat gezogen waren, hatte ich jeden Schultag hier gestanden und dieses Bild gesehen. Und nun stand ich hier, blinzelte in die Sonne, umklammerte die Riemen meines Rucksacks, und irgendetwas sagte mir, dass ich nie wieder hier stehen würde.

Elf

Obwohl ich Christus schon mit sechzehn Jahren mein Herz geschenkt hatte, gab es noch einen Akt der völligen Hingabe, den ich machen wollte.

Ich wollte getauft werden.

Die Gemeinde, in die ich am meisten eingebunden war – Angelas –, war in dieser Hinsicht eher zurückhaltend. Wenn ich sage, dass ich dort eingebunden war, meine ich natürlich nicht, dass ich mich regelmäßig dort blicken ließ. Mein Familienleben bot keinen Raum für ständig wiederkehrende, unerklärliche Abwesenheiten sonntagmorgens zwischen neun und zwölf. Doch ich ging hin, wann immer es mir möglich war, und ich war im Rahmen dessen, was ich geheim halten konnte, auch an anderen Aktivitäten beteiligt. Dennoch wussten sie – sosehr sie mich auch akzeptierten und so lieb und persönlich bemüht sie auch waren, mir Jesus nahezubringen – nicht wirklich, was sie mit einem einsamen Schaf tun sollten, das, wenn es Teil ihrer Herde wurde, womöglich ein paar reißende Wölfe auf den Plan rufen würde. Ich glaube, sie fürchteten, dass ein offizieller Kircheneintritt meinerseits ihnen jene Schwierigkeiten mit dem Gesetz und der öffentlichen Wahrnehmung bescheren würde, durch die Kirchen auf die Titelseiten der Zeitungen gelangen. Deshalb lautete ihr – vielleicht von Klugheit, aber wohl eher von Angst diktierter – Vorschlag dahingehend, dass sie sich trotz meiner ungewöhnlichen Situation um mich kümmern würden, dass aber vor meinem achtzehnten Lebensjahr nicht an eine Taufe zu denken sei.

Ich glaubte jedoch nicht, dass ich so lange warten konnte. Ich wollte es für Jesus tun.

Allerdings würde es – anders als bei den meisten Sechzehnjährigen, die sich zu Christus bekennen wollten, und wie fast immer in meinem Fall – kein leichtes Unterfangen sein. Wenn ich dieses Wagnis tatsächlich einging und wenn meine Taufe entdeckt wurde, dann würde ich in ein so tiefes Wasser sinken, dass ich das nicht überleben würde. Und kein Rettungsboot würde kommen und einsammeln, was von mir übrig war. Mich taufen zu lassen würde meine Entscheidung besiegeln, mich von meiner Familie, meinem Erbe, meinem früheren Glauben und allen Menschen, die ich in meiner Vergangenheit gekannt und geliebt hatte, abzuwenden, um Jesus nachzufolgen.

Es würde kein Zurück geben.

Doch tief in meinem Herzen wusste ich, dass ich *schon jetzt* viel zu weit gegangen war, um den Rückzug anzutreten. Ich hatte keinerlei Bedürfnis, zum Islam zurückzukehren. Taufe oder nicht, mein Entschluss stand fest, und ich hatte nicht die Absicht, es mir anders zu überlegen. Die einzigen Entscheidungen, die jetzt noch getroffen werden mussten, betrafen die Frage, wie man dieses Sakrament öffentlich so feiern konnte, dass es ein Geheimnis blieb. Und dazu brauchte ich die Hilfe einiger vertrauenswürdiger Hände.

Nachdem ich den richtigen Zeitpunkt und Ort bestimmt, die Gäste auf meiner kleinen, aber geheimen Liste verständigt und mit einigen Personen alle Einzelheiten und Auswirkungen durchdacht hatte, kam der Vorabend des denkwürdigen Ereignisses.

Und ich war ein Nervenbündel.

Ich ließ das Licht in meinem Schlafzimmer die ganze Nacht hindurch brennen. Vor lauter Nervosität und Panik warf und wälzte ich mich Stunde um Stunde von einer Seite auf die andere und schmorte in meinen Sorgen. »Herr«, betete ich, »Du weißt, was ich vorhabe. Du weißt, wie sehr ich Dich liebe. Aber ich habe solche Angst. Bitte hilf mir!«

Ich war fast erleichtert, als die Sonne über den Rand des Horizonts lugte und mir für ein verzweifeltes bisschen Morgenschlaf endlich die erschöpften Augenlider zufielen. Als ich kurze Zeit später wieder aufwachte, fiel mir, noch ehe mir überhaupt zu Bewusstsein gekommen war, was an diesem Tag passieren würde, ein Bibelvers ein, den ich auswendig kannte: »Ich bin mit Christus gekreuzigt worden; nicht mehr ich lebe, sondern Christus lebt in mir. Soweit ich aber jetzt noch in dieser Welt lebe, lebe ich im Glauben an den Sohn Gottes, der mich geliebt und sich für mich hingegeben hat« (Gal 2,19–20).

Es würde gut gehen.

Mir würde es gut gehen.

Es war ein wundervoller Sommertag: Wetter, Temperatur, äußere Bedingungen hätten nicht besser sein können. Als ich am verabredeten Platz bei einem Bach nahe (aber nicht zu nahe) bei unserem Wohnviertel eintraf, waren einige der handverlesenen Zeugen – alles in allem um die zwölf Leute – bereits versammelt. Die Vögel sangen und das Sonnenlicht schimmerte auf unseren Gesichtern. Leuchtend grüne Ahornblätter tanzten im Rhythmus des Windes. Unser aufgekratztes Gelächter plätscherte durch die Luft.

Ich sah an mir herunter und strich über mein wunderschönes weißes Kleid, das ich zu dieser besonderen Gelegenheit trug. Ich fühlte mich wirklich wie bei einer Hochzeit und die wachsende Erregung der Festgesellschaft vermochte die freudige Stimmung nur noch mehr zu steigern.

Einige Gäste kamen zu spät, weil der Ort schwierig zu finden war. Ein wenig abseits der ausgetretenen Pfade, um verständlich zu machen, was ich meine. Und da die ganze Zeremonie nur ein paar Minuten dauern würde, wollte ich nicht beginnen, ehe ich wusste, dass alle da waren. Als ich diese kostbare Gruppe von Freunden ansah, die in den vergangenen Jahren wie eine Familie für mich geworden waren, dachte ich daran, wie oft sie in meiner Trauer mit mir geweint und in meinen Triumphen mit mir getanzt hatten. Sie hatten so viel riskiert, als sie sich auf die Freundschaft mit mir einließen, und nun standen sie hier und warteten gemeinsam mit mir auf den größten Augenblick von allen.

Und endlich kam auch der Mann der Stunde am Ort des Geschehens an: mein lieber Freund Brian. Ich fühlte den Drang, mich in seine Arme zu werfen, weil ich so überglücklich war, diesen Mann zu sehen, der mein spirituelles Leben stärker beeinflusst hatte als jeder andere. So viel an seinem Charakter, seiner Sichtweise und seiner Einstellung wollte ich nachahmen. Und niemanden sonst in der Welt hätte ich lieber hier bei mir gehabt, um mich zu taufen, als diesen unvergleichlichen großen Bruder in Christus. Ich fühlte mich so geehrt, dass er eingewilligt hatte, die Taufe vorzunehmen.

Und jetzt war er da. Alle waren da. Es war an der Zeit.

Und alles war perfekt. Wie gemalt.

Ich strich mir das geglättete Haar hinter die Ohren und stapfte hinaus ins Wasser auf Brian zu, der sich bereits an einem geeigneten Platz aufgestellt hatte. Eine leichte Brise schwoll an zu einem böigen Wind und verwandelte die raschelnden Blätter in eine Art Backgroundchor, als er begann, die Gebete über mich zu sprechen. Schauer liefen mir über die Haut, obwohl das Wasser überraschend warm war. Und dann fassten alle Anwesenden, die mir ins Wasser gefolgt waren, einander an den Händen, bildeten einen Kreis um mich und sangen ein Anbetungslied, das alle Herrlichkeit des Himmels auf uns herab- und Gottes Gegenwart mitten in unsere kleine Gemeinschaft hineinzurufen schien.

Als das Lied zu Ende war, sah ich zu Brian empor, dessen Gestalt wie immer turmhoch über mir aufragte. Seine Augen strahlten vor Stolz. »Wir haben uns hier zu einem glorreichen Moment versammelt. Diese Taufe ist das öffentliche Bekenntnis dessen, was in Rifqas Herz bereits geschehen ist. Dies ist der Tag, da sie ihre Entscheidung besiegelt, indem sie sich untertauchen lässt, um im Namen unseres Herrn getauft zu werden. Ihr als ihre engsten Freunde seid die Zeugen von Rifqas Bekenntnis. Sie lässt ihre Familie, ihr Erbe und alles, was sie kannte, hinter sich, um sich an Jesus Christus zu binden.«

Dann wandte er sich mir zu, feierlich und zärtlich zugleich: »Rifqa, willst du etwas sagen?«

Und ob ich wollte.

Ich legte ein kurzes Zeugnis meiner Bekehrung ab, zitierte einen Vers, den ich für diesen Anlass auswendig gelernt hatte, und endete mit der Stelle aus dem Galaterbrief, den Gott mir mit so liebevoller Kraft und Absicht in den Sinn gelegt hatte, als ich an diesem Morgen aufgewacht war.

»Da du also nun deinen Glauben an Jesus Christus bekannt hast«, ergriff Brian wieder das Wort, »gehorche ich Seinem Gebot und taufe dich, Rifqa, in Seinem Namen.«

Brians Gesicht verschwamm, als er mich mit seinen kräftigen Armen unter die sanft schaukelnde Wasseroberfläche drückte. Unter Wasser pulsierte die anregende Stille durch meinen Körper. *Ich sterbe mit dir, Herr,* dachte ich und stellte mir vor, dass ich mich in den Menschen Jesus Christus selbst versenkte. Dann tauchte ich wieder aus dem Wasser auf und spürte die Freude, die mich wie ein Stromschlag durchzuckte. *Und nun werde ich mit Dir leben,* jubelte mein vor Hingabe schwellendes Herz in der Sommerluft, während mein durchnässter Körper von der heiligen Aufnahme durchdrungen wurde.

Ich hatte vor dem ganzen Himmel und der ganzen Erde mein ewiges Gelübde besiegelt.

Ich hatte die Wahrheit gesucht. Und nun schwamm ich darin.

Als ich wieder ins Haus schlüpfte, war meine Mutter zu sehr mit Kochen beschäftigt, um meine nassen Haare zu bemerken. Sie drehte sich nach mir um, doch ich war schon in mein Zimmer gehuscht, um für die nächsten Stunden in einen tiefen Schlaf zu sinken. Die Emotionen dieses Tages hatten mich völlig ausgelaugt. Als ich in der Wärme und Stille meines Bettes wieder aufwachte, war der Raum bereits in Dunkelheit gehüllt. Ich verschränkte die Hände hinter meinem Kopf auf dem Kissen und starrte zu der weißen Decke über mir empor.

Wie um alles in der Welt war das gut gegangen?

Vieles hätte ganz anders laufen können. Viele lose Enden hatten miteinander verknüpft werden müssen, und kein einziger Knoten durfte aufgehen und das Ereignis trüben oder verraten, was ich getan hatte. Während ich die Denkwürdigkeit dieses Tages in Erinnerung rief und mit der verdrossenen, mürrischen Freudlosigkeit dieses Ortes verglich, an dem ich nachts schlief, staunte ich über das, was Gott in dieser so kurzen und doch so überaus bemerkenswerten Zeit in meinem Leben bewirkt hatte. Ich fühlte mich in diesem Augenblick voll und ganz von Gottes Freude durchdrungen. Ich fühlte mich wie ein anderer Mensch. Erwachsen geworden, und das auf viel mehr Ebenen, als meine Mutter und mein Vater es sich auch nur vorstellen konnte. Sie sahen in mir bloß jemanden, der dem Glauben gegenüber abgestumpft und gleichgültig war.

Wenn sie wüssten …

Doch Gott sei Dank durfte ich sicher sein, dass sie keine Ahnung hatten.

Als ich mich auf die Seite drehte, um wieder einzuschlafen, kam mir ein anderes Bild dieses Tages in den Sinn: meine Freundin Michaela, die einen Stein in der Hand hielt, den sie mir gab, nachdem Brian mich wieder aus dem Wasser hatte auftauchen lassen. Normalerweise erhielt ein Taufkandidat eine schriftliche Urkunde zur Erinnerung an diesen Ehrentag, die man einrahmen, in ein Album einkleben und für immer an einem ganz besonderen Platz aufheben konnte. Doch das Letzte, was ich aufbewahren durfte, war ein Schriftstück, auf dem verzeichnet war, wann, wo und vor welchem Seelsorger ich mich zu meinem Glauben an Jesus bekannt hatte. Also entschieden wir, dass es das Beste war, die Angaben zu meiner Taufe mit einem Stift auf einen glatten, flachen Stein zu schreiben und ihn ins Wasser zu werfen, wo seine Existenz nur Gott und denjenigen, die dabei gewesen waren, bekannt sein würde.

Während ich diesen Augenblick der Zeremonie – als der Stein ins Wasser fiel und mein Geheimnis, von Fischen, Krebsen, Kröten und Bibern sorgsam gehütet, im Bachbett liegen blieb – noch einmal durchlebte, hatte ich plötzlich das Gefühl, mich in einer Art verrücktem Traum zu befinden. Doch dann flüsterte ich mir zu, während meine leicht klammen Haare sich um meine Schultern ringelten: »Nein, Rifqa, es ist kein Traum.«

Ich hatte es getan. Und nun war nichts mehr wichtig außer den aufregenden Dingen, die meine Zukunft mit Christus für mich bereithielt.

Die Stille, die ich in diesem Moment empfand, sollte jedenfalls nicht mehr von langer Dauer sein.

Zwölf

Ich war davon überzeugt gewesen, dass ich meinen Glauben noch weitere zwei Jahre lang würde geheim halten können: lange genug, um die Highschool abzuschließen und weit, weit weg von zu Hause aufs College zu gehen. Doch auch dieser Plan, das wusste ich, barg noch gewisse Risiken in sich, denn meine Eltern konnten jederzeit eine Hochzeit für mich arrangieren oder mich einfach nicht mehr zur Schule gehen lassen. Was würde ich dann tun? Wer weiß? Doch darüber konnte ich nachdenken, wenn es so weit war.

Für den Moment hatte ich ohnehin schon genug Sorgen.

Eines Abends, ein paar Wochen nach meiner Taufe, stand mein Vater brüllend vor meinem Schlafzimmer: »Rifqa! Mach diese verd … Tür auf!«

Ich war gerade aus der Dusche gekommen und machte mich bettfertig. Die Tür war verschlossen und offenbar hämmerte er mit der Faust dagegen: Die Schläge wurden lauter und lauter. Mein Herz raste in einem Anfall von Panik. Ich begann, am ganzen Körper zu zittern. Wo konnte ich mich verstecken, sodass er mich nicht fand? Mit den Augen suchte ich den Raum ab, ob es irgendwo einen sicheren Platz für mich gäbe. *Nirgends*. Ich hatte keine Wahl: Ich musste die Tür öffnen.

Ich sank gegen die Wand, als er hereinstürmte und seine erdrückende Gegenwart plötzlich alle Luft aus dem Raum zu pressen schien. Ich hatte schreckliche Angst. Ich bekam keine Luft.

»Bist du Christin?!«, schrie er.

Ich gab keine Antwort. Was sollte ich auch sagen?

»Wer ist dein Pastor?«, fragte er noch etwas lauter.

Ich schloss die Augen und wappnete mich für die Schläge, die ganz sicher kommen würden. *Ich werde Dich nicht verleugnen, Herr. Ich werde Dich nicht verleugnen, Herr,* sagte ich immer wieder still vor mich hin und keuchte hörbar. Doch er brüllte nur immer lauter und fuhr mit seinen Fragen fort. »Bist du *getauft,* Rifqa?! Antworte mir!« Den Kopf gesenkt starrte ich zu Boden, zitterte und sagte kein Wort, während sein verkrampfter Körper von gänzlich anderen Regungen geschüttelt wurde.

Ich habe meinen Vater Dutzende Male zornig erlebt, Hunderte Male, doch der Zorn, der an diesem Abend in diesem Augenblick in ihm tobte, übertraf alles, was ich bisher erlebt hatte. Plötzlich griff er nach dem nächsten stumpfen Gegenstand, nahm meinen Laptop vom Bett und hob ihn hoch, als wollte er ihn mir gegen den Kopf schmettern. Alles drehte sich im Zeitlupentempo und ich erhaschte einen Blick auf meine Mutter, die die ganze Szene aus einer gewissen Entfernung mit vor der Brust verschränkten Armen still beobachtete. In ihren dunkelbraunen Augen standen Tränen, doch sie weinte nicht um mich, nicht vor Entsetzen über ihren Mann, der seine eigene Tochter bedrohte, sondern vor Entsetzen über die Schmach, die ich der Familie vermeintlich angetan hatte. Es war nicht *sein,* sondern mein Verhalten, das sie betrauerte.

Ich schaute wieder auf das *Notebook,* das er nach wie vor in der erhobenen Hand hielt, aber aus irgendeinem Grund noch nicht auf mich hatte niederkrachen lassen. Ich wünschte, ich wäre tot. Alles wäre besser als das hier.

»Wenn du Christin bist«, brüllte er, »dann werde ich dich töten! Verstehst du mich?«

Mich töten? Er konnte nicht meinen, was er da sagte. *Mich töten? Papa …*

So rasend und unberechenbar gewalttätig er auch sein mochte – ich wusste, dass mein Vater kein Ungeheuer war. Ich sah in seine Augen, die den meinen in Form und Farbe so ähnlich waren, und wusste, dass er mein Leben unmöglich für so wertlos halten konnte. Oder doch? Manchmal muss ein einfacher muslimischer Mann, der seiner Religion treu bleiben will, das Undenkbare tun, um seine Ehre zu bewahren. Und wenn das bedeutete, dass er seine rebellische Tochter für ein Vergehen opfern musste, das er – das wussten wir beide – für unverzeihlich hielt, dann sollte es eben so sein.

Selbst jetzt noch sehnte ich mich danach, dass dieser blindwütige Mann, der sich vor mir wie ein Raubtier bewegte, mich verstand und liebte. Und ebenso wünschte ich mir, dass meine Mutter mich verteidigte und umarmte, sich anhörte, was mein Herz bewegte, und mich mit ihren schützenden Armen umfing. Doch wie sinnlos und dumm war diese Vorstellung. Hass und Verachtung hatten sie völlig überwältigt. Jahrhunderte des Abscheus schienen in das Gesicht meines Vaters hineingeätzt.

»Dich töten!«, hatte er gesagt. »Ich werde dich töten!« Ich hatte keinen Grund anzunehmen, dass er nicht tun würde, was er sagte. Obwohl ich mir wünschte, kühn und mutig zu sein, obwohl ich Angst davor hatte, ein Feigling zu sein und Christus zu verleugnen, konnte ich doch in diesem Augenblick ganz offensichtlich nichts anderes tun als zittern, schweigen und beten, dass es ein Ende nähme, ehe noch ein Verbrechen geschah.

Bis heute weiß ich nicht, was ihn davon abgehalten hat, meinen zarten Körper mit seinen Fäusten oder meinem

Laptop zu bearbeiten. Ich vermute, dass er mir auf seine eigene, verdrehte und rätselhafte Weise etwas erweisen wollte, das seiner Vorstellung von Barmherzigkeit entsprach. Auch wenn ich in dieser Nacht zum Glück ohne Misshandlungen davonkam, gaben mir seine Worte zu verstehen, dass ich mich dem Ende des Weges näherte. Von diesem Tag an würde ich nie mehr so behandelt werden wie vorher. Ich war Abfall und musste weggeworfen werden.

Er hielt mir den Finger direkt ins Gesicht. »Ich werde dir einige Tage Zeit geben, um zum Islam zurückzukehren. Ich werde dich zusätzliche Islamstunden nehmen lassen. Und ich werde gnädig sein, *wenn* du deinen Glauben an Jesus aufgibst!« Doch um kein Missverständnis aufkommen zu lassen, fügte er hinzu: »Du hast etwas so Abscheuliches getan, dass du nie wieder eine echte Muslimin sein kannst. Du wirst tot sein! Verstehst du mich? Ich verschone dich jetzt, aber wenn du nicht zum Islam zurückkehrst, wirst du viel schwerer bestraft werden.«

Eines hatte ich in dieser Nacht nicht getan: Ich hatte mich nicht in seiner Anwesenheit selbst als Christin bezeichnet. Ich hatte es zwar nicht *geleugnet* – aber zugegeben hatte ich es auch nicht. Er hatte noch nicht ganz das, was er brauchte, um sein Ultimatum durchzuziehen, aber letztlich würde er es tun. Meine Erziehung ließ in diesem Punkt keine Zweifel zu. Also nickte ich zustimmend zu allem, was er sagte, nur damit er mich endlich in Ruhe ließ und der Sturm sich legte. Wenn ich so tat, als sei ich mit allem einverstanden, gewann ich vielleicht ein bisschen Zeit.

Als er schließlich aus dem Zimmer stampfte, fingen meine Gedanken an, sich wie rasend im Kreis zu drehen. *Wie hatte er es herausgefunden? Ich hatte mir so viel Mühe ge-*

geben, meine Spuren zu verwischen. Wo hatte ich es vermasselt? Ich konnte einfach keine Lücke in meiner Planung entdecken. Sosehr er auch außer sich gewesen war, hatte er doch nicht verraten, woher er die Information hatte. In einem nervösen Reflex der Frustration, Angst, Qual und Not fuhr ich mir mit den Fingern durch die feuchten Haare. Ich hätte gern geschrien, doch selbst wenn ich es tat, würde mich niemand hören.

Nach dieser entsetzlichen Auseinandersetzung ging es bergab. Zum Glück musste mein Vater wieder einmal geschäftlich verreisen, doch die Atmosphäre im Haus war so unheilschwanger wie nie. Ich hätte so gern mit jemandem über alles gesprochen, jemandem von der Todesdrohung erzählt, die mein Vater gegen mich, seine Tochter, ausgestoßen hatte. Doch wer würde mir überhaupt glauben? Wer würde mich ernst nehmen? Wie konnte ich irgendjemanden davon überzeugen, dass ich nicht bloß Aufmerksamkeit erregen wollte, einen Familienstreit aufbauschte oder etwas verschwieg, worüber ein Vater oder eine Mutter womöglich zu Recht ungewöhnlich zornig werden konnten?

Die Ehre und Pflicht meines Vaters umgaben mich wie Gefängniswände. Ich konnte mich nur still verhalten und versuchen zu überleben.

Vielleicht würde, so begann ich insgeheim zu hoffen, irgendjemand an mich herantreten, wenn ich schon nicht selbst um Hilfe rufen konnte. Das war vielleicht irrational, aber wie sonst hätte ich mit meiner Situation umgehen sollen? Deshalb stürzte ich mich förmlich darauf, als ich wenige Tage später in meiner *Chatbox* auf Facebook eine persönliche Nachricht von einer Frau namens Allison fand. Ich hatte sie nie getroffen, aber ich hatte ihren Namen im

Zusammenhang mit Brians Anti-Abtreibungs-Initiative nennen hören. Obwohl sie in einem anderen Staat lebte, war sie mit einigen Leuten, die mir nahestanden, gut befreundet.

Ihre Botschaft war geradezu übersät mit Gottes Fingerabdrücken: »›Fürchtet euch nicht vor denen, die den Leib töten, die Seele aber nicht töten können, sondern fürchtet euch vor dem, der Seele und Leib ins Verderben der Hölle stürzen kann. [...] Wer sich nun vor den Menschen zu mir bekennt, zu dem werde auch ich mich vor meinem Vater im Himmel bekennen. Wer mich aber vor den Menschen verleugnet, den werde auch ich vor meinem Vater im Himmel verleugnen‹ (Mt 10,28.32–33). Ich hatte das Gefühl, dass du diesen Vers heute vielleicht brauchen könntest.«

Und wie ich ihn brauchte. Wieder und wieder las ich ihre Mitteilung und staunte über Gottes Weisheit, über die Macht Seines Wortes und über Seine wunderbare Fähigkeit, sich jemandes zu bedienen, den ich kaum kannte – genau genommen gar nicht kannte –, um mir genau zum richtigen Zeitpunkt genau die richtige Botschaft zukommen zu lassen. »Fürchtet euch nicht«, so hieß es in dem Vers, »vor denen, die den Leib töten, die Seele aber nicht töten können.« Ich musste auf den Einen blicken, der mich als Sein Eigentum beanspruchte und mich als Sein Kind verteidigen würde.

Allison hatte recht. Ich konnte Ihn nicht verleugnen, auch wenn mir klar war, was diese Entscheidung in der Praxis bedeuten würde. Die Liste meiner Optionen verringerte sich auf eine einzige. Und wenn ich noch lange wartete, hatte ich gar keine mehr.

Dreizehn

Zu bald war es zu spät. Es gab keinen Ausweg mehr. Eine Freundin hatte mich zu einem abendlichen Bibelkreis eingeladen. »Bitte, Rifqa. Bitte, komm.« Eigentlich hatte ich das Risiko nicht eingehen wollen. Die Situation zu Hause wurde immer angespannter und ich musste die Zeiten, in denen ich unbehelligt das Haus verlassen konnte, sehr sorgfältig auswählen. Doch die Leute in dieser Gruppe – einige Eltern und vor allem Jugendliche und sogar Collegestudenten, die noch nicht in die Ferien gefahren waren – waren für das, was mit mir passierte, aufgeschlossener und sensibler als die meisten anderen. Es war einer der wenigen Orte, an denen ich mich weitgehend verstanden und völlig akzeptiert fühlte. Es fiel mir schwer, Nein zu sagen, und so willigte ich ein.

Ehe der eigentliche Bibelkreis an diesem Abend begann, beteten sie eine halbe Stunde oder länger für mich. In meiner Erinnerung gehört diese Zeit zu den intensivsten, ermutigendsten und bestätigendsten Momenten meines jungen Christenlebens. Auch wenn einige von ihnen diejenigen Teile und Bruchstücke meiner Geschichte kannten, die ich bis dahin preisgegeben hatte, waren ihre Gebete an diesem Abend von Details und Einzelheiten inspiriert, die außer mir *niemand* kennen konnte. Genau wie bei Allisons Online-Botschaft vor wenigen Wochen war es, als würden wir alle mental auf eine unsichtbare Angriffsformation eingestellt, die sich auf mich zubewegte, und als gäbe Gott mir (und ihnen) gerade so viele Insider-Informationen vom Schlachtfeld, dass wir den Mut nicht sinken ließen.

Ich war jedoch nicht die Einzige, die auf die Mobilmachung reagierte. Während wir beteten, hörte ich die ganze Zeit über immer wieder mein Handy in meiner Tasche summen. *Meine Mutter rief an.* Was nur heißen konnte, dass ich mich, sobald ich heute Abend ins Haus trat, für diesen unerlaubten Ausflug würde rechtfertigen müssen.

Es war mir egal. Es spielte keine Rolle mehr. Was ich jetzt brauchte, war Gebet. Was ich in diesem Augenblick von meinen christlichen Freunden bekam, wog alles auf, was ich zu Hause vielleicht würde ertragen müssen. Dennoch sagte ich meinen Freunden, kaum dass ich wieder auf den Füßen stand, dass ich gehen müsse. Sofort.

Das Erste, was ich sah, als ich die Tür öffnete, war meine Mutter, die erregt hin und her lief. Ihre Augen waren vom Weinen rot und geschwollen. Sie hatte offensichtlich auf mich gewartet. Als sie mich hereinkommen sah, rang sie die Hände und schrie: »Die Moschee hat ständig angerufen. Sie wollen, dass dein Vater sich um dich kümmert, sonst werden sie es tun. Er hat seine Reise unterbrochen und kommt am Sonntag nach Hause.« Dann rief sie aus: »Wie konntest du nur eine solche Schande über uns bringen, Rifqa, wie nur?!« Sie sammelte Speichel in ihrem Mund und spuckte mir ins Gesicht. Ich fühlte mich hundeelend.

Schlimmer hatte es nicht kommen können. Die Moscheeleitung hatte von meiner Konversion erfahren. Es war aus. Ich war erledigt.

»Wir werden dich nach Sri Lanka schicken und in ein Heim stecken! Hörst du? Wir reisen ab, ich packe gerade unsere Koffer«, sagte sie. Dann drehte sie sich um, nahm ein kleines rotes Buch von der Tischplatte und fuchtelte mir damit vor dem Gesicht herum. »Warum, Rifqa? Warum?«

Nachdem die Moschee angerufen hatte, hatte sie mein Zimmer auf den Kopf gestellt und nach Hinweisen auf das gesucht, was ihr Herz am meisten fürchtete. Und tatsächlich hatte sie ein erhärtendes Beweisstück gefunden: ein christliches Buch, das mir eine Freundin gegeben hatte. Ich hatte es nicht gut genug versteckt. Und jetzt würde ich mich selbst verstecken müssen.

Danach riss sie mir ohne weiteres Verhör – meine Schuld stand für sie außer Frage – meinen Rucksack aus dem Arm und griff hinein. Ich wusste genau, wonach sie suchte. Meine Bibel war in einer kleinen Seitentasche versteckt, die nicht so ohne Weiteres zugänglich war. Ich hielt den Atem an, als sie in rasender Wut danach stöberte. Nach mehreren erfolglosen Anläufen und offenbar zu aufgeregt, um es noch weiter zu versuchen, warf sie den Rucksack mit einer heftigen Bewegung auf den Boden. Es gab einen dumpfen Schlag und ein wildes Durcheinander aus Blättern und Büchern flog heraus.

Natürlich hatte sie recht. Ich war schuldig. Ich versuchte mich nicht einmal zu verteidigen. Ich hatte schon viel zu viele Lügen und Ausflüchte erfunden. Ich war mein doppeltes Spiel genauso leid wie sie meinen Ungehorsam. Meine Liebe zu Christus war mir mit Feuer ins Herz geschrieben worden. Sie brannte in mir und ich konnte die Flamme nicht löschen. Nein, ich hatte keine gute Antwort auf die Frage, was ich als Nächstes tun würde, aber ich würde nicht nachgeben und tun, was sie wollten. Ich hatte einen neuen Weg gewählt. Ich hatte mich für die Wahrheit entschieden.

Und diese Entscheidung konnte mich alles kosten.

Bevor sie wegging, sah meine Mutter mich mit einer entsetzlichen Mischung aus Kummer und Bestürzung an und sagte mit verachtungsvoller Endgültigkeit: »Ich bereue es, dass ich dich geboren habe.«

Das darauffolgende Wochenende kam der Hölle auf Erden näher als alles, was ich bis dahin erlebt hatte. Nachdem meine Mutter ihrem Kummer und Zorn Luft gemacht hatte, sprach sie kein Wort mehr mit mir und würdigte mich keines Blickes. Meine Existenz war eine Schande für sie, meinen Vater und meine Familie. Tod und Schmerz schienen in jedem Winkel, in jedem Rumoren und Scheppern und plötzlichen Geräusch zu lauern. Den Rest der Nacht verbrachte ich allein in meinem Zimmer. Ich war wie versteinert vor Angst, dass mein Vater durch die Tür platzen würde, um Vergeltung zu üben, nachdem er – etwas, was er noch nie, niemals zuvor hatte tun müssen – frühzeitig von seiner Schmuckmesse zurückgekehrt war.

Wie hatte die Moschee davon erfahren? Ich hatte keine Ahnung. Ganz sicher nicht von meinem Vater. Er hatte es ihnen auf keinen Fall gesagt. Er hätte alles getan, um diese Schande, dass seine Tochter Christin geworden war, nicht öffentlich werden zu lassen. Alles, was ich mir vorstellen konnte, war, dass meine *Postings* auf Facebook – die ich vorsichtshalber auf privat gestellt und so verschlüsselt hatte, dass sie nichtssagend waren, obwohl sie im Grunde alles sagten – nicht diskret genug gewesen waren. Jemand musste mich aufgespürt und verraten haben.

Ich schlief schlecht in dieser Nacht und zählte die Minuten, die mich noch von der wutentbrannten Rückkehr meines Vaters trennten. Wenigstens hatte ich einen Tag, um mir etwas auszudenken, vorausgesetzt, meine Mutter hatte seinen Reiseplan exakt wiedergegeben. Viel Zeit blieb mir nicht. Was immer ich tun wollte, ich musste es rasch tun.

Am Samstag beschloss ich, dass ich nichts zu verlieren hatte. Wenn das wirklich der letzte Tag war, ehe mein Vater nach Hause kam, um zu tun, was auch immer er mit mir tun wollte, dann musste ich meine Chance nutzen. Also log ich meine Mutter an und sagte ihr, ich ginge zur Arbeit, fuhr aber stattdessen zu einem Gebetsraum in der Innenstadt von Columbus, den einer der Universitätsseelsorger der *Ohio State* leitete, den ich durch Brian kennengelernt hatte. Sie nannten es Gebetsraum, doch in Wirklichkeit war es ein Mietshaus, das vor allem Jugendlichen einen Ort bieten sollte, wo sie Zeit mit dem Herrn und miteinander verbringen konnten. Manchmal fanden dort auch Versammlungen statt, wenn irgendeine Gruppe einen zentralen Treffpunkt brauchte, doch in erster Linie diente das Haus dazu, eine Kultur des Gebets zu begründen. Deshalb war es nicht ungewöhnlich, wenn jemand vorbeikam und einfach nur beten, für sich sein oder etwas auf die großen weißen Papierbögen malen wollte, die für freiere Gebets- und Ausdrucksformen bereitlagen. Es war nicht nur nicht ungewöhnlich, sondern genau dafür war dieser Ort geschaffen worden.

Der Gebetsraum war zu weit von meinem Zuhause entfernt, als dass ich ihn häufig hätte besuchen können. Und weil ich damals weder ein Auto noch einen Führerschein besaß, war ich von anderen Leuten abhängig, die mich dorthin mitnahmen. Gerade an diesem Tag wusste ich nicht, wohin ich sonst hätte gehen sollen.

Die meiste Zeit verbrachte ich betend, schluchzend und wehklagend hinter verschlossenen Türen in einem Raum, den ich für mich allein hatte. Meine schreckliche Situation drückte mich nieder wie eine schwere Last und schnitt mir ins Herz. Die Angst, physisch Schaden zu leiden oder sogar gegen meinen Willen nach Sri Lanka gebracht zu werden, wie meine Mutter es mir angedroht hatte, lastete schwer auf mir. Wenn mir in den nächsten zwölf bis vierundzwanzig Stunden keine Alternative einfiel, dann würde ich jemand anderem die Macht geben, für mich zu denken. Dann läge es nicht mehr in meiner Hand. Wenn meine Zeit morgen ablief, konnte ich nicht unvorbereitet und ohne einen Plan einfach nur hier sitzen. Ich musste gerüstet sein. Oder unauffindbar.

Ich konnte einfach nicht glauben, dass es so weit gekommen war.

Ich erinnere mich noch, wie ich, allein und gequält, in einen Spiegel sah, der im Raum hing, und die junge Frau, die meinen Blick erwiderte, kaum erkannte. Sie sah nicht aus wie sechzehn; sie sah gealtert aus, abgespannt, gebrochen … alt. Meine sonst eher braune Gesichtsfarbe war merkwürdig blass und meine geschwollenen Augen wirkten stumpf und leblos. Meine dunklen Locken waren zu einem unordentlichen Knoten gebunden, aus dem sich überall Strähnen lösten. Sie gab ein erschreckendes Bild ab, dieses Mädchen, diese Frau. Nicht gewillt, mich in dieser Maskerade wiederzuerkennen, warf ich ein gezwungenes Lächeln in ihre Richtung, um ihr verhärmtes Bild aufzubrechen.

Ich würde mein Leben nicht von Menschen bestimmen lassen, die mich in einen solchen Zustand bringen konnten, selbst wenn sie meine Eltern waren oder die Leiter der Moschee, die ihren Hass und ihre Furcht hinter ihrer religiösen Autorität verbargen. Ja, ich hatte Angst vor ihnen. Das war ihnen gelungen. Doch Christus bat meinen furchtsamen Geist, Ihm zu vertrauen, sich auf Ihn zu verlassen. Ich musste mich nicht allein in dieses Tal des Todes hineinwagen. Er würde mir zeigen, was zu tun war, und mich irgendwie hindurchtragen.

Als ich nach Hause kam, war es dunkel geworden. Meine Freundin ließ mich einige Blocks entfernt aus ihrem Auto aussteigen – diese Taktik musste ich immer anwenden, wenn mich jemand mitnahm oder zurückbrachte. Mein Vater war Gott sei Dank noch nicht zu Hause, doch die Atmosphäre in unserer kleinen Wohnung war mit etwas Bedrohlichem, Zornigem, Feindseligem aufgeladen. Meine Mutter saß auf der Couch und gab sich alle Mühe, meine Anwesenheit zu ignorieren. Das passte mir gut. Je weniger man mich beachtete, desto besser.

Ich ging in mein Zimmer, schloss die Tür und saß einfach nur da, betend, aber unentschlossen, während die abendliche Beklemmung wuchs. Je später es wurde, desto mehr drängten mich meine aufgewühlten Emotionen zum Handeln. Völlig mit meiner Weisheit am Ende, tastete ich nach meinem Handy und begann, eine vertraute Nummer zu wählen: Brians. Er würde alles in seiner Macht Stehende tun, um mir zu helfen. Von allen, die mir einfielen, war er derjenige, der mich am besten verstehen würde, das wusste ich, und er würde mir raten, was zu tun sei.

Er nahm ab. *Puh.* Sofort begann ich ihm hektisch flüsternd zu erzählen, was los war. Wie schon bei Katie konnte ich ihm nicht alles sagen – konnte ihm nicht sagen, dass ich mich in Todesgefahr befand, dass ich mich auf den Tod gefasst machen musste –, weil das vermutlich zu melodramatisch geklungen hätte. Also wandelte ich die tatsächliche Gefahr wieder ab und erzählte ihm, dass meine Eltern drohten, mich aus dem Haus zu werfen. Das war sicher genug, um ihm den Ernst meiner Lage begreiflich zu machen, ohne dass er mir einfach nur riet, mich zu beruhigen.

Als ich ihn endlich zu Wort kommen ließ, war seine Stimme sanft und zuversichtlich. »Alles ist gut, Rifqa. Das hier ist Amerika. Sie werden dich nicht hinauswerfen«, sagte er sachlich.

Ich wusste, dass Brian es gut meinte und mich trösten wollte, und ein Teil von mir wünschte sich auch, dass er recht hatte. Doch ich wusste, dass er die Welt, aus der ich kam, nicht kannte. Er war Afroamerikaner, Pastorensohn und mit den Freiheiten dieses Landes aufgewachsen. Wie sollte er die Unterdrückung verstehen, zu der meine Kultur führen konnte? Wie hatte ich erwarten können, dass er die Angst begriff, in der ich schon vor meiner Konversion und erst recht danach Tag für Tag gelebt hatte? Er wusste nicht, wie es sich anfühlte, eine junge Muslimin zu sein, ohne Recht auf meine eigenen Gedanken und Wünsche und ohne eine Möglichkeit, der religiösen Tyrannei meiner Familie zu entkommen. *Wie hatte ich nur denken können, dass er mich verstehen würde?*

»Ich bin sicher, dass alles gut werden wird«, sagte er. »Ich *skype* dich später an und sehe nach dir.«

Ich bedankte mich, ehe ich das Gespräch beendete, und versuchte gute Miene zum bösen Spiel zu machen. Meine schlimmsten Befürchtungen hatten sich bestätigt. Niemand würde mir glauben. Alle schienen ganz weit weg zu sein.

Sogar Gott.

Also fing ich an zu packen. Ich wusste nicht, was ich sonst tun sollte. Es war jedenfalls besser, als dazusitzen und auf das Unvermeidliche zu warten. Ich nahm Kleidungsstücke von den Bügeln in meinem Schrank und stopfte sie in Taschen. Ich sah in Schubladen und unter mein Bett und versuchte zu entscheiden, was ich wirklich brauchte – meine kostbaren Tagebücher und andere Habseligkeiten, auf die ich nicht verzichten konnte, wenn ich wirklich weglief. Je mehr ich zusammentrug, desto deutlicher spürte ich, wie die Zeit verrann. Zeit. Zeit. Zeit. Ich hatte nicht viel Zeit!

Dann fiel mein Blick auf ein Bild. Ein Foto des kleinen Mannes, der mein Herz im Sturm erobert und mich um den kleinen Finger gewickelt hatte. *Rajaa,* flüsterte ich heiser. Dann ließ ich alles fallen, was ich in der Hand hielt, und zog das Bild meines kleinen Bruders zu mir heran. Da waren wir beide, lächelten gemeinsam in die Kamera, und sein unschuldiges Grinsen täuschte über das Feuer hinweg, das in ihm steckte. Ich hielt ihn so dicht an mich gedrückt, dass mein Haar ihn fast bedeckte – so, wie ich ihn jetzt gern mit meiner Liebe bedeckt hätte, wenn ich nur irgendwie an ihn herangekommen wäre. Wie ein Schwert fuhr mir der Kummer durchs Herz, als ich daran dachte, dass ich meinen kleinen Bruder vielleicht niemals wiedersehen würde. Tränen stiegen mir in die Augen. Am liebsten wäre ich zusammengebrochen und hätte laut geweint. Ich wusste nicht, ob ich es noch länger ertragen konnte. Ich wusste nicht, ob es das überhaupt wert war, so schlimm waren der Schmerz und die Qual.

Ich legte sein Bild wieder hin und schlich mich in das stille, dunkle Wohnzimmer. Ich war ausgebrannt, völlig am Ende.

Ich hatte nichts gegessen. Ich hatte nicht geschlafen. Ich fühlte mich schwächer, als ich es sagen konnte. Plötzlich schoss mir ein blitzartiger Schmerz das Bein hinunter – vermutlich eine physische Folge der gewaltigen Anspannung, unter der ich litt. Mir tat alles weh. Meine Muskeln verkrampften sich zu einem stechenden Knäuel und wollten sich einfach nicht entkrampfen.

Ich versuchte, tief zu atmen, denn ich wusste nur zu gut, dass ich mich ruhig verhalten musste. Vorsichtig ging ich hin und her und probierte, ob der Schmerz durch die Bewegung vielleicht nachließ. Nur meine Mutter und Rajaa waren zu Hause; sie schliefen beide im Elternschlafzimmer. Ich konnte es mir nicht leisten, sie aufzuwecken.

Während ich von einem schmerzhaften Zucken zum nächsten alles dransetzte, nicht hörbar aufzuschreien, begann mein Herz mit einem Anbetungslied, das mich schließlich zum Handeln motivierte, gegen die Angst anzugehen: Ich hatte beschlossen, Jesus nachzufolgen, und ich würde nicht umkehren. Allein gegen die Welt, allein dem Kreuz zugewandt, würde ich standhalten.

Und es gab kein Zurück!

Ich nahm all meine Kraft zusammen und ging wieder in mein Zimmer. Dort sah ich auf die Uhr neben meinem Bett: Es war nach Mitternacht. Brian hatte sich nicht gemeldet. Es war zu spät, um irgendjemanden anzurufen. Ich klappte den Laptop auf und ging auf meine Facebook-Seite – in der abwegigen Hoffnung, dass Gott wie in der Nacht, als Allison mir geschrieben hatte, bei irgendjemandem so viel Interesse geweckt haben könnte, dass er oder sie mir sogar zu diesem ungewöhnlichen und unwahrscheinlichen Zeitpunkt schrieb.

Und, Wunder über Wunder, ich hatte tatsächlich eine neue Nachricht. Ich klickte auf das Symbol. »Beverly Lorenz«, las ich leise, als ich ihr Bild und ihr *Posting* sah. Ich hatte mehrmals gehört, wie Brian ihren Namen erwähnte: Sie war die Mutter seines neuesten Mitbewohners. Ich hatte nur einmal mit ihr zu tun gehabt: im Rahmen einer Telefonkonferenz, bei der Menschen aus dem ganzen Land für eine junge Frau beteten, die eine Abtreibung vornehmen lassen wollte. Viele der Teilnehmer dieser Telefonkonferenz waren auf Facebook Freunde geworden: so auch Beverly und ich. Doch das war auch schon alles, was ich über sie wusste.

Ihre schlichte Notiz wühlte meine Seele auf: »Eine Feuerwand umringt dich. Er ist dein Schild! Ich bete für dich.«

Wie hatte sie das erfahren? So spät in der Nacht? Vielleicht hatte Brian sie informiert. Ich starrte auf die Zeitangabe in ihrem Kommentar. Dann vergrößerte ich ihr Bild: Es zeigte sie gemeinsam mit einem Mann, der vermutlich ihr Ehemann war. Sie sahen so offen und herzlich aus. Selbst wildfremde Menschen flößten mir in meiner verzweifelten Lage Vertrauen ein. Obwohl ich dieser Person nie begegnet war und mich nur vage an den Klang ihrer Stimme erinnerte, spürte ich plötzlich einen seltsamen Drang, ihr meine Situation zu schildern, Beverly alles zu erzählen, wer und wo immer sie auch war.

»Kannst du mich bitte anrufen?«, schrieb ich ihr in einer privaten Nachricht.

Die Antwort kam beinahe postwendend. »Ja.«

Also notierte ich meine Handynummer, drückte auf »Senden« und erwartete, auf der Stuhlkante sitzend, ihren Anruf.

Fünfzehn Minuten später wartete ich immer noch. Mir brach der Schweiß aus. Ich drückte auf meinem Handy herum, um sicherzugehen, dass es auch eingeschaltet war. War es. *Was war los?*

Ich sah wieder auf meinen Laptop und fand eine weitere Nachricht von ihr vor: »Dein Telefon ist nicht am Netz. Ich habe versucht, dich anzurufen. Hier ist *meine* Nummer …«

Komisch. Eben hatte mein Telefon noch funktioniert. Dass ich mit Brian gesprochen hatte, war erst wenige Stunden her. Ich konnte nur vermuten, dass mein Vater den Vertrag gekündigt hatte und die Kündigung um Mitternacht in Kraft getreten war. Wenn dem so war, dann verlor ich allmählich jede Möglichkeit, Hilfe zu holen. Meine

Verbindungen zur Außenwelt brachen weg. Damit war eines klar: Wenn es mir gelang, Beverly vom Festnetz aus zu erreichen, dann musste ich ihr die ganze Wahrheit erzählen und durfte nichts beschönigen.

Also schlich ich mich aus meinem Zimmer, nahm das schnurlose Telefon von der Basis und trug es hinaus auf den Balkon. Ich wusste, dass das zweite Mobilteil bei meiner Mutter im Schlafzimmer lag. Wenn sie mich sprechen hörte und den Hörer abnahm, würde sie jedes Wort mitbekommen. Doch ich hatte nicht die Zeit, meine Geschichte in das Hin und Her einer Facebook-Konversation zu packen. Ich hatte keine Wahl: Ich musste es riskieren. *Herr, bitte mach, dass meine Mutter fest schläft. Lass sie bitte nicht aufwachen, oh bitte! Hilf mir, Vater!*

Ich musste beim Wählen mehrmals neu ansetzen, weil meine Finger so sehr zitterten, dass ich die Knöpfe nicht richtig traf. Endlich bekam ich ein Freizeichen. Am anderen Ende nahm jemand ab.

»Hallo, Rifqa!« Eine liebe Südstaatenstimme begrüßte mich herzlich.

»Hey, Beverly.«

»Was ist los, Süße?«

Kaum hatte sie die Frage gestellt, begann ich völlig unkontrolliert zu weinen. »Ich habe solche Angst ...« Mein Herz hämmerte, doch jetzt hielt mich nichts mehr zurück. In weniger als zwei Minuten hatte ich ihr von meiner Konversion zum Christentum, von den Drohungen meines Vaters und davon erzählt, dass er noch heute heimkommen und sich »um mich kümmern« würde. Ich erzählte ihr alles. Die ganze schreckliche Wahrheit.

Ich weiß nicht, was sie wirklich gehört hat. Ich bin sicher, dass meine Geschichte sie völlig unvorbereitet getroffen hat. Sie riet mir, mich zu beruhigen und ein paarmal tief ein- und auszuatmen. Ihr war klar, dass ich einen Panikanfall hatte, und sie schlug mir vor, nicht weiterzureden, sondern sie wolle für mich beten. Sie wolle sofort damit beginnen.

Ich war ihr dankbar für dieses Angebot. Doch ich hatte das Gefühl, dass es schon zu spät für mich war. Was konnte sie denn mitten in der Nacht schon tun, um dieser zitternden Stimme am Telefon zu helfen? Also nahm ich das bisschen Mut zusammen, das ich noch hatte, und fragte sie: »Wirst du für mich beten, dass ich Jesus im Angesicht des Todes nicht verleugne?«

Ein stilles, summendes Schweigen war alles, was ich daraufhin hörte.

»Hallo?«, sagte ich zittrig. »Bist du noch da?«

»Ja, Süße, ich bin noch da.«

»Es tut mir leid, ich wollte nur …«

»Hör zu, Rifqa, ich lebe in Florida, aber mein Haus steht dir offen, okay? Ich meine das ernst.«

Ich glaubte ihr. Obwohl sie eine Fremde war, war ich völlig von ihrer Aufrichtigkeit überzeugt. Doch nicht einmal ein Mitgefühl wie ihres konnte mir jetzt noch helfen. Nichts konnte mir helfen. Aber wenigstens wusste jemand Bescheid. Wenigstens hatte ich mit jemandem reden können. Ich würde mich damit begnügen müssen, den ermutigenden Widerhall ihrer Gebete durchs Telefon zu spüren.

Sie sprach ihr »Amen« – jenes kleine Wort, das, seit ich es Jahre zuvor bei Aiden zu Hause zum ersten Mal gelesen hatte, für mich nichts von seiner Faszination eingebüßt hatte. In meiner Angst, dass meine Mutter mich dabei erwischte, wie ich mitten in der Nacht auf dem Balkon telefonierte, hauchte ich ein hastiges »Auf Wiederhören« in den Apparat, legte auf und kehrte zurück in meine einsame, dunkle Welt.

Vierzehn

Als ich mein Gespräch mit Beverly beendet hatte, war es gegen drei Uhr nachts. Ich stellte das Telefon wieder an seinen Platz und kehrte in die Stille meines Zimmers zurück. Niemand hatte mich gehört. Ich klappte meinen Laptop auf und aktualisierte meinen Facebook-Status mit der vielsagenden Zeile: »Packe gerade meine Koffer …« Dann setzte ich mich kraftlos auf den Boden und begrub mein Gesicht in den Händen. »Jesus …«, flüsterte ich wieder und wieder, während aus der unendlichen Tiefe meines Inneren ein Stöhnen in mir aufstieg. Sein Name war das einzige Gebet, das ich noch sprechen konnte. Ich flehte Ihn an, mich zu retten, als betete ich mit meinem letzten Atemzug.

Da drang ein schwaches elektronisches Geräusch an mein Ohr und ließ mich aufmerken. Ich hielt den Atem an und lauschte. Ich stand auf und blickte umher, denn ich war sicher, dass ich es wieder gehört hatte. Dann sah ich, dass sich das Skype-Fenster auf meinem Computer mit einer neuen Nachricht geöffnet hatte: »Brian ruft an.«

Ich drückte auf den Antwortbutton und flüsterte ihm sofort zu: »Ich kann nicht sprechen. Meine Mutter schläft nebenan. Wir schreiben.« Ohne eine Antwort abzuwarten, beendete ich das Gespräch. Sein Bild flackerte weg.

Ich rieb mir die Stirn, völlig entnervt von der ständigen Gefahr, dass jemand mich hören und erwischen könnte. Ich hasste es, dauernd kontrolliert zu werden. Doch unter diesen Umständen war ein Chat mit Brian wahrscheinlich das Beste, was ich tun konnte, um meine Nerven zu beruhigen – vorausgesetzt, ich tippte sehr leise.

»Ich habe dein Status-Update gelesen«, schrieb er, »und mir Sorgen gemacht. Läufst du wirklich weg, Rifqa?«

»Nein … Aber ich würde gern.«

»Denkst du wirklich, dass dein Dad dich hinauswirft? Das hier ist Amerika! Du bist minderjährig. Das ist illegal.«

Wie bei Beverly hatte ich nichts zu verlieren und sagte ihm alles, ob er es nun glaubte oder nicht.

»Du bist zu dramatisch«, antwortete er, nachdem er die ganze Wahrheit gelesen hatte.

»Denkst du vielleicht, ich mache Witze, Brian?«, schrieb ich. Sein Unverständnis brachte mich langsam in Rage. Ich fühlte mich betrogen, ich war es leid, immer und überall gegen diese Kräfte der Ungerechtigkeit ankämpfen zu müssen. »In anderen Ländern sterben täglich Hunderte von Männern und Frauen für das Evangelium. Meinst du etwa, die tun nur so, als ob sie von ihren Unterdrückern abgeschlachtet würden? Sind die auch ›zu dramatisch‹, wenn sie bei ihren Brüdern und Schwestern um Hilfe rufen?!«

An der Stille am anderen Ende erkannte ich, dass er mir zuhörte. Endlich. Der Bildschirm zeigte mir an, dass er eine Antwort tippte, und ich wartete begierig. Dennoch kam der Text, der dann erschien, für mich unerwartet.

»Du musst sofort da weg.«

Meinte er das ernst?

Dann: »Ich komme dich holen.«

Moment. Ich wusste, dass er nicht in der Stadt war. Er hatte sich eine Auszeit genommen und war in einer riesigen Gemeinde ein paar Staaten weit entfernt. Inzwischen war es schon Sonntagmorgen, die Sonne ging bald auf.

Mein Vater würde in wenigen Stunden zu Hause sein. Ich wusste nicht genau wann, aber sicher bald. Sehr bald. Ich hatte keine Zeit, zu warten, bis Brian kam. Wenn ich weglaufen wollte, dann musste es *jetzt* sein.

So unlogisch seine Frist auch zu sein schien, war es doch ein gutes Gefühl, dass er mich endlich ernst nahm. Vielleicht fiel uns gemeinsam etwas ein.

»Brian, meine Mutter steht bald auf. Ich kann nicht so lange warten. Kannst du jemanden schicken, der mich abholt und irgendwohin bringt?«

Seine Antwort kam rasch. »Ich bestelle dir ein Taxi.« Er werde dem Taxifahrer Anweisung geben, mich in eine bestimmte Kirche – eine der größten in der Stadt – zu bringen, wo ich mich unauffällig unter die Leute mischen könnte. »Bleib einfach da, bis ich dich holen komme. Geh sonst nirgendwohin.«

Ich fühlte, wie das Adrenalin durch meinen Körper strömte. Das hier geschah wirklich.

»Wohin willst du mich von dort aus bringen«, fragte ich und versuchte, mir meine Anspannung nicht anmerken zu lassen.

»Ich spreche jetzt sofort mit einer Frau namens Beverly Lorenz. Ich werde sie fragen, ob du bei ihnen bleiben kannst.«

Beverly? Die Frau, mit der ich eben gesprochen hatte? Zum ersten Mal überkam mich eine Welle hoffnungsvoller Erregung. Das klang zu schön, um wahr zu sein. War es wirklich vorstellbar, dass ich an einen Ort wie den kam, wo Beverly lebte und wo ich frei und sicher war? Einen Ort, wo ich meinen Glauben offen praktizieren konnte, ohne mich zu verstecken und Leute auszutricksen? Was ich da las, erschien mir unvorstellbar.

Doch ich durfte mich jetzt nicht mit Tagträumen aufhalten. Ich musste los.

Noch einmal ertönte der Signalton auf meinem Computer. »Lass deinen Eltern einen Brief da«, schrieb Brian. »Erklär ihnen, dass du fortgehst. Ich sehe dich in der Kirche. Sprich mit niemandem, sieh niemanden an! Pass auf dich auf, Rifqa.«

Brian riskierte alles, um mir bei meiner Flucht zu helfen. Ich konnte es kaum glauben. Warum sollte irgendjemand all das für mich tun wollen?

Die ersten Strahlen der Morgensonne drangen durch mein Fenster, als unser Gespräch endete. Ich konnte das Unvermeidliche nicht länger aufschieben. Die Zeit drängte, und schon bald würde es für eine Flucht zu spät sein. Während ich noch dasaß, kamen mir ganz deutlich, als hätte der Heilige Geist persönlich sie mir geschickt, die Worte in den Sinn: »Verlasse das Haus deines Vaters, Rifqa. Folge mir nach. Ich werde der Herr, dein Gott, sein.« Das war nicht bloß ein Wunsch: Das war Er. Mein Gott wies mir den Weg.

Im selben Moment stand ich auf und setzte mich in Bewegung.

Ich riss ein Stück Papier heraus und machte mich daran, das in Worte zu fassen, was ich fast vier Jahre lang vor meiner Familie verheimlicht hatte. Meine Hände zitterten so sehr, dass ich beinahe nicht schreiben konnte. Schlafmangel, Nahrungsmangel und der physische Schmerz, der allerdings einem dumpfen Pochen gewichen war – all das arbeitete gegen mich. Rasch kritzelte ich die folgenden Sätze auf das Blatt:

Jesus Christus ist mein Herr und Erlöser. Ich werde Ihn nicht verleugnen, weder jetzt noch in Zukunft. Ich bete und hoffe, dass ihr Sein Erbarmen und Seine Vergebung findet. Ich liebe euch beide von Herzen. – Rifqa

Ich hatte nicht mehr die Zeit, die Worte noch einmal durchzulesen. Ich musste gehen – das war der einzige Gedanke, zu dem ich fähig war. Ich nahm meinen Rucksack aus der Ecke, öffnete den Reißverschluss und stopfte meinen Laptop hinein, außerdem das Buch, das ich gerade las, mein Tagebuch, mein Handy und das Ladegerät. Auch wenn mein Vertrag gekündigt worden war, wollte ich doch nicht, dass mein Vater Zugang zu meinen Kontakten oder anderen Informationen erhielt, die ich auf dem Gerät gespeichert hatte. Ich starrte auf die Tasche mit den Kleidern und anderen Dingen, die ich ein paar Stunden zuvor gepackt hatte, und machte mich daran, zu sortieren, was dableiben konnte und was ich mitnehmen musste. Doch diese Entscheidungen schienen meinen zerfahrenen Geist zu überfordern. Also beschloss ich kurzerhand, die Sachen einfach dazulassen, alles zurückzulassen. Das Gewicht würde mich nur aufhalten. Außerdem hatte es etwas beinahe Symbolisches, wenn ich das alles hier aufgab. Ich ließ alles zurück, um Jesus nachzufolgen – spirituell, emotional und nun auch materiell. Ich verzichtete auf alles. Ich ging mit nichts als meinem Rucksack und dem, was ich auf dem Leib trug.

Das war es nun also. Hier endete es und von jetzt an lag so viel Unbekanntes vor mir, dass allein das Wissen, dass Gott sich um alles kümmern würde, dem Ganzen Sinn verlieh. Es würde schwer werden, das war sicher. Doch immerhin saß ich nicht zu Hause und wartete ab, welches Todesurteil mein Vater bei seiner Rückkehr über mich sprechen würde. Immerhin startete ich mit einem gewissen Vorsprung in mein neues, freies Leben.

Aber nur, wenn ich jetzt wirklich ging. Sofort.

Ich ließ den Blick ein letztes Mal durch den Raum schweifen und blieb wieder an dem Foto meines kleinen

Bruders hängen. Ich sah seine großen braunen Augen, vermisste ihn schon jetzt und betete, dass er eines Tages verstehen würde, warum ich das tun musste. Stumm nahm ich Abschied, schloss meine Augen und spürte, wie die Erinnerungen mir das Herz zerrissen. Noch einmal streckte ich die Hand aus, um Rajaas Bild einzustecken, doch ich konnte es nicht. Aufstöhnend wandte ich mich ab.

Rasch machte ich mein Bett und legte die Nachricht für meine Eltern sorgfältig und gut sichtbar aufs Kopfkissen. Ich sah aus dem Fenster, wo die Sonne mit starken Farben den neuen Tag ankündigte und mir den Pfad in die Freiheit beleuchtete. Dann ging ich vom Fenster weg, drehte den Knauf meiner Schlafzimmertür und drückte sie sachte auf. Zum Glück war außer mir noch niemand aufgestanden.

Auf Zehenspitzen schlich ich in den Flur und lauschte auf die kleinste Regung und das geringste Anzeichen dafür, dass jemand wach war. Mit jedem dumpfen Schritt durch das Wohnzimmer wurde mir deutlicher bewusst, was ich zurückließ: meine Kultur, meine Familie, meine Identität, mein religiöses Erbe, meine Erinnerungen und vielleicht sogar meine Zukunft. Leise drehte ich den Knauf der Eingangstür, öffnete sie und konnte dann doch nicht verhindern, dass sie geräuschvoll hinter mir zuschlug. Es war mir egal. Ich musste fort. Ich rannte im Zickzack von Haus zu Haus und hinaus aus unserem Wohnkomplex.

Meine Reise in die Freiheit begann gerade erst.

Fünfzehn

Zehn Minuten vergingen.
Zwanzig Minuten vergingen.
Vierzig Minuten vergingen.

Nichts.

Das Einzige, was mich davor bewahrte, entdeckt zu werden (wenn meine Mutter bereits nach mir suchte), war ein breiter Baumstamm, hinter dem ich mich versteckt hatte. Auf dem Boden zusammengekauert fragte ich mich, ob ich das Taxi vielleicht nicht gesehen hatte. Vielleicht war es schon gekommen und weitergefahren. Woher sollte ich wissen, wo ich danach Ausschau halten sollte?

Die morgendliche Kühle drang durch meinen zerbrechlichen, dünnhäutigen Körper mit seinen ohnehin schon flattrigen Nerven. Ich zitterte in meinem leichten braunen Pullover und rieb mir die Arme, um mich warm zu halten. Die Zeit verging und mich überkam ein Gefühl des Ärgers und der Hilflosigkeit. Ich hatte all meine Hoffnung auf Gott gesetzt – war das jetzt der Lohn? Dass ich auf Hilfe wartete, die nicht kam? Dass ich herumschlich wie ein Verbrecher? Vor fast einer Stunde war ich von zu Hause weggegangen und doch noch immer gefährlich nahe an unserer Wohnung, ohne jemanden, der mir half, und ohne eine Idee, was ich als Nächstes tun sollte.

Die zwischenzeitlichen Anwandlungen von Glauben und Mut, die ich in der Nacht zuvor gehabt hatte, waren verflogen. Ich klaubte Kiesel und Schottersteine zusammen, die um mich herum auf dem Boden lagen, und schnipste sie zornig gen Himmel. »Du hast gesagt, Du würdest mich beschützen! Du hast gesagt, Du würdest mich führen! WO BIST DU?«

Dann aber wehte, nachdem ich auf diese Weise einen Teil meiner nervösen Energie aufgebraucht hatte, ein neuer Gedanke heran wie ein Luftstrom der biblischen Inspiration: »Aufgrund des Glaubens, Rifqa. Aufgrund des Glaubens gehorchte Abraham dem Ruf, und er zog weg, ohne zu wissen, wohin er kommen würde. Aufgrund des *Glaubens*« – das war eine Stelle aus dem elften Kapitel des Hebräerbriefs, die ich kannte. Sofort wusste ich, was ich zu tun hatte. Der Glaube verlangt, dass man handelt, und die Zeit zum Handeln war jetzt.

Also beschloss ich aufzubrechen.

Ich klopfte den Schmutz von meinem Rucksack und stand auf. Weil ich auf dem Boden gesessen hatte, war mein grünes Kleid zerknittert und fleckig, und meine schmutzigen Beine symbolisierten meinen traurigen Zustand. Doch wie ich aussah, war unwichtig. Wichtig war jetzt, dass ich mich in Bewegung setzte.

Ich kehrte unserem Wohnblock den Rücken zu und ging auf die angrenzende Straße zu. Schon bald verfiel ich aus einer zügigen Gangart in den Laufschritt, und schließlich rannte ich. Meine Lungen brannten, der Rucksack wippte mit jedem Schritt auf und ab und lastete immer schwerer auf mir. Keuchend und durchgeschwitzt näherte ich mich einem Wohnviertel.

Dann traf mich schlagartig die Erkenntnis, wohin ich gehen konnte: *zu Katie!* Sie hatte mir im Bus gesagt, dass ich zu ihr kommen durfte, wenn ich Hilfe brauchte, und ich hatte nie zuvor verzweifelter Hilfe gebraucht als jetzt. Es war Jahre her, dass ich sie zuletzt besucht hatte. Ich erinnerte mich nur vage daran, wo sie lebte und wie das Haus aussah. Den Namen der Straße hatte ich vergessen. Doch ich wusste, dass es hier irgendwo in der Nähe war.

»Herr, hilf mir!«, flehte ich.

Es war inzwischen halb sieben oder vielleicht auch später. Soweit ich wusste, konnte mein Vater jeden Augenblick nach Hause kommen. Und dann würde er sich sofort ins Auto setzen und die Straßen abfahren. Ich war kaum zu übersehen – ein sechzehnjähriges sri-lankisches Mädchen mit Kleid und Rucksack, das an einem frühen Sonntagmorgen durch die Gegend lief. Also musste ich nicht nur mit aller Konzentration versuchen, Katies Haus zu finden, sondern gleichzeitig auf der Hut sein, weil mein Vater mich vielleicht schon suchte.

Das Einzige, was mir ins Auge fiel, als ich immer wieder vor- und zurückschaute, um das Haus der Familie Jacobs zu lokalisieren, war ein weißes Auto, das vor mir in einer Garagenauffahrt parkte. Ich ging darauf zu und hörte, dass der Motor lief, doch es saß niemand im Auto. Als ich direkt vor dem Haus stand und es mir ansah, spürte ich einen inneren Drang, der mir sagte, dass ich hier richtig war und dass ich näher herangehen sollte. Das Haus kam mir vage bekannt vor, aber ich war noch immer nicht sicher. Plötzlich sah ich, kaum dass ich den Fuß auf die Auffahrt gesetzt hatte, eine schwarze Frau hinter der Glastür.

Katies Mutter!

Als ich ihr Gesicht erkannte, rannte ich die Zufahrt hinauf, während sie mit einem strahlenden, liebevollen Lächeln die Tür aufriss. Ich fing an zu weinen und konnte kaum sprechen. Mit meinem zerzausten Haar und meinen schmutzigen Beinen muss ich wie eine Verrückte ausgesehen haben. Jedenfalls stürzte ich in den Eingangsbereich ihres Hauses, schluchzte völlig unkontrolliert und erklärte dann mit Nachdruck: »Ich muss in die Kirche! Ich muss in die Kirche!«

»Natürlich, Liebes«, sagte sie überraschend ruhig. »Ich werde dir helfen.« Ich sagte ihr, welche Kirche ich meinte. »Okay«, sagte sie und griff rasch nach ihrem Portemonnaie. »Ich warte seit vier Uhr auf dich. Der Herr hat mir gesagt, dass du kommen würdest. Ich wollte gerade aufgeben und fahren, aber dann bin ich noch einmal ins Haus zurückgegangen, weil ich mein Portemonnaie vergessen hatte.«

Wirklich? Im Ernst? Das ergab doch alles keinen Sinn!

Aufgrund des Glaubens, Rifqa … Aufgrund des Glaubens …

Wir liefen aus dem Haus und ich glitt, so rasch ich konnte, ins Auto. Ohne ein Wort der Erklärung duckte ich mich unter das Armaturenbrett. Ich fragte mich, was sie wohl denken mochte, doch ich konnte mir nicht die Zeit nehmen, ihr die ganze Geschichte zu erzählen. Vielleicht hatte Katie ihr das eine oder andere gesagt. Ich hoffte, dass sie den Weg zur Kirche finden würde, denn ich hatte keine Ahnung, wohin wir fahren mussten. Ich war nie dort gewesen.

»Soll ich dir irgendwohin etwas zu essen bringen?«, fragte sie mich. »Kann ich sonst noch etwas für dich tun?« Das war alles, was sie angesichts meines seltsamen Benehmens wissen wollte. Am liebsten hätte ich geweint, weil sie so großzügig und freundlich war. »Nein, danke«, sagte ich und hob meinen Kopf gerade so weit, dass ich aus dem Fenster spähen konnte. In der Ferne konnte ich die Kirche erkennen. »Danke, dass Sie das für mich tun«, stieß ich hervor und machte mich bereit, schnell aus dem Auto zu springen. Doch als wir dann anhielten und ich ausstieg, sah ich noch einmal zu Mrs Jacobs zurück und sagte

»Danke! Danke! Danke!«, immer wieder. Ich umarmte sie zum Abschied und fragte mich, ob ich sie noch einmal wiedersehen würde.

Als ich auf den Eingang der Kirche zurannte, fühlte ich mich, als ob alle Dunkelheit und Unterdrückung von mir abfielen. Ein Gefühl der Befreiung strömte durch meinen Körper. Ich konnte hineingehen und JESUS! rufen, so laut ich nur wollte, ohne dass mich irgendjemand – weder mein Vater noch meine Familie und auch nicht der Imam höchstpersönlich – daran hindern konnte!

Die Tür war nicht verschlossen und so trat ich ein. Es war etwa halb acht. Die Lobby, die in eine elegante Halle führte, war größtenteils ruhig und leer. Ich wusste, dass ich noch nicht in Sicherheit war, aber wenigstens hatte ich es bis hierher geschafft und war in einer weitaus besseren Verfassung als noch vor einer Stunde. Ich ging in den breiten, offenen Vorraum, sagte halblaut: »Ich bin frei!«, und hörte entzückt, wie meine Worte von den Wänden abprallten und ihr Echo zu mir zurückkehrte. Es war ein unglaubliches Gefühl. Ich musste mich nicht verstecken oder ruhig sein. Ich quietschte vor Freude.

Doch mir stand eine lange Wartezeit bevor. Dieser Ort würde für heute mein Versteck sein. Also ging ich die Treppen hoch und entdeckte auf der leeren Empore einen kleinen Tisch. Von dort aus hatte ich eine gute Sicht auf die Eingangstür, wo Brian hoffentlich bald auftauchen würde.

Im Laufe der nächsten Stunden begannen und endeten eine Reihe gut besuchter Sonntagsgottesdienste. Abgesehen von ein paar Leuten, die zu mir heraufwinkten oder Hallo sagten, hatte niemand groß Notiz von mir genommen. Darüber war ich froh. Ich war ganz sicher nicht hier, um mich in den E-Mail-Verteiler aufnehmen oder wie eine angehende Sonntagsschülerin herumführen zu lassen. Bis zum frühen Nachmittag war die letzte Menschenansammlung zu einer knappen Handvoll Leute zusammengeschmolzen, und der Himmel, den ich durch die vorderen Fenster sehen konnte, hatte sich zu einem düsteren Grau verdunkelt. Ich hüpfte von meinem Tisch und spähte umher in der Hoffnung, einen Platz zu finden, wo ich nicht den Eindruck erweckte, herumzulungern, mich aber gleichzeitig nicht zu weit von der Vordertür entfernen musste.

Ich dachte einen Augenblick nach und schlüpfte dann allein in den Kirchenraum. Seine Größe und Geräumigkeit faszinierten mich. Ich fragte mich, ob irgendjemand unter den Tausenden Gottesdienstbesuchern an diesem Vormittag sich so sehr danach gesehnt hatte, diesen Platz zu betreten, wie ich. War ihnen bewusst, was für ein Privileg sie genossen, dass sie tatsächlich völlig ungehindert in dieses Haus Gottes hineingehen und Ihn preisen durften? Ich setzte mich hinten auf einen Stuhl und zog die Schuhe aus. Der kühle Teppich kratzte unter meinen Füßen. Es fühlte sich gut an. Dann winkelte ich die Beine an, schlang die Arme um meine Knie und starrte mit ungläubigem Staunen in den großen dunklen Raum. Das blasse Licht des stürmischen Himmels hüllte den Ort in eine weiche Stille und mein ganzer Körper entspannte sich in einem Gefühl des augenblicklichen Friedens.

Die Stunden vergingen. Nichts regte sich. Kein Brian. Nur Gott und ich und die Gedanken eines ganzen Lebens. Ich ließ meinen Gebeten und besorgten Grübeleien freien Lauf und mir kam der kleine Rajaa in den Sinn. Es machte mich traurig, dass ich sein kostbares Dasein vielleicht für immer aus den Augen verlieren würde. Ich dachte auch an meine Mutter – ihre großen braunen Augen, die den meinen so ähnlich sahen. Ich hatte oft große Angst vor ihr gehabt, und doch stellte ich nun verwundert fest, dass ich sie vermisste – so sehr, dass ich hemmungslos weinte, während der Widerhall meines Kummers aus dem leeren Raum zu mir zurückgeworfen wurde. Würde ich sie jemals wiedersehen? Natürlich nicht. Dieser Weg in die Freiheit war eine Einbahnstraße. Eine Rückkehr war nicht vorgesehen.

Sechzehn

Wwwwwwwuuuuuuuuh! Der Mann vom Reinigungsdienst hatte seinen Sonntagnachmittagsrundgang begonnen und das Dröhnen seines Industriestaubsaugers kam näher und näher. Ich bin sicher, dass er keine Ahnung hatte, weshalb ich da saß und weinte und wimmerte und offensichtlich völlig von der Rolle war. Doch er verhielt sich wie jemand, der nichts bemerken *will*. Sich um jemanden wie mich zu kümmern, gehörte vermutlich nicht zu seinen methodischen Abläufen und fiel wahrscheinlich auch gar nicht in seine Zuständigkeit. Jedenfalls wurde mir bei seinem Erscheinen klar, dass ich ein anderes Versteck finden musste. Ich wollte nicht in die Verlegenheit kommen, dem Reinigungs- oder dem Sicherheitsdienst erklären zu müssen, was ich hier allein in der Kirche tat.

Im selben Moment dämmerte mir, dass ich seit über dreißig Stunden nicht geschlafen hatte. Ich war nicht nur ein emotionales und mentales, sondern auch ein physisches Wrack. Also schlüpfte ich aus der Kirche und in den Vorraum und suchte fieberhaft nach einem Platz, wo ich mich hinlegen und schlafen konnte. Zwar wollte ich immer noch auf Brians Ankunft warten, doch die Müdigkeit war kurz davor, mich außer Gefecht zu setzen. Ich war ausgehungert und hatte meine Energiereserven nahezu aufgebracht.

Ich kam in die Toiletten, stellte fest, dass niemand drin war, und schloss mich in die geräumige Behindertentoilette ein. Fast sofort brach ich auf dem Boden zusammen. Meine schwachen, knochigen Beine zitterten bei der Berührung mit dem kalten Fliesenboden. Das war eines der Dinge, von denen ich nicht erwartet hätte, dass ich sie je würde tun müssen: auf dem Boden einer Toilette zu schlafen. Von zu Hause wegzulaufen, um nicht getötet zu werden, hatte auch einmal auf dieser Liste gestanden, doch diesen Punkt hatte ich schon heute Morgen gestrichen. Also überwand ich meine Scham und das Frösteln in meinem Körper und rollte mich in einer Ecke der Kabine zusammen. Ich benutzte meinen Rucksack als Kopfkissen und schloss meine tränengefüllten Augen. Wer würde mich retten? Noch während ich weinend flüsterte: »Herr, rette mich ...«, schlief ich auch schon ein.

Ich schlief nicht so lange, wie es mir vorkam, doch der kurze Schlaf hatte mich etwas erfrischt. Als ich die Damentoilette wieder verließ – offenbar hatte mich niemand entdeckt –, fühlte ich mich ein bisschen besser. Ein bisschen tatkräftiger. Ich beschloss, wieder nach oben in den geschützten Bereich der Empore zu gehen, wo ich mich zuerst versteckt hatte. Hin und wieder hörte ich von dort aus Leute kommen und gehen – doch kein Lebenszeichen von Brian.

Wo bleibt er?, fragte ich mich und wurde von Stunde zu Stunde nervöser und dünnhäutiger. *Was ist, wenn er gar nicht auftaucht? Was soll ich dann tun?* Bei diesem Gedanken konnte ich nicht lange still sitzen, ohne vor Angst fast wahnsinnig zu werden. Also stand ich immer wieder auf und lief herum, um den Kopf freizubekommen und mich zu beruhigen.

Endlich hörte ich meinen Namen.

»Rifqa!«

Ich blieb wie angewurzelt stehen. Dann spurtete ich los und spähte über die Brüstung. »Hallo?«, sagte ich leise. Doch da war niemand.

»Rifqa!«

Ich wusste, dass ich mir das nicht einbildete. »Ja? Hallo?« Ich umklammerte das Geländer, sodass ich mich etwas weiter hinüberlehnen konnte, und glaubte, jemanden mit einem weiß-braun gestreiften Hemd, wie ich es schon oft an Brian gesehen hatte, zu erkennen. Ich reckte den Hals noch weiter, mein Haar hing lose herab. Doch bevor ich ihn genauer sehen konnte, war er verschwunden.

»Brian?«

Das kann er nicht gewesen sein, dachte ich. *Er wäre nicht einfach so gegangen.* Doch ich besaß kein funktionierendes Handy. Ich war völlig unerreichbar. Unser Kommunikationssystem beruhte einzig und allein auf der Hoffnung, dass wir einander über den Weg laufen würden.

Was dann geschah, mag sich als unglaublich anhören und ich kann es nicht zweifelsfrei beweisen. Ich kann nur bezeugen, dass ich sicher weiß, dass es sich genauso zugetragen hat:

Im selben Augenblick, als die anschwellende Furcht sämtliche Hoffnung aus meinem Herzen zu vertreiben drohte, spürte ich die Gegenwart wieder. Es war niemand da, aber *Jemand* war da. Ich fühlte einen Blick, der sich durch mich hindurchbrannte. Ich war so sicher, dass ich mich kaum traute hinzusehen und meinen Kopf nur ganz langsam von der Brüstung wegdrehte. Die leere Luft hatte weder Form noch Substanz. Und doch loderte aus einer völlig unbekannten Quelle und gänzlich losgelöst von der Einsamkeit und Verlassenheit meiner realen Situation in meinem Herzen ein unbeschreibliches Gefühl der Wärme und Sicherheit auf. In der dunklen Türöffnung stand ein Engel. Das wusste ich so sicher, wie ich alle Einzelheiten dieser zweigeschossigen Empore registrierte, nachdem ich den Großteil des Tages hier verbracht hatte und mit dem

Teppichboden und den Möbeln seltsam vertraut geworden war.

Und wieder einmal wurde meinem Geist die beruhigende Gewissheit zuteil, dass mein Gott über mich wachte.

Der Rest des Nachmittags und der frühe Abend brachten keine Neuigkeiten von Brian. Ich saß still und vor allen Blicken verborgen auf der dunklen Empore und fürchtete mich vor einer unbekannten Zukunft, deren Beginn bisher alles andere als reibungslos verlaufen war. Ich konnte nur ahnen, was sich bei mir zu Hause ereignet hatte: als meine Mutter aufgewacht war und bemerkt hatte, dass ich fort war, und als mein Vater, zum Durchgreifen entschlossen, nach Hause gekommen war. Ich glaubte nicht, dass sie mich hier finden würden. Eine Großkirche war vielleicht nicht der letzte Platz, an dem sie suchen würden, aber ganz sicher auch nicht der erste. Ich war recht zuversichtlich, dass ich hier sicher war – vor *ihnen* zumindest.

Immer wieder sah ich aufs Zifferblatt. Es war nach sieben, dann wurde es acht, dann neun, und schließlich war es zehn Uhr vorbei. Die ganze Kirche war völlig leer bis auf ein oder zwei uniformierte Wachmänner, die gemeinsam mit ein paar Kollegen offenbar rund um die Uhr Dienst hatten. Um elf war noch immer kein Brian in Sicht. Entweder hatte ich ihn vorhin unvorstellbar knapp verpasst – nämlich nur um einige wenige Meter und Sekunden – oder er war irgendwie aufgehalten worden und nie hier angekommen. Ich musste wohl oder übel selbst aktiv werden. Eines jedenfalls war zum jetzigen Zeitpunkt mehr als klar: Heute Abend würde mich niemand mehr abholen. Und ich konnte nicht ewig hierbleiben. Die Wachmänner unten würden mich zwangsläufig finden und mich befragen, ehe sie die Türen abschlossen.

Während der Moment der Entscheidung unerbittlich herannahte, kam mir genau in dem Moment, als ich aufstand, eine Erinnerung in den Sinn: eine Online-Nachricht, die ich von einer Facebook-Freundin namens Alana erhalten hatte. Sie hatte mir einen Traum beschrieben, in dem ich von zwei Polizeibeamten abgeführt wurde. In ihrem Traum, so hatte sie mir erzählt, hätte ich den Mund geöffnet, und eine Trompete sei daraus hervorgekommen. Und beim Klang der Trompete seien alle Himmelsmächte herabgeeilt, um mich zu retten.

Aus meiner Bibellektüre wusste ich, dass der Schall der Trompete in der Heiligen Schrift normalerweise zwei Dinge bedeuten konnte: Entweder wurde das Volk Gottes zum Gebet zusammengerufen oder die Nation rüstete sich zu einem Krieg.

Während ich dastand und handeln musste, schien dieser seltsame Traum mir irgendetwas sagen zu wollen. Ich war natürlich sicher, dass Brian meine Kirchenfreunde mobilisiert hatte, dass sie alle für mich beteten und dass tatsächlich um meine physischen und spirituellen Rechte eine Art Krieg entbrennen würde. Also war jetzt wohl der Zeitpunkt gekommen, dieses Traumszenario zum Leben zu erwecken.

Ich war bereit, zu den beiden Wachmännern zu gehen und sie um Hilfe zu bitten.

Vom langen Stillsitzen waren meine Füße eingeschlafen und kribbelten, während ich langsam die Treppe hinunterging, um jemanden vom Sicherheitsdienst anzusprechen. Der Chef des Wachtrupps war gefühlt dreimal so groß wie ich und musterte mich beunruhigend lange.

»Wer bist du? Was tust du hier?«

Ich klammerte mich an meine frisch gewonnene Kühnheit, doch sie schmolz wie Eis in der Sonne.

»Wo sind deine Eltern, junge Dame? Wie alt bist du?«

Ich dachte kurz daran, zu lügen und mich älter zu machen, als ich war, doch ich konnte nicht. »Äh, sechzehn«, stotterte ich.

Der Wachmann schob mir über den Tisch ein Telefon zu. »Bitte, ruf deine Eltern an.«

Er sah nicht böse aus. Nur besorgt. Aber energisch.

Meine einzige Chance, diesem Gespräch eine gute Wendung zu geben, war, ihm die Wahrheit zu erzählen – oder zumindest den größten Teil der Wahrheit. »Meine Eltern sind Muslime. Sie dürfen nicht wissen, dass ich hier bin. Ich werde morgen heimfahren, aber sie dürfen auf keinen Fall herausfinden, dass ich heute Abend hier war.«

»Muslime, oh«, sagte er in plötzlich verändertem Ton. »Ich habe gerade gestern« – mit diesen Worten nahm er eine Zeitschrift aus seiner Schreibtischschublade – »diesen Artikel hier gelesen.« Er blätterte die Seiten um und begann mit offensichtlichem Interesse, einen Text über die Gefahren vorzulesen, denen Muslime ausgesetzt sind, wenn sie den Islam verlassen.

Was hatte das zu bedeuten? Hatte er Verständnis für mich? Würde er mir vielleicht sogar helfen?

»Können Sie mich zu einer Freundin nach Hause bringen?«, stieß ich hervor. Ich muss wirklich verzweifelt ausgesehen haben, als ich mit angehaltenem Atem auf seine Antwort wartete. Er überlegte einige Sekunden lang, dann drehte er sich um und winkte mir mitzukommen. Ohne viele Worte brachte er mich nach draußen, öffnete die hintere Tür seines Streifenwagens und ließ mich einsteigen. Was hielt dieser Tag wohl noch alles für mich bereit?

»Also, wie heißt du, Miss?«, fragte er mich und sah mich im Rückspiegel an, während er den Wagen anließ.

»Anna Michelle«, antwortete ich, wobei ich den Decknamen benutzte, den meine christlichen Freunde mir gegeben hatten. Meinen richtigen Namen wollte ich ihm nicht nennen: Meine Eltern sollten keinerlei Hinweise auf meinen Verbleib erhalten.

»Wie lautet deine Adresse?«

»1334 Cherry Bottom Street.« Auch diese Angabe war erfunden.

»Und wohin fahren wir? Wo wohnt deine Freundin?«

Ich konnte es nicht glauben. Er würde mich wirklich in Sicherheit bringen. Erbebend spürte ich im selben Augenblick direkt neben mir auf dem Rücksitz des Wagens dieselbe Gegenwart wie auf der Empore: eine Gegenwart, die mich beschützte und sich meiner annahm. Hoffentlich brachte sie auch einen guten Orientierungssinn mit, denn ich wusste nicht wirklich, wie man von dort, wo wir waren, zu Katie nach Hause kam. Nachdem ich den Wachmann mehrmals falsch hatte abbiegen lassen, wurde ich mit jeder Sekunde unsicherer.

»Du musst doch wissen, wohin du willst«, sagte er zu mir und klang ein kleines bisschen verärgert und ungeduldig. Vielleicht begann er sich zu fragen, ob ich ihn an der Nase herumführte.

Allmählich wurde ich nervös. Die Häuser waren in der Dunkelheit schwer auseinanderzuhalten. »Es tut mir leid, Sir, ich bin bloß noch nie aus dieser Richtung gekommen.« Ich wusste nicht, was er tun würde, wenn ich es nicht bald fand.

»Da ist es! Das ist es! Das ist das Haus«, schrie ich, als ich es endlich sah. Er parkte den Wagen an der Straßenseite vor dem Eingang, sah mich an und lächelte. »Hier wohnt ein Cop*. Siehst du das Auto?«, sagte er und wies auf eine blaue Limousine, die in der Auffahrt stand. »Das ist eine Polizeiplakette.«

---

* Amerikanische Bezeichnung für einen Polizisten.

»Wirklich?«, fragte ich. *Oh, oh …*

Das hatte ich nicht gewusst.

»Hör zu«, sagte er und drehte sich um, um mir in die Augen zu sehen, ehe er den Motor abstellte. »Ich darf das eigentlich nicht tun, weil du minderjährig bist. Aber ich vertraue dir. Du gehst morgen nach Hause, ja?«

Ich biss die Zähne zusammen und sagte: »Ja, Sir.« Ich hasste es, zu lügen.

»Gutes Mädchen. Na, dann komm.«

Sie sind ein guter Mensch, dachte ich bei mir. *Sie haben keine Ahnung, dass Sie mir gerade das Leben retten.*

Wir gingen gemeinsam die Auffahrt hinauf und er klingelte an der Haustür. Mein Herz raste vor Angst – was würde geschehen, wenn niemand öffnete? Doch schon nach wenigen Augenblicken ging die dicke grüne Tür auf und Katies Mutter stand vor uns. Ein Lächeln breitete sich auf ihrem Gesicht aus, als ich ihr in die tröstenden Arme stürzte.

»Ich wusste, dass du zurückkommen würdest«, flüsterte sie mir zu.

»Sie kennen sie?«, fragte der Wachmann.

»Ja, Sir«, sagte sie und hielt mich fest.

»Okay, dann gute Nacht.« Er verschwand so schnell, wie er gekommen war. Wieder einmal hatte Gott dafür gesorgt, dass der richtige Mensch zum richtigen Zeitpunkt meine Pfade kreuzte. *Aufgrund des Glaubens, Rifqa … Aufgrund des Glaubens …*

Doch noch immer waren meine Eltern nur wenige Blocks entfernt. Mein ganztägiger Fluchtversuch hatte mich nicht sehr weit gebracht. »Ich kann nicht hierbleiben!«, sagte ich zu Mrs Jacobs. »Ich muss gehen! Ich muss hier weg!«

Im Haus der Familie Lorenz waren die Lichter heruntergedimmt, als Beverly wieder einmal auf das Freizeichen von Brians Handy lauschte. Doch sie wurde wieder enttäuscht. Voller Sorge hörte sie, wie ihr Anruf – zum hundertsten Mal an diesem Tag, so kam es ihr jedenfalls vor – an die Sprachbox weitergeleitet wurde.

Sie beendete das Telefonat, ohne eine weitere Nachricht zu hinterlassen, und starrte ausdruckslos durch das Fenster in Floridas spätabendlichen Himmel. Die Angst um mich und Brian peinigte ihr mütterliches Herz.

»Wo sind sie?«, flüsterte sie gequält und begann das Schlimmste zu befürchten. *Und wenn Rifqas Vater sie beide in seine Gewalt gebracht hat?*

Siebzehn

Trotz der späten Stunde rannte ich hektisch umher – Mrs Jacobs könnte ein Lied davon singen – und war unfähig, still zu sitzen. Wieder und wieder rief ich: »Ich kann nicht hierbleiben!« Ihr Mann, der Polizist, war nicht zu Hause (das war wahrscheinlich gut für mich). Also fasste sie einen Plan. »Ich habe eine Idee, Rifqa. Ich bringe dich zu meiner Mutter nach Hause. Katie ist dort. Es ist eine Stunde von hier.«

Ich wusste, dass ich ihr echte Umstände machte, doch darauf konnte ich keine Rücksicht nehmen. Ich hatte keine andere Wahl, als dort zu sein, wo ich war, und ich brauchte ihre Hilfe dringender als meine guten Manieren. Doch was war mit Brian? Wie würde er jetzt, da sich unsere Pläne geändert hatten, erfahren, wo er mich fand? Also belästigte ich sie noch einmal und fragte sie, ob ich ihr Telefon benutzen dürfe, um einen Freund anzurufen, der mich an diesem Tag eigentlich hätte abholen wollen.

Er nahm nicht ab. Das war mir völlig unverständlich. Vielleicht erkannte er bloß die Nummer nicht und hielt es für zu riskant, das Gespräch anzunehmen. Jetzt hatte ich nur noch eine Hoffnung, ihn – oder überhaupt jemanden – zu erreichen: Ich musste Beverly anrufen. Also kramte ich ihre Nummer aus meinem Rucksack und wählte. Sie ging sofort ans Telefon.

»Rifqa! Wo bist du? Bist du okay? Wo *bist* du?« Aus Beverlys Stimme klang eine Mischung von Fragen und Erleichterung.

»Brian ist nicht gekommen«, sagte ich. »Ich weiß nicht, wo er ist.« Dann erklärte ich ihr, dass ich bei einer Freundin in Sicherheit sei, aber sofort aufbrechen müsse, um aus der Stadt herauszukommen.

»Ich habe mir solche Sorgen gemacht«, sagte sie. »Ich habe auch versucht, ihn zu erreichen. Ich bin so froh, dass es dir gut geht.«

Ihre Stimme und ihre Besorgnis trösteten mich und meine Panik ließ etwas nach. Wir kamen überein, zu warten und zu hoffen, dass Brian sich am nächsten Morgen melden würde, denn mehr konnten wir nicht tun, solange er Beverly nicht zurückgerufen hatte. Ich sagte ihr, wohin ich fahren wollte und dass wir in Kontakt bleiben würden. Es war so schön, ihre liebe Stimme wieder zu hören. Ich konnte es gar nicht erwarten, nach Florida zu kommen!

Als wir zum Haus von Katies Großmutter kamen, war es ein oder zwei Uhr morgens, doch meine Freundin war wach und wartete auf mich. Es tat unendlich gut, nach diesem traumatischen Tag ihr Gesicht zu sehen und ihre herzliche Zuneigung zu spüren. Und es tat gut, zu wissen, dass die Entfernung zwischen mir und meinen Eltern nun schon ein ganzes Stück größer geworden war und dass ich den Rest der Nacht ohne Angst würde schlafen dürfen. Als ich mich eine halbe Stunde später in die seidenweichen Bettlaken kuschelte, genoss ich die behagliche Wärme des Augenblicks. So hatte ich mich lange nicht gefühlt.

Als ich die Augen aufschlug, durchfuhr mich im ersten Moment ein panischer Schrecken. Krampfhaft hielten meine Hände die Bettlaken umklammert: *Wo bin ich?*, schoss es mir durch den Kopf. Dann fiel es mir wieder ein und ich atmete erleichtert auf.

Ich war in Sicherheit.

Es war beruhigend, die Wärme des Sonnenlichts auf meinem Gesicht und meiner Haut zu spüren. Es fühlte sich an wie ein neuer Tag. Als ich diese heitere Ruhe auf mich wirken ließ, strömten mir plötzlich die Tränen übers Gesicht. Und als mir bewusst wurde, dass ich mich an die Hoffnung klammerte, mein Leben zu retten, wurde aus den Tränen ein schuldbewusstes Schluchzen. Ich wollte mich so gern tapfer und kühn zu Christus bekennen, doch stattdessen wimmerte ich aus Furcht vor meinem irdischen Vater, der Macht über mein Leben hatte. Dann aber dachte ich daran, dass ich mein bisheriges Leben für Christus aufgegeben hatte. Ich hatte meine Familie und meine Identität nicht bloß zurückgelassen, um zu überleben: Ich hatte alles, was ich je gekannt hatte, hinter mir gelassen, um Jesus Christus nachzufolgen und Ihn für immer zu lieben. Im selben Augenblick begann seine Gegenwart den Raum zu erfüllen und wieder hörte ich die inzwischen so vertraute Stimme: *Wer das Leben gewinnen will,* flüsterte sie, *wird es verlieren; wer aber das Leben um meinetwillen verliert, wird es gewinnen.* Ich hatte furchtbare Angst. Und doch war eine neue Zuversicht in mir erwacht: Ich vertraute auf Gott, der mein Leben in vollkommene Bahnen lenken würde.

Ich war nicht diejenige, die die Fäden zog. Er zog die Fäden.

Mein Überleben hing nicht von mir, sondern von Ihm ab.

Also beschloss ich, dementsprechend zu leben und mir die kraftvollen Worte einer meiner biblischen Heldinnen zu eigen zu machen: Ester.

Sie war eine jüdische Waise, die von ihrem Vetter Mordechai im Land Persien großgezogen worden war. Durch eine Reihe göttlicher Fügungen hatte König Ahasveros sie zu seiner Frau genommen. Ihr Glaube an Jahwe war ein Geheimnis. Dann aber, so erzählt es die beeindruckende Geschichte, wird im ganzen Land ein Dekret erlassen, das den Tod über alle Juden verhängt.

»Mordechai ließ Ester erwidern: Glaub ja nicht, weil du im Königspalast lebst, könntest du dich als Einzige von allen Juden retten. Wenn du in diesen Tagen schweigst, dann wird den Juden anderswoher Hilfe und Rettung kommen. Du aber und das Haus deines Vaters werden untergehen. Wer weiß, ob du nicht gerade dafür in dieser Zeit Königin geworden bist?« (Est 4,13–14).

»Ester ließ Mordechai antworten: Geh und ruf alle Juden zusammen, die in Susa leben. Fastet für mich! Esst und trinkt drei Tage und Nächte lang nichts! Auch ich und meine Dienerinnen wollen ebenso fasten. Dann will ich zum König gehen, obwohl es gegen das Gesetz verstößt. Wenn ich umkomme, komme ich eben um« (Est 4,16).

Sie setzte ihr Leben aufs Spiel, als sie unangemeldet vor dem König erschien, um ihr Volk zu retten. Ihre selbstlose Tapferkeit bewahrte das Volk Israel vor der Vernichtung und Esters Stammbaum reichte bis zum Messias.

Wenn ich umkomme, komme ich eben um.

Später am selben Morgen saßen Katie und ich in einer gelösteren Stimmung am Küchentisch ihrer Großmutter und löffelten schüsselweise dampfenden Haferbrei in uns hinein. Wir lachten und genossen es, dass wir an einem so unerwarteten Ort und zu einem so unerwarteten Zeitpunkt zusammen sein durften. Mein Herz bebte zwar noch immer in ängstlichen Bedenken, doch Gott hatte mir für den Tag, der vor mir lag, frische Zuversicht geschenkt.

Körperlich ausgeruht und mit gefülltem Magen wandte ich mich nun wieder dem Tagesgeschäft zu: Brian zu finden.

Ich kann kaum sagen, wie erleichtert ich war, als am anderen Ende der Leitung diesmal nicht die ewig gleiche Tonbandstimme der Sprachbox, sondern sein fröhliches »Hallo? Hallo?« ertönte. Ich schrie fast, als ich es hörte. »Brian!«

»Rifqa? Du meine Güte, wo *bist* du?«

»Ich habe den ganzen Tag in der Kirche gewartet. Warum bist du nicht gekommen?«

»Aber ich *war* da. Ich habe dich nicht gefunden! Wo bist du jetzt?«

Ich erzählte ihm von Katie und ihrer Mutter und dass ich die Nacht bei ihrer Großmutter verbracht hatte.

»Gott sei Dank!«, sagte er. »Ich komme dich *sofort* holen. Rühr dich nicht vom Fleck. Erklär mir nur rasch, wie ich dorthin komme.«

Erleichtert, weil mein guter Freund mich nicht im Stich gelassen hatte, gab ich ihm die Adresse und machte mich erneut auf eine Fahrt gefasst, die mein Leben dramatisch verändern würde.

Während wir im Wohnzimmer auf Brian warteten, kam Katies Mutter herein. In der Hand trug sie einen glänzenden schwarzen Aktenkoffer. Sie sah mich augenzwinkernd an und sagte: »Ich hab' hier ein paar Sachen für dich.« Mein Körper straffte sich vor aufgeregter Neugier. »Wir müssen uns etwas einfallen lassen, damit du nicht so auffällst«, sagte sie mit einem Lachen in der Stimme. Dann prusteten wir alle los, als sie eine ziemlich abgedrehte blonde Perücke hervorzog.

Unser Gekicher lockerte die angespannte Stimmung auf, als ich vor den Wohnzimmerspiegel trat und mir die

Perücke aufsetzte. Durch den Kontrast zu meiner dunklen Haut- und Augenfarbe sah sie absolut lächerlich aus. Damit würde ich garantiert auffallen!

»Vielleicht noch die«, sagte ich in schelmischem Ton und vervollständigte das Ganze mit einer übergroßen Siebzigerjahre-Sonnenbrille. Wieder schallte Gelächter durch den Raum. Eine Hand in die Hüfte gestemmt, stolzierte ich mit Sonnenbrille und Perücke durchs Wohnzimmer, als wäre es ein Laufsteg. Dann legte ich die Perücke zur Seite und griff nach einer marineblauen Baseballkappe der Yankees. Ich band mein dunkles Haar zu einem wirren Knoten zurück, stopfte meine Locken unter die Mütze und zog mir den Schirm tief ins Gesicht. Als ich in den Spiegel sah, musste ich kichern. Mein hübsches grünes Sommerkleid passte perfekt. Meine Verkleidung war sogar stylish.

Es tat in diesem Moment einfach nur gut, wieder frei zu atmen, die ständige Angst zu vergessen und mich beinahe normal zu fühlen. Der Rest des Vormittags war allerdings eher unwirklich – vor allem der Moment, als Katie die Vorhänge aufzog und sagte: »Ich glaube, Brian ist da.« Ich rannte ans Fenster und sah, wie sein dunkler Wagen in die Einfahrt fuhr. Nach einem kurzen Gebet für Katies Familie verabschiedete ich mich mit einer Umarmung und einem »Ich hab' dich lieb« von ihnen allen, nahm meinen Rucksack und lief aus der Tür. Sie hatten entscheidend zu meiner Flucht beigetragen und das würde ihnen niemals vergessen werden. Ich wusste, dass ich mich nicht ausreichend bedankt hatte, doch mehr Zeit konnte ich einfach nicht erübrigen.

»Dein Entführer ist da!«, sagte Brian mit spitzbübischem Grinsen, als ich in den Wagen stieg. »Haha«, lachte ich gekünstelt. Als wir abfuhren, erhaschte ich einen letzten Blick auf Katie, die an der Vordertür stand. Ich sah, dass sie weinte, und mein Herz tat mir weh, weil ich sie so gern noch einmal in den Arm genommen hätte. Wir hatten uns so hastig voneinander verabschieden müssen und wir wussten beide, dass ein Wiedersehen nicht sehr wahrscheinlich war. Ich berührte mit den Fingern die Fensterscheibe, als könnte ich festhalten, was ich auf der anderen Seite sah. Der Abschied von Katie war wie ein Abschied von einem Teil meiner Kindheit – meiner letzten physischen Verbindung zur Schule, zu meinem Zuhause und zu hoffnungsfroheren Zeiten. Mit einem geflüsterten »Ich liebe dich, ich werde dich vermissen« fuhren wir ab. Der Gedanke, dass ich sie vielleicht nie wiedersehen würde, zerriss mir das Herz.

Unterwegs erklärte Brian mir den Plan, wie ich nach Florida kommen sollte. Eigentlich hatte er mich selbst zu der Familie Lorenz bringen und die ganze Strecke mit dem Auto zurücklegen wollen. Doch Beverly und ihr Mann hatten ein paar Anwälte kontaktiert und ihren Rat eingeholt, wie man am besten vorgehen solle, um mich gesetzlich abzusichern. Sie hatten erfahren, dass Brian, wenn er mich ohne die Erlaubnis meiner Eltern über eine Staatsgrenze fuhr, wegen Entführung einer Minderjährigen belangt werden konnte – obwohl ich ihn selbst um Hilfe gebeten hatte!

Aufgrund der juristischen Empfehlungen hatten die Lorenzens entschieden, dass es das Beste sei, wenn ich allein mit dem Bus nach Florida fuhr. Einer ihrer Freunde hatte das Ticket bereits bezahlt: einfache Fahrt nach Orlando. Es war an der Bushaltestelle in Columbus für mich hinterlegt. Als wir auf die Uhr auf Brians Armaturenbrett sahen, wurde uns bewusst, dass wir uns beeilen mussten, um die Haltestelle zu erreichen, bevor der Bus ohne mich abfuhr.

In der Innenstadt hatten wir Stau und stockenden Verkehr. Mühsam zwängten wir uns an anderen Wagen und eiligen Fußgängern vorbei. Die Uhr tickte. Der Busbahnhof war nicht leicht zu finden, und als wir ihn endlich gefunden hatten, mussten wir mehrere Runden drehen, denn Brian wollte den Wagen in nicht zu großer Entfernung abstellen, um das Risiko einer Entdeckung möglichst gering zu halten. Endlich steuerte er die nächstmögliche Parklücke an, wir sprangen aus dem Auto und rannten auf das Gebäude zu. »Das ist wie im Film«, sagte Brian, als wir uns durch die Leute hindurchdrängelten. »Das ist so verrückt!« Drinnen händigte uns der Schalterbeamte meine Fahrkarte aus und wir gingen hinüber, um uns in die Schlange der wartenden Passagiere einzureihen.

Das war es nun also.

Es war Zeit.

Brian sagte, er würde warten, bis ich sicher im Bus saß. Mir wäre es natürlich sehr viel lieber gewesen, wenn er hätte mitkommen und mich beschützen können, aber ich wusste, dass das nicht möglich war. Ich wollte auf keinen Fall, dass er mit dem Gesetz in Konflikt kam, weil er mich auf meiner Flucht begleitet hatte.

Als die Reihe der Wartenden kürzer wurde, flüsterte er mir ernst und eindringlich zu: »Rifqa, bitte, tu mir einen Gefallen. Sprich mit niemandem. Umarme niemanden. Bete für niemanden. Genau genommen darfst du niemanden auch nur *ansehen*.«

Kaum in der Lage, meiner Emotionen Herr zu werden, lächelte ich unter Tränen und quittierte seine väterliche Sorge mit einem wortlosen Nicken. Ich hielt seinen Pullover fest in dem verzweifelten Versuch, mich an den einzigen Menschen zu klammern, bei dem ich sicher war. Ich konnte ihn nicht gehen lassen. Er las in mir wie in einem Buch.

Er umarmte mich fest und flüsterte: »Rifqa, du bist in Gottes Hand. Alles wird gut werden, hörst du? Der Himmel gibt in diesem Augenblick auf dich acht. Du bist nicht allein!«

Schließlich war ich an der Reihe, einzusteigen. Es war so weit. Ich umarmte ihn ein letztes Mal und machte einige Schritte vorwärts. *Wie konnte ich das tun? Würde das wirklich gut gehen?* Ich setzte den Fuß auf die Treppe und sah zu ihm zurück. Und dann:

Ich konnte nicht anders. Ich scherte aus, rannte zurück und umarmte ihn noch einmal, diesmal ein wenig länger. Wenn ich jetzt bald in Sicherheit war, dann verdankte ich das der Hilfsbereitschaft dieses tapferen Mannes, der nicht weggesehen hatte, als es so viel leichter gewesen wäre, nichts zu tun. Ich wusste nicht, wie ich ihm danken sollte. Ich würde ihn so sehr vermissen.

Als ich das nächste Mal meinen Fuß auf die Busstufen setzte, fühlte ich in meinem Rücken eine starke Hand – eine kraftvolle, mächtige Hand, die, das wusste ich, Jesus selbst gehörte. Das gab mir die Zuversicht, dass mir nichts zustoßen würde. Auf der ganzen zweitägigen Busfahrt hat mich diese Hand keine Sekunde lang losgelassen.

Der Greyhound-Bus war groß, und obwohl ich beim Anstehen in der Schlange den Eindruck gehabt hatte, dass viele Passagiere mitfuhren, wirkten die geräumigen Sitzreihen, als ich einstieg, doch vergleichsweise leer. *Gut.* Die anderen Fahrgäste waren überwiegend ärmlich aussehende Afroamerikaner. Während ich die Gurte meines Rucksacks umklammert hielt und mich langsam vorwärtsschob, spürte ich mit jedem Schritt die Last der Entscheidung, die ich getroffen hatte, wenn ich nun alles zurückließ. Ich hatte mir den Ecksitz in der hinteren Bank ausgesucht und setzte mich, froh, ein bisschen für mich zu sein.

Doch die Dinge änderten sich binnen weniger Minuten, als eine Gruppe sehr unangenehmer Männer hereinkam und den hinteren Teil des Busses in Beschlag nahm. Einer von ihnen, ein massiger Kerl, kam und warf sich in den Sitz neben mir. Ich wollte aufstehen und mich auf einen anderen Sitz setzen, doch um mich an ihm vorbeizuquetschen, hätte ich ihn bitten müssen, mir Platz zu machen, und ich wollte ihn nicht provozieren. Er erzählte ständig Geschichten aus dem Gefängnis und darüber, dass er vor Kurzem entlassen worden war. Er stank nach Kloake und fluchte ständig, obwohl er niemand Bestimmtes nannte. Ich lehnte den Kopf zurück und murmelte ein unhörbares »Unglaublich!« vor mich hin. Sein lautes Geschimpfe zermürbte mich, doch ich konnte ihn nicht bitten, damit aufzuhören, denn Brians Warnung klang mir noch in den Ohren: »Sprich mit niemandem, sieh niemanden auch nur *an*!«

Also stopfte ich mir die Finger in die Ohren, sah aus dem Fenster, umklammerte meinen Rucksack mit beiden Armen und hoffte, bald in meinem neuen Zuhause zu sein.

Achtzehn

Die beiden Tage im Bus waren furchtbar. Ich hatte kein Geld für Essen oder Trinken und war bald ernsthaft dehydriert. Die Schüssel Haferbrei, die Katie mir serviert hatte, war das Einzige, was ich gegessen hatte, seit ich vor Tagen von zu Hause weggelaufen war. Ich war entsetzlich schwach und hungrig.

Ungefähr auf halber Strecke, irgendwo in Mississippi bei einem unserer planmäßigen Stopps, stieg ich aus, um mich von meinem leeren Magen abzulenken. Doch was ich sah, sorgte nicht dafür, dass ich mich besser fühlte. Uniformierte Polizisten gingen Streife und kontrollierten die Umgebung.

Konnte es sein, dass sie nach mir suchten? Jetzt schon? Meine Eltern hatten höchstwahrscheinlich inzwischen die Polizei verständigt und es war keine abwegige Vorstellung, dass man mir über meine Busfahrkarte auf die Schliche gekommen war. Ich zog meine Yankees-Mütze tiefer in die Stirn und versteckte mich hinter einigen breiter gebauten Passagieren. Selbst mein Platz im Bus kam mir wie eine Zuflucht vor, als ich wieder eingestiegen war und wir die nächste Etappe unserer Fahrt antraten. Wenigstens war mein unflätiger Nebenmann ausgestiegen.

Von Angst und Erschöpfung hin- und hergerissen fiel ich in einen unruhigen Schlummer irgendwo zwischen Schlafen und Wachen – der perfekte Nährboden für wirre Erinnerungsfetzen, die traumähnlich durch mein Bewusstsein wehten. In einer Szene sah ich meinen Vater, der ein großes, cremefarbenes Stück Stoff mit Einzelheiten aus unserem Familienstammbaum hochhielt: »Einhundertfünfzig Familiengenerationen, Rifqa, und alles Muslime!« Er strahlte vor Stolz und Ehrgefühl, während ich Interesse heuchelte und doch nicht gleichgültiger hätte sein können. Ich wusste, wie sehr ich ihn enttäuschte.

Der Bus holperte über ein Schlagloch und setzte ein weiteres Stück Erinnerung frei. Ich war wieder in der srilankischen Kleinstadt, in der ich aufgewachsen war und wo mein Vater eine so einflussreiche und angesehene Stellung innegehabt hatte. Wo ich Stunden damit zugebracht hatte, den Koran auswendig zu lernen und in die Moschee zu gehen. Wo ich mir solche Mühe gegeben hatte, ihm zu gefallen und Ehre zu machen, weil ich mich so sehr danach sehnte, von ihm in den Arm genommen zu werden und aus seinem Mund zu hören, dass er mich liebte, ganz gleich, was und wer aus mir werden würde, und dass ich immer sein kleines Mädchen bleiben würde. Doch jede Erinnerung führte mich immer nur wieder zu derselben niederschmetternden Wahrheit. Ich hatte seinem Stolz nie genügen können. Liebe war in seinen Augen immer an Bedingungen geknüpft.

Die Worte eines Psalms, die ich irgendwo aufgeschnappt hatte, noch ehe ich den Psalm selbst überhaupt gelesen hatte, tröpfelten durch meinen Halbschlaf: »Ein Vater der Waisen, ein Anwalt der Witwen ist Gott in seiner heiligen Wohnung« (68,6).

Mir wurde klar, dass der Kummer meiner Vergangenheit mir vielleicht nie von der Seite weichen, dass ich ihn vermutlich nie abhängen oder ganz hinter mir lassen würde. Dennoch konnte ich weiter dem Einen entgegeneilen, der mein Herz erobert hatte. Der Gott Abrahams, Isaaks und Jakobs versprach all jenen ein Zuhause, die gebrochen, einsam und verlassen waren. Selbst jetzt spürte ich seine Leidenschaft für mich, die warm in meinem Herzen brannte und mich über diese endlosen Meilen hinweg unwiderstehlich anzog: der Freiheit entgegen.

Ein Staat nach dem anderen rollte an meinem Fenster vorbei: Kentucky, Mississippi, Alabama, Georgia. An jeder der fünfundzwanzig Haltestellen, die wir anfuhren, stiegen Passagiere aus und andere ein – ein ständiges Kommen und Gehen unterschiedlicher Individuen. Bei einem dieser Stopps stieg eine schwarze Frau ein, die mir sofort sympathisch war. Sie war schmuddelig und ärmlich gekleidet und trug riesige Kopfhörer. Mein Herz flog dieser merkwürdigen Fremden zu. Als sie näher kam und sich neben mich setzte, spielte ich mit dem Gedanken, ein Gespräch mit ihr zu beginnen und ihr von meinem Glauben an Christus zu erzählen. Doch nach ein paar Meilen fing sie plötzlich aus voller Kehle an zu singen und schmetterte ohne alle Hemmungen: *I don't care if I got nothing. I got Jesus. Oh, Hallelujah! Hallelujah!*

Warum, so dachte ich im Stillen, hatte ich sie für bedürftig gehalten und geglaubt, ich könne ihr etwas geben? *Ich* war diejenige, die bedürftig war, und sie konnte *mir* etwas geben. Ich lechzte förmlich nach der selbstlosen Liebe dieser Frau, die offensichtlich keinen Penny besaß und doch den Reichtum ihrer überquellenden Freude in sich trug.

Die Schönheit ihres rückhaltlosen und unbedingten Gottvertrauens erfüllte mich mit Demut. Ich fühlte, wie sich eine Decke der Hoffnung um meine schmerzenden, müden Schultern legte und Tränen der Reue in mir aufstiegen und zu fließen begannen. Ich sah diese Frau und sehnte mich danach, Ihm so zu vertrauen, wie sie es tat.

Ich wollte mich von meinem Selbsterhaltungstrieb frei machen, wollte aufhören, so furchtsam und verzweifelt einer sicheren Zuflucht nachzujagen. Ich wusste und gestand Gott, dass es mir an Kraft fehlte – ich war schwach, physisch wie emotional – und dass ich Ihn brauchte, damit Er für mich sorgte, weil ich das nicht selbst konnte. An diesem Abend half mir das Beispiel jener Frau: Ich lehnte meinen Kopf ans Fenster und zwang mich zu schlafen, weil ich wusste, dass mein Vater mich beschützen und für mich sorgen würde … weil ich wusste, dass ich zu Ihm gehörte.

Spätabends kamen wir endlich an. Ich war beinahe zwei volle Tage lang unterwegs gewesen, eingestiegen und ausgestiegen, eingestiegen und ausgestiegen. Doch als ich jetzt zum letzten Mal die Bustreppe hinunterstieg und Orlandos milde Luft auf meiner Haut spürte, schien das bisschen Energie, das noch in mir war, wieder aufzuflackern. Ich hatte es geschafft! Obwohl ich nie zuvor in Florida gewesen war, schien ich irgendwie heimgekehrt zu sein.

Als die Tür sich mit einem Zischen hinter mir schloss, hörte ich sofort, wie eine unbekannte Stimme meinen Decknamen rief: »Anna! Hier drüben!« Fremde, die mich zu erkennen schienen, liefen auf mich zu, um mich zu begrüßen. Bis heute bin ich nicht imstande, angemessen zu beschreiben, wie beruhigend und belebend ihr Lächeln und ihre Umarmungen für mich gewesen sind. Ich war hier und in Sicherheit. Und ich fühlte mich so geliebt. Sie erklärten mir, dass Blake und Beverly sie aus Sicherheitsgründen hergeschickt hätten, um mich an der Bushaltestelle abzuholen, und dass wir bald zu ihnen nach Hause fahren würden. »Hast du Hunger, Anna? Wir könnten zuerst etwas essen.«

»Ich sterbe vor Hunger!«, sagte ich. Und das meinte ich auch so.

Wahrscheinlich hätte mir an diesem Abend alles himmlisch geschmeckt, doch es war die willkommenste und wunderbarste Mahlzeit, an die ich mich erinnern kann. Die Häuser, an denen wir vorbeikamen, nachdem wir das Restaurant verlassen hatten und zu Blake und Beverly fuhren, waren vornehmer und größer als alle, die ich je gesehen hatte. Natürlich tat es unglaublich gut, hier zu sein, und doch war da noch etwas anderes: ein Gefühl, dass ich in einer so schönen, fremden Umgebung und Gesellschaftsschicht fehl am Platz war. Ich begann, an mir selbst zu zweifeln. *Was ist, wenn Beverly mich nicht mag, nachdem sie mich erst einmal gesehen und kennengelernt hat?* Am Telefon hatte sie so munter und fröhlich geklungen. Doch als wir jetzt in ihre Auffahrt einbogen, die zu einem weiteren dieser fantastischen Häuser führte, spannen meine Gedanken sich zu einer Art Kokon zusammen, in den ich mich vor lauter Schüchternheit am liebsten verkrochen hätte.

Doch das war völlig unnötig. Kaum war ich aus dem Auto gestiegen, als auch schon ein hünenhafter Mann mit freundlichen Augen herbeigeeilt kam und sich mit einer bärenhafte Umarmung auf mich stürzte. Ich vermutete (und hoffte), dass das Blake war.

»Hallo, du!«, sagte er und zerquetschte meine Baseballkappe an seiner breiten Brust. »New York Yankees, was? Ich *liebe* die Yankees. Sie sind mein Lieblingsteam.«

Blake schien in den Fünfzigern zu sein. Er hatte braunes, mit Grau durchsetztes Haar und ein strahlendes Lächeln.

Und dann kam Beverly. Ich erkannte sie sofort von den Fotos auf Facebook. »Hallo, meine Kleine!«, sagte sie und riss mich in eine weitere Lorenz'sche Umarmung. (Junge, Junge, diese Leute waren aber stürmisch!) »Du bist so klein!«, sagte sie dann und hielt mich eine Armlänge von sich, um mich besser zu sehen. Ihre Augen funkelten, ihr langes braunes Haar fiel ihr sanft ins Gesicht und vervollständigte ihr jugendliches Aussehen. Und doch verbarg sich dahinter eine von innen her durchscheinende Tiefe und Weisheit, wie sie zumeist nur durch Leiden erworben wird, und strafte ihr fröhliches, strahlendes Äußeres Lügen. Ich fühlte mich sofort zu dieser schönen Frau hingezogen, der ich nie zuvor begegnet war.

»Schön, dich zu sehen! Willkommen daheim!«, sagte sie in ihrem leicht südlich gefärbten Singsang. Ich musste innerlich lachen, weil sich die Stimmung in diesem Haus und bei diesen Menschen so sehr von meinem eigenen Zuhause unterschied. Ich war nicht sicher, ob ich es je für möglich gehalten hätte, dass es Orte wie diesen überhaupt gäbe.

Blakes und Beverlys Haus kam mir vor wie ein kleiner Palast. Ich konnte nur staunen über all die glänzenden, geschmackvollen Objekte und exquisiten Gemälde, die die Wände bedeckten und jedem Raum seine eigene Note verliehen. Das war etwas ganz anderes als die kahlen Wände und abgewetzten Möbel in unserer kleinen Wohnung in Ohio. Die einzige Dekoration, die wir bei uns zu Hause gehabt hatten, war eine schäbige Tafel mit der arabischen Inschrift »Allah sei gepriesen«.

Allein die Tatsache, dass ich mich in dieser neuen Umgebung zu Hause fühlen durfte, war schon ein Privileg. Als sie mir mein Zimmer zeigten, hätte ich vor Entzücken am liebsten aufgeschrien. Fantastisch! Es war in beruhigendem blassem Grün gestrichen, hatte weiße Vorhänge und ein elegantes Bett. Sosehr es mich auch reizte, mit dieser lieben Familie zusammenzusitzen und zu reden – alles Mögliche über sie zu erfahren und es einfach zu genießen, dass ich jemandem offen und ungeschönt meine ganze Lebensgeschichte erzählen konnte –, sosehr verlockte es mich doch gleichzeitig auch, mich in dieses Bett zu legen, das nach der zweitägigen Busfahrt so gemütlich und einladend aussah. Ich weiß nicht, wie viele Stunden ich in dieser Nacht und bis in den nächsten Morgen hinein geschlafen habe. Doch als der neue Tag anbrach, fühlte ich mich unsagbar ausgeruht. Einfach nur gut. Und frei.

Die nächsten beiden Wochen verflogen wie im Märchen. Ich wusste fast gar nicht, wie man lebte – das wurde mir jetzt erst bewusst, da es mir freistand, zu tun, was immer ich wollte, da mich die Kultur meiner Familie nicht länger kontrollierte und ich Entscheidungen treffen konnte, ohne darüber nachdenken zu müssen, wie ich mich unbemerkt hinausschleichen konnte. Ich hatte das Gefühl, zum ersten Mal in meinem Leben frei atmen zu können. Beverly ging mit mir shoppen und kaufte mir brandneue Kleider – sie liebte und umsorgte mich so selbstverständlich, als wäre ich ihre eigene Tochter. Ich war bei ihnen so akzeptiert und ihre Zärtlichkeit war so aufrichtig, dass ich am liebsten gar nicht mehr weg wollte.

Wenn es in meinem Leben nur je so einfach gewesen wäre …

An einem ansonsten ganz gewöhnlichen Wochentag traten zwei Ermittlungsbeamte an den Empfangsschalter einer großen überkonfessionellen Kirche im mittleren Westen, acht bis zehn Stunden vom Haus meiner Familie in Ohio entfernt, und ließen ihre Dienstmarken blitzen. Überrascht fragte Lennae, wie sie ihnen behilflich sein könne.

»Können Sie mir sagen, ob Sie dieses Mädchen schon einmal gesehen haben?«, fragte der leitende Beamte und zog ein Blatt Papier aus der Brusttasche seines Jacketts. Verwirrt und mit zusammengekniffenen Brauen musterte sie das Foto eines jungen asiatischen Mädchens mit langen, glatten, dunklen Haaren und einem blinden rechten Auge, das um die fünfzehn zu sein schien.

»Nein, Sir, habe ich nicht.«

»Sind Sie sicher? Sie ist von zu Hause weggelaufen. Ihre Eltern haben sie als vermisst gemeldet.«

Lennae sah sich das Foto noch einmal an und durchstöberte ihr Gedächtnis, um das lächelnde Mädchen auf dem Bild einzuordnen. »Ich arbeite jeden Tag hier. Ich kenne niemanden, auf den die Beschreibung passt.« Die Beamten ließen nicht locker, bis sie ein paar Kollegen herbeirief, die ebenfalls befragt wurden, doch niemand konnte sich erinnern, mich je gesehen zu haben.

Frustriert, weil diese Spur offenbar im Sande verlief, blätterten die Ermittler ein letztes Mal ihre Notizen durch und stellten schließlich eine Frage, die sowohl Lennae als auch die anderen Mitarbeiter – die ihre Büros verlassen hatten, um zu sehen, was es mit dieser dramatischen Polizei-Aktion auf sich hatte – mit »Ja« beantworten konnten.

»Arbeitet hier ein Brian Williams?«

Brian war schon seit Tagen mit Anrufen bombardiert worden: Irgendwie hatte mein Vater seine Nummer herausbekommen und etliche Drohungen auf seiner Sprachbox hinterlassen. An diesem Tag hatte die Zahl der Anrufe noch zugenommen, aber diesmal war es nicht mein Dad, sondern es waren Regierungsbeamte gewesen, die Erkundigungen einzogen. Brian hatte sein Bestes getan, um ihren Fragen auszuweichen: sich einerseits kooperativ zu geben und andererseits nichts über meinen Aufenthaltsort zu verraten. Er hatte versucht, sich bedeckt zu halten, doch gegen Abend hatte er das deutliche Gefühl, dass er mein Geheimnis nicht mehr lange würde hüten können.

Als ihn ein lautes Klopfen an seiner Wohnungstür aus der Benommenheit eines unruhigen Schlummers riss, verriet ihm sein Adrenalinspiegel, dass das Spiel aus war.

Zwei Kriminalbeamte drängten sich an ihm vorbei, als er die Tür öffnete, einer von ihnen hielt ihm die Polizeimarke vors Gesicht, während der andere sich unverzüglich dranmachte, die Wohnung zu durchsuchen. »Brian Michael Williams«, sagte der Erste, »gegen Sie liegt ein Haftbefehl vor. Wenn Rifqa Bary in den nächsten vierundzwanzig Stunden nicht auftaucht, kommen Sie ins Gefängnis. Haben Sie das verstanden, Mr Williams?«

In der Zwischenzeit lag ich in Orlando auf einem gemütlichen Sofa, schlürfte Eistee und sah zu, wie sich die Bäume vor dem Fenster sanft in der sommerlichen Brise wiegten. Ich war jetzt seit ein paar Wochen hier und obwohl ich natürlich nicht so tun konnte, als ob alles in Ordnung sei – ich wusste ja, dass meine Eltern mich nicht vergessen würden –, taten die Lorenzens doch alles Menschenmögliche, um mich nicht mit ihren Sorgen und mit dem zu belasten, was seit meiner Flucht geschehen war. Sie ließen mich den Großteil des Tages lesend auf der Terrasse verbringen oder an ihrem Familienleben teilhaben. Ich war ihnen dankbar dafür.

Und doch war ich auch neugierig. Also griff ich an diesem friedlichen Tag – zu einem Zeitpunkt, als ich mich schon ein Stück weit an mein neues Leben gewöhnt hatte und optimistischer geworden war – nach meinem Laptop. Ich dachte, ich würde mit dem, was ich dort fand, umgehen können. *Nein, warte, vielleicht doch lieber nicht.* Meine Finger zuckten zurück. Doch nachdem ich mir versprochen hatte, nicht tiefer zu schürfen, was auch immer ich finden mochte – ich wollte nur einen kurzen, flüchtigen Blick riskieren –, tippte ich die Buchstaben in die Google-Suchleiste ein: *Rifqa Ba– Wumm!*

»Rifqa Bary vermisst«, hieß der erste Treffer. Ich klickte die Schlagzeile an und las den Untertitel. »Teenager aus New Albany nach fast zwei Wochen noch immer verschwunden.« Daneben sah ich das Bild, das der Schulfotograf am Anfang meines ersten Highschooljahres von mir gemacht hatte. Ich presste die Hand vor den Mund. Ich war *überall* in den Nachrichten! Ich scrollte abwärts und stieß sogar auf eine Facebook-Seite mit der Ankündigung einer Schulzeremonie, bei der meine Mitschüler zur Erinnerung an mich Ballons fliegen lassen wollten.

»Das ist verrückt!«, stieß ich hervor und stellte mein Teeglas auf den Tisch. Mein Verschwinden war offenbar eine sehr viel größere Sache, als ich es mir vorgestellt hatte. Dass mich jemand vermisste und um mich sorgte, fühlte sich, ehrlich gesagt, auch irgendwie tröstlich an, doch gleichzeitig machte es mich traurig, dass niemand auch nur eine Ahnung davon hatte, was die ganze Zeit über bei mir zu Hause los gewesen war.

Ich fühlte mich gut, und ich fühlte mich schlecht.

Und ich hatte Angst.

Blake fragte mich, ob ich Lust hätte, mit ihm zusammen in der Innenstadt ein paar Besorgungen zu machen. Unterwegs fiel mir neben den anderen Gebäuden im Zentrum von Orlando ein großer, imposanter Baukomplex auf. »Was ist das?«, fragte ich.

»Das? Oh, das ist die Jugendstrafvollzugsanstalt von Orange County.«

Beinahe im selben Moment schoss mir mit brutaler Deutlichkeit ein seltsamer Gedanke durch den Kopf: *Da wirst du eines Tages einsitzen.*

Neunzehn

Es war Zeit zum Abendessen. Rosas Mann hatte kubanisch gekocht und rief die Familie an den Küchentisch. Die vier Kinder kamen im Gänsemarsch angetrabt und Rosa folgte auf dem Fuße. Im selben Augenblick klingelte das Telefon. Rasch flüchtete sie aus der Küche, ehe ihr Mann ihr seinen Nichts-Berufliches-am-Esstisch-Blick zuwerfen konnte.

»Hallo?«

»Hey, spreche ich mit Rosa Armesto? Hier ist Blake Lorenz. Jemand aus meiner Gemeinde hat mir Ihren Namen und Ihre Nummer gegeben. Man hat mir gesagt, dass Sie *pro bono* für die christliche Anwaltsorganisation *Alliance Defending Freedom* arbeiten. Ich hatte gehofft, dass Sie uns vielleicht helfen können. Meine Frau und ich sind Seelsorger. Wir haben ein junges Mädchen bei uns zu Hause aufgenommen, das um sein Leben fürchtet. Ihr muslimischer Vater hat gedroht, sie umzubringen, weil sie zum Christentum konvertiert ist. Wir brauchen juristische Hilfe, weil sie in Columbus, Ohio, als vermisst gilt, als Ausreißerin.«

Rosa war selbst Mutter und die Geschichte ging ihr sofort zu Herzen. *Das arme Mädchen! Und erst sechzehn …* Sie dachte an ihre eigene Tochter, die nur ein paar Jahre jünger war.

Blake hatte recht: Es gab nicht viele Anwälte, die bereit waren, meinen Fall zu übernehmen, und noch weniger, die sich in diesem hoch komplizierten Rechtsbereich auskannten.

Rosas Schreibtisch und Terminkalender protestierten lautstark. Sie arbeitete ohnehin schon zu viel und hatte weniger Zeit für ihre Kinder, als ihr lieb war. Außerdem war sie in Miami, und die ganze Geschichte trug sich in Orlando zu. Es gab eine Menge Gründe, Nein zu sagen.

Sie sagte Ja.

Rosa besaß – was Blake nicht wusste – Erfahrung im Jugendstrafrecht und im Familienrecht. Das waren zwei eigene Rechtsbereiche und sie wusste genau, was zu tun war.

Später am selben Abend sprach Rosa mit ihrem Bruder über den neuen Fall.

Seine Reaktion war alles andere als überschwänglich. »Können die keinen anderen Anwalt finden? Warum du? Ich mache mir wirklich Sorgen, dass du Schwierigkeiten mit deinem Arbeitgeber bekommst, wenn du diesen Fall übernimmst … Ich weiß nicht, ob das eine gute Idee ist, Rosa.«

Diese Zweifel und Gedanken gingen ihr durch den Kopf, als sie den Lorenzens dieselbe Frage stellte.

»Warum ich? Gibt es keine anderen Anwälte, die den Fall übernehmen können, vielleicht nicht so weit von Orlando entfernt? Das wäre doch auch für Sie viel einfacher …«

Beverly und Blake seufzten erschöpft auf. Wie sollten sie ihr klarmachen, wie schwierig es gewesen war, überhaupt jemanden – irgendjemanden – zu finden, der bereit war, den Fall zu übernehmen?

»Oh Rosa, wir haben mehr als zehn Anwälte im ganzen Land angerufen, auch einige, die wirklich renommiert sind und bekannte Fälle bearbeitet haben. Doch die wenigen, die sich bereit erklärt haben, haben keinerlei Kenntnisse und Erfahrung mit Fällen des Familienrechts. Alle anderen haben abgelehnt, die meisten vermutlich, weil der Fall in religiöser Hinsicht so heikel ist. Sie sind die Einzige, die wir gefunden haben, die Rifqa unserer Ansicht nach gut vertreten kann. Wir haben alles versucht, Rosa, aber es gibt niemanden außer Ihnen. Bitte helfen Sie uns.«

Sie hatte noch immer Bedenken. Sie war noch immer hin- und hergerissen. Und doch drängte irgendetwas in ihrem Inneren sie dazu, diesen Kampf für die Freiheit mit allen Mitteln zu unterstützen. Diesen Kampf für die Gerechtigkeit.

Rosa war mit im Boot.

Ich werde nie erfahren, wie viel Zeit Blake und Beverly investiert haben, um herauszufinden, wie real meine gefühlte Bedrohung tatsächlich war und welche Hebel sie in Bewegung gesetzt haben, um meine Sicherheit zu gewährleisten. Sie waren Gläubige, keine Juristen – aber teilnahmsvoll und mutig genug, um sich dort zu engagieren, wo andere es nicht wagten. Viele Leute hatten meine traurige Geschichte vorschnell als die wilden Fantasien eines ängstlichen kleinen Mädchens abgetan, doch die Lorenzens hörten mir zu, ohne von vornherein auszuschließen, dass ich womöglich doch die Wahrheit sagte.

Blake gab mir einen Zeitungsartikel mit der Überschrift »Ehrenmord in Amerika«. Es war die Geschichte eines jungen Mädchens in Texas. Ihr Vater hatte sie und ihre Schwester auf dem Rücksitz seines Taxis erschossen, weil sie zu westlich geworden und mit nicht-muslimischen Freunden ausgegangen waren. Als ich den Bericht später googelte, entdeckte ich, dass dies nur die Spitze eines tragischen Eisbergs war: Väter brachten ihre Töchter um und große Brüder ermordeten ihre Schwestern. Die meisten Fälle betrafen ebenso harmlose Jugendsünden wie die der beiden Mädchen in Texas – die Wahl der Kleidung oder der Freunde – und waren nicht im Entferntesten mit meiner tollkühnen Abkehr vom Islam und Hinwendung zum Christentum zu vergleichen, durch die ich aus islamischer Sicht echte Schande über meinen Glauben und meine Familie gebracht hatte. Doch das Blut all dieser Mädchen bezeugte meine Erfahrung.

Ganz ehrlich: Ich hatte noch nie von solchen Geschichten gehört. Ich wusste nur, dass ich mir das, was bei mir zu Hause geschehen war, nicht eingebildet und dass ich auch nicht übertrieben hatte. Es war furchtbar. Es war übergriffig. Es war real. Und je mehr ich las, desto klarer wurden mir die Zusammenhänge. Ich war überzeugter denn je, dass meine Eltern und die Moschee es ernst meinten, wenn sie sagten, dass sie sich »um mich kümmern« würden.

Obwohl ich die meiste Zeit meines Lebens misshandelt worden war, hatte ich mir lange etwas vorgemacht. Ich denke, kein Mensch begreift sofort, was an seinem Familienleben nicht normal ist, wenn es die einzige Normalität ist, die er kennt. Und als ich dann älter wurde, mehr und mehr unter meiner Situation litt und immer deutlicher begriff, dass so etwas nicht sein darf, hatte ich Angst, es nur noch schlimmer zu machen, wenn ich meinen Freundinnen von der realen Gefahr erzählte, in der ich schwebte. Deshalb hatte ich auch dann noch die Fassade aufrechterhalten, als ich mich der eifersüchtigen Leidenschaft, mit der Christus um meine Seele warb, nicht länger entziehen konnte. Deshalb hatte ich mich zum Beispiel lieber mit einer Bibel in der Toilette eingeschlossen, als quer durchs halbe Land zu fliehen und bei völlig Fremden unterzutauchen. Warum? Hatte ich einfach nur Angst vor Hausarrest oder Strafe oder davor, einige der lieb gewordenen Privilegien meines Jungmädchendaseins zu verlieren? Nein. Ich war intern gewarnt worden, und die Angelegenheit wäre auch intern geregelt worden – lange bevor irgendjemand, der sich ernsthaft um mich sorgte und aufrichtig für mich interessierte, zu meiner Rettung herbeieilen konnte. Blake und Beverly wussten das. Brian hatte es ebenfalls gewusst. Und sie alle hatten sich in große Gefahr gebracht, um zu verhindern, dass es so weit kam.

Doch manchmal stößt man an seine Grenzen, auch wenn man sich bemüht, das Richtige zu tun.

Ein paar Tage später – es war ein ganz normaler Familienabend bei den Lorenzens – sah ich mir gemeinsam mit ihren beiden erwachsenen Töchtern Elizabeth und Suzanna einen Disneyfilm an. Ihre Eltern waren früh zu Bett gegangen und ich genoss es in vollen Zügen, einfach nur zu lachen und mich zu entspannen. Doch die fröhliche Stimmung fand ein jähes Ende, als wir plötzlich hörten, wie Blake herunterkam und sich dem Raum näherte, in dem wir saßen. Seine Stimme hatte einen besonderen Klang. Angespannt. Irgendetwas war nicht in Ordnung. Ich konnte es fühlen.

Verschlafen stolperte er herein, in T-Shirt und Pyjamahose, und sprach in sein Handy. Beverly kam direkt hinter ihm. Sie sah erschöpft und besorgt aus.

»Hast du ihnen gesagt, wo sie ist?«, fragte Blake den Anrufer.

Ich tat, als hätte ich nichts gehört, aber es ging ganz offensichtlich um mich. Alle versuchten, anhand der Gesprächsfetzen aufseiten des Anrufers zu erraten, wer da anrief und was gesagt wurde. Blake hielt die Hand vor die Sprechmuschel und flüsterte: »Die Polizei ist hinter Brian her. Sie wollen ihn verhaften, wenn Rifqa nicht auftaucht.«

Ich wurde blass. Das Herz rutschte mir in die Hose. Ich fühlte mich so schuldig. Das war unerträglich. Brian verhaften? *Meinetwegen*? Das konnte ich nicht zulassen. Blake rieb sich mit der Handfläche über die Stirn und hörte weiter zu, während Brian schilderte, was geschehen war.

Elizabeth drehte sich zu mir um und sagte kategorisch: »Rifqa, geh nach oben.« Ich gehorchte gern. Ich wollte nicht noch mehr hören.

Aufgeregt lief ich in meinem dunklen Zimmer hin und her, rang die Hände und flüsterte lautlose Gebete. Eine Viertelstunde oder länger kämpfte ich wieder mit der allzu vertrauten Angst, von der ich zwei herrliche Wochen lang verschont geblieben war. Nach wie vor klangen Blakes und Beverlys nervöse Stimmen zu mir herauf, während die Realität wie Bombensplitter auf den Sicherheitsschild herniederprasselte, unter dem ich mich so egoistisch hatte verkriechen wollen. Ich konnte Brian das nicht zumuten. Ich würde es nicht zulassen. Wenn jemand Verantwortung für mein Handeln übernahm, dann ich selbst.

Ich würde mich stellen.

Das war das einzig Richtige.

Stufe für Stufe ging ich langsam nach unten. Ich hatte Angst vor jedem Schritt und davor, wohin er mich führen würde. Blake saß am Küchentisch und starrte ins Leere, das Telefon noch in der Hand. In der lastenden Stille des Augenblicks und dem harten Licht der Küchenlampen sah er aus, als wäre er in wenigen Wochen um Jahre gealtert. Meine Anwesenheit bei ihnen zu Hause war für die Lorenzens mit größerem Stress verbunden gewesen, als ich es hatte wahrhaben wollen.

»Wir rufen jetzt bei der Polizei an und sagen ihnen, wo ich bin«, erklärte ich. Es sollte mutig und entschlossen klingen. Doch die Angst in meiner Stimme war unüberhörbar.

Bei meinen Worten wurde Blakes Miene feierlich. Ihm war klar, dass er und Beverly, rechtlich gesehen, eine Ausreißerin bei sich aufgenommen hatten, denn ich war noch minderjährig. Sie hatten sich mit einer Reihe von Anwälten und Politikern beraten, und alle waren sich darin einig gewesen, dass man ihnen sowohl nach Landes- als auch nach Bundesrecht ein schweres Verbrechen zur Last legen konnte. Das ergab zwar irgendwie keinen Sinn, denn es war doch eine himmelschreiende Ungerechtigkeit, dass es verboten sein sollte, einem Menschen in einer lebensbedrohlichen Situation wie der meinen zu helfen – statt wie Verbrecher verfolgt zu werden, hätte dieses Ehepaar einen Orden verdient! Doch die Mühlen des Gesetzes mahlten rasch und niemand nahm sich die Zeit, alle wichtigen Details zu berücksichtigen. Dieser gute Mensch, der mir ein lieber Freund geworden war, wusste, dass ich ihm die einzige Antwort gab, die wir beide akzeptieren konnten.

»Also gut«, sagte er heiser und rieb sich erneut mit der Handfläche über die Stirn. Ich zog einen der Küchenstühle heran und setzte mich still neben ihn. Mit der einen Hand hielt ich meine Bibel umklammert.

Als er die Nummer der Hotline für vermisste Kinder gefunden hatte und eintippte, begann ich leise die Worte des 91. Psalms vor mich hinzusprechen: »Wer im Schutz des Höchsten wohnt und ruht im Schatten des Allmächtigen …« Das half mir, die entsetzliche Anspannung und Zumutung zu ertragen, dass man bei einem solch lebensentscheidenden Anruf in der Warteschleife landete – ganz davon zu schweigen, dass die heitere Tonbandmusik nicht zum Ernst des Augenblicks passte. Fröhliche Trompetenklänge plärrten aus dem Mikrofon, während ich versuchte, mich vertrauensvoll an Gottes Wort zu klammern. Endlich nahm jemand das Gespräch entgegen … und reichte Blake an jemand anderen weiter. Und noch an jemand anderen. Dass man solche unflexiblen bürokratischen Hürden überwinden musste, ehe man in einer aktuellen Fahndungsangelegenheit seine Aussage machen durfte, war dann doch überraschend. Vorsichtig formuliert.

»Der sagt zum Herrn: Du bist für mich Zuflucht und Burg, mein Gott, dem ich vertraue.« Immer wieder sprach ich dieselben Worte vor mich hin: in der Hoffnung, dass sie mir in meiner quälenden Angst ein bisschen Erleichterung bringen würden.

Nachdem es erledigt war – nachdem Blake offiziell zu Protokoll gegeben hatte, dass unter seinem Dach eine minderjährige Ausreißerin wohnte –, rechneten wir jede Minute damit, dass die Einsatzwagen mit Blaulicht vor dem Haus vorfahren würden. So reagiert die Polizei doch normalerweise auf einen solchen Anruf, oder nicht?

Doch niemand kam. Niemand rief zurück. Niemand trat die Tür ein, um mich zu holen.

Es passierte – nichts.

Tage vergingen, und noch immer war niemand erschienen. Diese Nichtreaktion seitens der Behörden war fast noch schlimmer, als wenn sie mich direkt abgeholt und weggebracht hätten. Mit jedem Tag wuchs die Angst vor dem, was die Zukunft bringen mochte. Dass ich gar nichts erfuhr, dass ich nicht wusste, worauf ich mich einstellen und wie ich mich vorbereiten sollte, war wie eine langsame Folter. Wir versuchten, uns unsere Anspannung nicht anmerken zu lassen und bemühten uns um eine unbeschwerte Stimmung. Doch alle im Haus waren nervös und schreckhaft. Sie bemühten sich, stark und zuversichtlich zu wirken, aber die dunklen Ringe unter ihren verstört blickenden Augen sprachen eine andere Sprache.

Ich lenkte mich des Öfteren mit Putzarbeiten von meinem Kummer ab. Wenn ich das Treppengeländer polierte, konnte ich mich auf eine stupide Hausarbeit konzentrieren, statt mich vom Strom meiner Sorgen fortreißen zu lassen. Ich fühlte mich besser, wenn ich zu Hause blieb, wo es niemanden überraschte, wenn ich bedrückt oder besorgt aussah, und wo ich doch immerhin versuchen konnte, die kummervollen Gedanken und Mienen der Familie mit meinem normalerweise fröhlichen, strahlenden Lächeln aufzuheitern. Doch selbst wenn ich sie damit täuschen konnte – Gott täuschte ich nicht, das wusste ich. Ich war verzweifelt, und wenn denn überhaupt etwas geschehen musste, dann sollte es jetzt geschehen. Meine Seele lechzte nach beständiger Freiheit und Sicherheit.

Vier Tage später klingelte es an der Tür und gleich darauf, ehe jemand von uns das Läuten auch nur registriert hatte oder sich auf den Weg machen konnte, um zu öffnen, ertönte ein lautes Klopfen. Das Geräusch war so drängend, dass alle Blicke sich auf die Tür richteten, doch irgendwie schienen wir alle am Boden festgefroren zu sein. Beverly rief mit zittriger Stimme: »Blake!«

Er kam aus ihrem Schlafzimmer und setzte sich entschlossen in Bewegung, um unseren Besuch hereinzulassen.

Ehe Blake die Tür öffnete, rannte ich, vollgepumpt mit Adrenalin, instinktiv die Treppe hinauf. Oben spähte ich durchs Geländer und erkannte einen Hilfssheriff des Orange County, der im Eingang stand. Ich musste nicht hören, was er sagte, um zu wissen, weshalb er hier war.

»Ich bin hier, um einem Hinweis im Fall einer vermissten Ausreißerin nachzugehen«, erklärte er und sah dabei auf ein Blatt Papier. Am liebsten wäre ich unsichtbar gewesen, mit dem Hintergrund verschmolzen oder hätte mich einfach so fest ans Geländer geklammert, dass niemand mich wegbringen konnte.

»Nun, wie Sie sehen, ist sie hier«, hörte ich Blake antworten, während er mit dem Kopf nach oben wies, wo ich flach und reglos, aber nicht wirklich unsichtbar auf dem beigen Teppich lag. Ich atmete tief ein und machte mich auf den Weg nach unten. Es war so weit. Jetzt musste ich es durchstehen.

Ich erzählte meine Geschichte, so gut ich konnte, und der Beamte hörte schweigend zu. Er schien Anfang vierzig zu sein und hatte eine beruhigende Ausstrahlung. Während ich sprach, nickte er mehrmals mit dem Kopf. So ungeheuerlich sich das alles für ihn auch anhören musste, schien er mir doch zu glauben. Doch nachdem er mich zu Ende angehört hatte, sah er mich an und sagte freundlich: »Es tut mir leid, aber ich muss mich an die Regeln halten und dich mitnehmen. Das ist Vorschrift. Es tut mir sehr leid.« Das war eine bittere Pille, aber seine sanfte Stimme gab mir ein Gefühl der Sicherheit. Schweren Herzens nickte ich. Ich hatte verstanden.

Sie hatten mich.

Selbst für Florida war es ein extrem heißer Tag. Meine mokkafarbene Haut wurde in der Sonne förmlich gegrillt, als ich barfuß, die Sandalen in einer Hand, das Haus der Familie Lorenz verließ. Mit der anderen Hand umklammerte ich haltsuchend meine Bibel und ging langsam die Einfahrt hinunter. Beverly hatte mir den Arm um die Schultern gelegt und ging die ganze Zeit neben mir. Als wir den Wagen des Sheriffs erreichten, der am Anfang der Einfahrt stand, seufzte sie, drückte mich fest an sich und ließ mich widerstrebend gehen. Mit einem langen Blick sog ich so viel von ihrer tröstenden Anwesenheit in mich auf, wie ich nur konnte. Dann drehte ich mich weg, gebrochen, am Boden zerstört. Ein Stöhnen entrang sich meiner Brust, das mehr von der Qual in meinem Herzen als von den Schmerzen in meinen Füßen herrührte. Mit zusammengepressten Zähnen verabschiedete ich mich vom Rest der Familie.

Und dann ging es los.

Ich konnte nicht anders, ich musste einfach aus dem Rückfenster sehen, als wir abfuhren. Ich reckte meinen Hals und sah Blake, der die Arme um die weinende Beverly geschlungen hatte und sie zu trösten versuchte. In der ganzen Zeit, in der ich bei ihnen gelebt hatte, hatte ich sie nie weinen sehen; sie war eine starke Frau. Rasch wurde ihr Bild im Fenster kleiner und kleiner, bis sie nur noch ein Punkt in der Ferne waren.

Mein einziger Trost war jetzt meine Bibel, die mich der Polizist hatte mitnehmen lassen. Ich musste mich nicht lange fragen, wohin er mich bringen würde.

Zwanzig

Der Wagen des Hilfssheriffs hielt vor der Jugendstrafvollzugsanstalt von Orange County – genau an dem Ort, an dem mich etwa eine Woche zuvor eine so ungute Vorahnung beschlichen hatte. Der Mann drehte sich zu mir um und sagte: »Es tut mir leid, aber ich muss jetzt zu dir nach hinten kommen und dir Handschellen anlegen. Ich tue das wirklich nicht gern, aber (wieder diese Worte) das ist Vorschrift.« Er stieg aus, öffnete die hintere Wagentür und legte mir mit sichtlichem Unbehagen Handschellen an.

»Huch ...«, machte ich, als mir die Handschellen wieder über die Hände rutschten.

Er lächelte und förderte ein Paar Kinderhandschellen zutage, stellte sie auf meine kleine Größe ein und band mir damit die Handgelenke zusammen. Sein freundliches Gesicht tröstete mich ein wenig. Polizisten konnten bei der Einlieferung ins Gefängnis bestimmt auch sehr viel ruppiger sein. Mit einem klickenden Geräusch schnappten die Handschellen ein und er führte mich vorwärts.

Und dennoch – ins Gefängnis? Warum? Ich hatte nichts Böses getan. Ich war von zu Hause weggelaufen, weil mein Leben in Gefahr gewesen war, und mein Leben war in Gefahr gewesen, weil ich an Jesus Christus glaubte. Warum war das so ein schlimmes Verbrechen? Warum bekam *ich* deswegen Ärger? Die einzige Erklärung, die der Sheriff mir geben konnte, war die, dass man Ausreißer ins Gefängnis sperrte, damit sie nicht wieder ausreißen konnten. Dabei war ich an dem Ort, an dem ich mich zu leben entschlossen hatte – bei der Familie Lorenz – rundum zufrieden gewesen. Dort, wohin man mich jetzt brachte, hatte ich definitiv viel mehr Grund, auszureißen.

Der Geruch, die Leute, die Geräusche, die Sprache – es war ein einziger Albtraum. Alle Rechte, die ich als Mensch hatte, waren außer Kraft gesetzt. Ich durfte nur atmen und mich innerhalb eines bestimmten Bereichs bewegen. Wenn ich den Bereich verließ, wurde ich zurechtgewiesen. Also tat ich Stunde um Stunde das Einzige, was ich tun konnte: dort sitzen und beten. Und die Beamten mit Fragen löchern: »Sir, Ma'am, werde ich nach Ohio zurückgeschickt?« Jedes Mal war ihre Antwort emotionslos und nichtssagend.

Warum? Warum verhielten sie sich so? Warum behandelten sie mich wie eine Kriminelle?

Endlich kam jemand herein und streckte mir einen hässlichen blauen Overall entgegen. Im Tausch musste ich alles abgeben, was ich hatte: die Kleider, die ich trug, meine kostbare Bibel, die ich hatte mitnehmen dürfen, und sogar den Haargummi, mit dem ich mir die Haare zusammenband. Sie sagten, das sei das übliche Vorgehen zur Suizidprävention. Dann stellten sie mich vor eine Kamera, drückten mir die Hände in Tinte, um Fingerabdrücke zu nehmen, und machten Fotos für die Verbrecherkartei. Es war das erste Foto von mir, auf dem ich nicht lächelte.

Es wurde noch schlimmer. Man sagte mir, dass ich als vermisst gemeldet sei und dass sie gesetzlich dazu verpflichtet seien, meine Eltern über meinen Verbleib zu informieren. Ich würde danebensitzen und zuhören müssen, wenn sie die Nummer wählten und auf Lautsprecher schalteten. »Hier entlang …«

Ich wurde in einen in blassem Gelb gestrichenen Raum geführt. Im nächsten Augenblick hallte die Stimme meines Vaters von den Wänden und brach über mich herein wie ein Geist aus der Vergangenheit. Ich hasste es, *hasste* es, das anhören zu müssen. Angst, Zorn, Schmerz, Adrenalin. Die Emotionen, die auf mich einstürmten, waren mehr, als ich verkraften konnte.

»Kann ich bitte mit meiner Tochter sprechen?«, sagte er.

Nein! Ich schüttelte heftig den Kopf und presste in verzweifelter Abwehr die Zähne zusammen. Ich wusste genau, wie ein solches Gespräch verlaufen würde, und ich war nicht bereit, mir den schwarzen Peter zuschieben zu lassen. Er würde mich zurücklocken und die Behörden davon überzeugen, dass er völlig harmlos sei, dass es ihm leidtue, dass ich überreagiert und etwas missverstanden habe. Mein Vater ist Kaufmann: Leute zu überzeugen ist sein Beruf. Die meisten Leute, die ihm zum ersten Mal begegnen, halten ihn für einen netten Menschen. Mit seinen sanften Augen, seinem strahlenden Lächeln und seinem exotischen Akzent wirkt er wie ein liebevoller Vater. Doch niemand wusste, was für ein Mensch er war, zu was für einem Menschen er wurde, und zwar unvermittelt und regelmäßig, sobald er den Bereich unseres muslimischen Zuhauses betrat. Seine Pose, diese Rolle, die er auch jetzt wieder spielte, während ich hier in Fesseln saß und zum Mithören gezwungen wurde, machte mich rasend.

»Rifqa«, sagte er, »bitte, komm zurück nach Hause. Ich weiß nicht, woher du diesen Unsinn hast. Natürlich kannst du deinen christlichen Glauben praktizieren.«

Lügner. Ich kannte die Wahrheit nur allzu gut. Seine Drohungen waren mir noch zu frisch im Gedächtnis, um ihm auch nur eine Minute lang zu glauben. Ekel packte mich. Ich wusste, dass er das alles den Behörden nur vorspielte. Es sollte so aussehen, als sei *ich* die Lügnerin. Ich schüttelte ablehnend den Kopf und schwieg. Schließlich sagte ich den Beamten im Raum mit leiser, aber fester Stimme: »Nein, ich will nicht mit ihm sprechen.« Sie konnten mich nicht dazu zwingen.

Endlich war es vorbei. Sollten sie denken, was sie wollten. Ich kannte die Wahrheit. Und sie würde ans Licht kommen, wenn es irgendeine Hoffnung auf Gerechtigkeit gab. Niemand konnte tun, was mein Vater mir immer und immer wieder angetan hatte, und damit davonkommen. Oder doch? *Oder doch?*

Genau das versuchte Rosa Armesto herauszufinden, als sie wenig später in der Haftanstalt anrief und mich zu sprechen verlangte. Ich war ihr noch nie begegnet, hatte nur einmal mit ihr telefoniert und wusste nicht sicher, ob sie eingewilligt hatte, meinen Fall *pro bono* zu übernehmen. Von Rechts wegen war sie die einzige Person, mit der ich sprechen durfte, und ihre mütterliche Stimme war – vor allem nach der Zumutung, die der Anruf meines Vaters für mich gewesen war – eine Wohltat für meine Ohren.

»Liebling, erzähl ihnen einfach die ganze Geschichte«, riet sie mir ruhig.

Bei diesen Worten brach ich in Tränen aus. Alle Kraft, die ich bis zu diesem Augenblick zur Schau getragen hatte, war mit einem Mal verschwunden, als mir bewusst wurde, dass die ganze Sache auch fürchterlich schieflaufen konnte und dass nichts außer mir selbst und meiner Version der Ereignisse dem entgegenstand, was mein Vater an manipulativen Intrigen auch immer spinnen mochte. In diesem Augenblick sah ich ganz sicher aus wie eine erschrockene Sechzehnjährige, die es sich in ihren schlimmsten Albträumen nicht vorgestellt hatte, dass sie einmal wie eine Verbrecherin abgeführt und hinter Gitter gesperrt werden würde.

Was würden diese Leute mit mir machen?

Irgendwann ist ein Punkt erreicht – vermutlich ist das ein Überlebensmechanismus, den Gott in den menschlichen Körper eingebaut hat –, über den hinaus uns keine Situation, so schlimm sie auch sein mag, auf Dauer in einer unerträglichen emotionalen Anspannung festhalten kann. Selbst das brutale, erniedrigende, schonungslose Trauma, an einem so schrecklichen Ort wie dem Gefängnis zu sein, wird irgendwann zu einer Realität, die man, wenn auch vorübergehend, einfach akzeptieren muss. Irgendwann sind alle Tränen geweint. Man stumpft ab. Die Stöße werden weniger heftig.

Als ich im Warteraum saß, weil ich in eine reguläre Zelle gebracht werden sollte, spürte ich mit einem Mal – inmitten der nachlassenden Erregung, die das Telefonat mit meinem Vater in mir verursacht hatte, und der vorhersehbareren Bewegungen des Personals und der anderen Leute um mich herum –, wie der Geist Gottes sich in mir regte und mich lockte: Ich solle auf Ihn vertrauen, an Ihn glauben und mich mit dem letzten bisschen Verstand, das mir noch blieb, in die Umarmung Seiner grenzenlosen Liebe und Weisheit fallen lassen. Ich solle bereit sein zu erfahren, was Er meint, wenn Er sagt, dass Seine Kraft sich in der menschlichen Schwachheit erweist.

Also beschloss ich mit einem tiefen, gottergebenen Seufzer, das Beste aus der Zeit zu machen, die ich hier verbringen musste. Ich wollte Sein Gefäß sein und alles Licht, das Er mit einem so ängstlichen und zerbrechlichen Werkzeug erzeugen konnte, an meine Umgebung abgeben. Ich fühlte mich, als sei Vers 6 aus dem 27. Psalm Wirklichkeit geworden: »Nun kann ich mein Haupt erheben über die Feinde, die mich umringen. Ich will Opfer darbringen in seinem Zelt, Opfer mit Jubel; dem Herrn will ich singen und spielen.« Wider alle Vernunft würde ich aufrecht sitzen, meinen Kopf hochhalten und lächeln. Ich würde den Frieden und die Freude ausstrahlen, die Gott meinem Herzen geschenkt hatte. Wenn dies hier – das Gefängnis – der Ort war, an den meine Reise in die Freiheit mich geführt hatte, würde ich gleichwohl meine Freiheit verkünden.

Einer der Beamten, die während der sieben- oder achtstündigen Wartezeit an mir vorbeigingen, sagte zu mir: »Weißt du eigentlich, wo du hier bist? Du bist im *Knast*, Schätzchen!« Und er lachte. Doch ich beantwortete sein grausames Lachen mit einem lächelnden Kopfnicken. Sie konnten mit mir tun, was immer sie wollten, ich würde weiter den Namen Jesu flüstern und hoffen, dass auch sie mit ihren langen, verwirrten Blicken irgendwie beginnen würden, Seine Gegenwart zu ahnen.

Endlich wurde mein Name aufgerufen.

Offenbar war mein Zimmer fertig.

Ich musste jedoch feststellen, dass dieses innerstädtische Gebäude offenbar so eine Art Sammelstelle, ein Umschlagplatz oder Auffanglager war, in das die inhaftierten Minderjährigen zunächst verbracht und wo sie registriert wurden. Von dort aus transportierte man die Häftlinge anschließend in Einrichtungen am Stadtrand, damit sie dort ihre Schuld an der Gesellschaft abtrugen.

Also wurden mir, als mein Bus und meine Abfahrtzeit gekommen waren, die Hände mit einer Kette gefesselt, die um meine Beine und meine Taille herumlief und jeden etwaigen Fluchtversuch unmöglich machte. Dann wurden meine Ketten mit denen eines Jungen verbunden, der die lange Fahrt im Transporter gemeinsam mit mir antrat. Sein schokoladenbraunes Gesicht verriet, wie sehr ihn das alles belastete, wie auch immer er sich in diese Situation hineingebracht haben mochte. Ich sah in seine blutunterlaufenen Augen und spürte Mitleid mit ihm, selbst dann noch, als wir in schweren Ketten zusammen mit den anderen von einem mit einem Stock bewaffneten Wachmann wie Tiere in einen Käfig gepfercht wurden.

Fünfundvierzig Minuten später erreichten wir unser Ziel und das Warten begann von Neuem. Die Jungen gingen in die eine Richtung, die Mädchen in die andere. Und dann flossen die Stunden träge dahin an einem Ort, wo die Zeit stillzustehen und wie dazu geschaffen schien, mit Papierkram gefüllt zu werden.

Endlich wurde ich nach einer schier endlosen Befragung (wenigstens verging so die Zeit etwas rascher) in einen Duschraum geschickt, wo die Entwürdigung ihren Höhepunkt erreichte. Man sagte mir, ich solle mich nackt ausziehen, unterzog mich dann (um sicherzugehen, dass ich nirgends Drogen oder Waffen versteckt hatte) einer vollständigen Leibesvisitation und gestattete mir schließlich eine auf exakt zwei Minuten bemessene Dusche mit eiskaltem Wasser. Allmählich dämmerten mir Sinn und Zweck dieser Gefängniskultur: äußerste Demütigung. Das Wasser war schrecklich kalt und prasselte auf meine bloße Haut, während ich die Augen schloss und betete, dass ich es aushielt.

Die ganze Atmosphäre war brutal. Helle Lampen tauchten die Gänge in ein hartes Licht. Auf dem Weg in meine Zelle musste ich die Hände hinter dem Rücken halten, wenn ich nicht gemaßregelt werden wollte. Die Zellen waren … oooh, einfach grauenhaft. Wie sehr vermisste ich mein hübsches, in blassem Grün gehaltenes Zimmer bei der Familie Lorenz! Dieser Raum hier war klein und grau und erinnerte eher an einen Kerker als an eine Schlafstätte. Eine dünne, wattierte Matratze lag auf einem Bett aus Beton und gegenüber befanden sich eine Spüle und eine offene, verdreckte Toilette, aus der es furchtbar stank. Ein kleines Fenster zur Außenwelt war in der Wand über mir eingelassen, doch es war viel zu hoch, als dass ich wirklich hätte hinaussehen können. In der Ecke befand sich eine Wasserzapfstelle, wenn man es denn so nennen will. Das ganze Becken und die Wand dahinter waren mit grünen Algen überzogen. Widerlich.

Ich verstand nicht, womit ich eine solche Behandlung verdient hatte.

Die erste Nacht war so furchtbar, dass ich mich nicht erinnern kann, viel geschlafen zu haben. Die hellen Lichter brannten die ganze Nacht hindurch und durch die frostige Temperatur fühlte es sich so an, als ob jemand die ganze Zeit über kalte Luft auf meinen Körper blies. Zu einer Kugel zusammengerollt, um mich einigermaßen warm zu halten, lag ich auf dem Betonbett und vergrub mein Gesicht zwischen meinen Knien, um mich vor dem Licht und der beißend kalten Luft zu schützen. Und dann, als ich endlich anfing, ein bisschen einzudösen, ertönte von irgendwoher außerhalb meiner Zelle ein Schrei, der mir das Blut in den Adern gefrieren ließ, und ich war mit einem Schlag wieder hellwach.

Schaudernd stand ich auf meinen Füßen, noch ehe ich überhaupt gemerkt hatte, dass ich aus dem Bett gesprungen war. *Was ist da los? Was ist passiert?* Ich spähte durch das kleine Fenster, das auf den Korridor hinausging, um zu sehen, wer oder was all diese Aufregung verursacht hatte. Mitten im Gang konnte ich ein junges Mädchen erkennen, das an ihr Bett gefesselt war. Sie knurrte und biss mit den Zähnen in die eisernen Ketten. Mein Herz trauerte um sie, genauso wie ich um mich selbst trauerte. Ich überwand mein Entsetzen, so gut es eben ging, kroch zurück in mein steinernes Bett und versuchte, wieder einzuschlafen, während die gequälten Schreie des Mädchens durch die Gänge hallten. In dieser Nacht weinte ich mehr denn je. Ich hörte das Echo meines eigenen Schluchzens von den Zellenwänden widerhallen.

Als ich wieder aufwachte – es war noch immer Nacht – fühlte sich meine Kehle fürchterlich ausgedörrt an. Was hätte ich nicht für einen Schluck Wasser gegeben – doch ich wagte es einfach nicht, meine Lippen mit dem zu benetzen, was aus dieser widerlichen Zapfstelle kam. Also klopfte ich an die Tür, um die Wache auf mich aufmerksam zu machen, und fragte die freundlich aussehende Frau, die daraufhin näher kam, ob sie mir vielleicht (bitte) etwas Wasser bringen könnte.

»Es tut mir leid«, sagte sie in bedauerndem, verständnisvollem Ton. »Ich darf die Tür nachts nicht aufschließen. Wenn du Wasser willst, musst du aus der Zapfstelle trinken.«

Uff. Okay. (Auf *gar* keinen Fall!)

»Ach, und übrigens«, fügte sie dann hinzu, »lies Römer 8.«

Römer 8? Aber ja! Jetzt erkannte ich sie! Sie war die Frau, die ich irgendwann in diesen nicht enden wollenden vierundzwanzig Stunden gefragt hatte, ob sie mir meine Bibel, die man mir weggenommen hatte, wiederbeschaffen oder mir irgendeine andere Bibel bringen könnte. Jetzt lächelte ich ihr zu – durch das kleine Loch in der Tür, das meine einzige Möglichkeit darstellte, mit anderen Menschen in Kontakt zu treten – und dankte ihr. Sie hatte mein kaltes, versteinertes Herz erwärmt.

Ich kringelte mich wieder auf meinem Bett zusammen, schlug die Bibel auf, die sie mir gegeben hatte, und las die besagte Stelle: »Was ergibt sich nun, wenn wir das alles bedenken? Ist Gott für uns, wer ist dann gegen uns? Er hat seinen eigenen Sohn nicht verschont, sondern ihn für uns alle hingegeben – wie sollte er uns mit ihm nicht alles schenken? Wer kann die Auserwählten Gottes anklagen? Gott ist es, der gerecht macht.« Wieder einmal – wie schon so oft und vielleicht so deutlich wie nie – fegte Sein Wort die eisernen Barrieren des erbitterten Widerstands beiseite, ließ sich von keinem noch so unbeweglichen Hindernis aufhalten und schickte mir einen Gruß: Seinem Kind, das durch nichts und niemanden von seiner Fürsorge und Aufmerksamkeit getrennt werden konnte.

Ich schlief auf dem Kissen Seiner Gnade ein und wachte erst am Morgen wieder auf.

In den nächsten Tagen und Nächten wurde das Gefängnisleben zu meiner neuen Normalität. Wir wurden in die Kantine gescheucht, um schweigend grauenhafte Mahlzeiten zu uns zu nehmen, und dann wieder in unsere zweimal zweieinhalb Meter großen Zellen zurückgebracht, wo wir unsere einsamen Tage verbrachten. Draußen kann es passieren, dass ein paar Tage wie im Flug vergehen und man sich fragt, wo denn die Zeit geblieben ist, doch ein paar Tage im Gefängnis fühlen sich an, als ob sie niemals enden wollten. Das Einzige, was sich am Horizont abzeichnete, war eine Anhörung bei Gericht, bei der ich hoffentlich irgendjemandem erklären konnte, was geschehen war, und mir vielleicht erklären lassen konnte, weshalb meine Taten mir solche Konsequenzen eintrugen.

Und vielleicht – hoffentlich! – kam ich dann hier raus.

Einundzwanzig

»Zeit fürs Gericht!«, verkündete die Wache mit dröhnender Stimme und klopfte an meine Tür. Jedes Geräusch an diesem Ort ließ mich aufspringen und versetzte mich in Angst und Schrecken.

Eine gerichtliche Anhörung. Ich hatte keine Ahnung, was mich erwartete. Mir schwante nichts Gutes, während ich das wenige tat, was ich tun konnte, um mich ausgehfertig zu machen, und dann unter Bewachung meine Zelle verließ. Ich hoffte zwar, dass diese Maßnahme vielleicht auf einen Fortschritt in meiner Angelegenheit hinwies, doch das Unbekannte machte mir Angst. Mein Herz war bleischwer.

Als sie uns – alle, deren Anhörung für diesen Tag geplant war – zusammentrieben, erkannte ich die dunkle, geisterhafte Miene des Jungen wieder, mit dem ich auf der Herfahrt zusammengekettet gewesen war. Wie wir alle – vermutlich sogar auch ich – wirkte er hoffnungslos kriminell. »Unschuldig bis zum Beweis des Gegenteils« – so viel dazu. Dass ich nicht lache. Der Gefängnisoverall hatte etwas Egalisierendes und kam einer Vorverurteilung gleich. Doch wie zuvor war ich fest entschlossen, nach außen hin so strahlend und unangefochten aufzutreten, wie ich nur konnte. Also ging ich auf die Gruppe zu, lächelte einen der Wachmänner an und säuselte: »Guten Morgen!«

»Hmpf!« Er schnaubte spöttisch. »Du bist ja anscheinend richtig froh, hier zu sein. *Wie niedlich*«, meinte er sarkastisch, während er die schweren Ketten an meinen Händen, meiner Taille und meinen Füßen befestigte und ich mich dann der Reihe der anderen Jugendlichen anschloss. Ich war ziemlich sicher, dass die Ketten mehr wogen als ich mit meinen vierzig Kilogramm, und so war das Gehen recht beschwerlich. Doch ich holte tief Luft, zog meine Ketten hinter mir her und sagte mir im Stillen: *Was für eine Ehre, Rifqa, dass du für Christus leiden und in die Fußstapfen des Herrn treten darfst.*

Im hinteren Bereich des weißen Transporters war es stockdunkel. Dicke, dunkle Vorhänge an den Fenstern ließen keinen einzigen Sonnenstrahl herein und schnitten uns völlig von der Außenwelt ab. Erst nachdem wir eine ganze Weile herumgesessen hatten, gewöhnten sich meine Augen so weit an die Dunkelheit, dass ich in den Ecken kleine Lichtpunkte erkannte. Durch einen davon konnte ich beinahe die Farben einer grell rosafarbenen Blume ausmachen, die draußen blühte. Genau das hoffte ich zu sein: ein Funken unerschrockener Freude und Verheißung, der an einem Ort aufstrahlte, wo Dunkelheit und Hoffnungslosigkeit ihr Monopol geltend machten und alle anderen Emotionen zu überlagern drohten. Ich hätte nicht hier sein sollen, doch Gott hatte mich nicht verlassen. Ich betete, dass auch ich Ihn nicht verließ.

»Hier entlang!«, rief der Wachmann, als wir das Gerichtsgebäude erreicht hatten und hineingedrängt wurden. Nachdem ich so lange nichts als das trostlose Gefängnisinnere gesehen hatte, heiterte mich der vergleichsweise ansprechende Gerichtssaal ein wenig auf: polierte Bänke, Lederstühle, glänzende, karamellfarbene Tische. Alles sah eindrucksvoll aus. Selbst die Zuhörer, die Gerichtsdiener und das übrige Personal in Anzug und Krawatte oder schmal geschnittenen Röcken standen in einem scharfen, angenehmen Kontrast zu meiner schmuddeligen, marineblauen Sträflingskleidung, meinen dicken Eisenketten und meinem wilden, ungekämmten Haar.

Ich sah mich um und mein Herz machte einen Sprung, als ich ein vertrautes Gesicht entdeckte. *Beverly!* In diesem Augenblick hätte ich alles getan, um ihre Umarmung zu spüren. Als sie mich sah, winkte sie zaghaft; dann begann sie zu zittern und leise zu schluchzen. Ihre Reaktion bestätigte, was ich mir nicht hatte eingestehen wollen: Ich sah genauso furchtbar aus, wie ich mich fühlte.

Die Bitte um Ruhe riss mich aus meinen Gedanken und der Gerichtstermin mit der Prozessliste nahm seinen Lauf. Der Zweck dieser Anhörung bestand offenbar darin, uns offiziell vorzulesen, was uns zur Last gelegt wurde; außerdem bekamen wir Gelegenheit, auf die Fragen der Richterin einzugehen und die Dinge aus unserer Sicht darzustellen. Anschließend entschied die Richterin von Fall zu Fall, wie es mit uns weitergehen würde. Also traten meine Mithäftlinge einer nach dem anderen vor, sobald ihre Namen aufgerufen wurden. Ich betete für jeden von ihnen, während ich wartete, bis ich selbst an die Reihe kam, und hörte mir ihre jeweiligen Geschichten an. Ein Schicksal war besonders herzzerreißend. Ein hochgewachsener junger Mann stand vor der Richterin, die bereit war, ihn aus der Haft zu entlassen. Doch dann stand seine Mutter auf und bat das Gericht, ihn im Gefängnis zu behalten, weil sie mit ihm nicht fertigwurde. Ihr Sohn brach daraufhin in lautes Schluchzen aus.

Das mit ansehen zu müssen, bereitete mir physisches Unbehagen. Und doch war es nur einer von vielen Fällen. Nacheinander traten sie vor die Richterin, Jungen und Mädchen, und eine Geschichte war trauriger und unglücklicher als die andere.

Und dann war ich an der Reihe.

Blake stand von seinem Sitz auf und trat mit mir vor die Richterbank. Er umarmte mich fest und half mir vorwärts. Als ich zum Sprechen aufgefordert wurde, versuchte ich tapferer zu klingen, als ich mich fühlte.

»Euer Ehren …« Doch noch ehe ich meinen Satz beenden konnte, überwältigten mich die Emotionen. Meine Stimme brach. »Muss ich nach Ohio zurück? Bitte, schicken Sie mich nicht zurück. Bitte! Ich habe solche Angst! Bitte!«

Blake drückte mich an sich, um mich zu trösten, und sagte der Richterin, dass meine Anwältin telefonisch Stellung nehmen würde. Er hatte dem Gerichtsdiener Rosas Nummer gegeben. Über die Freisprechanlage hörten wir, wie Rosa erklärte, dass ich von meinen Eltern bedroht wurde. Sie verlangte, dass man mich unter die Obhut der Familienbehörde *(Florida Department of Children and Families)* stellte. Zum Glück erklärte die Richterin sich damit einverstanden – allerdings nur bis auf Weiteres. Es war noch nicht vorbei.

»Zeit für die Schule!« Im Gefängnis war es immer Zeit für irgendetwas, worauf man keine Lust hatte. Gestern die Anhörung, heute die Schule. Schule hieß hier nicht, dass ein Lehrer vorn stand und die Schüler unterrichtete. Wir hatten nur eine Aufseherin, die uns von einer Ecke aus im Auge behielt; ansonsten war das Ganze ein großer Raum mit Pulten, an denen Jugendliche lasen oder schrieben, selbstständig arbeiteten oder gar nichts taten und einfach nur dasaßen – eine Unterbrechung der Einzelhaft. Ich las allein in meiner Bibel. Die Handfesseln erschwerten das Umblättern und überhaupt alles und ließen mich keinen Moment lang vergessen, dass ich nicht frei war.

Der Klassenraum war genauso grau und trostlos wie das ganze übrige Gebäude – ein himmelweiter Unterschied zu der gepflegten Umgebung an der *New Albany Highschool,* das war mal sicher. Aus den Augenwinkeln schielte ich zu den anderen Mädchen im Raum hinüber; sie sahen alle viel jünger aus als ich. Schon bald kamen ein paar von ihnen heran und fragten: »Warum bist *du* hier?«

Nun, das war eine lange Geschichte. Doch je mehr ich erzählte, desto mehr wollten sie hören. Also erzählte ich ihnen, wie Gott mein Leben verändert hatte und wie ich deshalb von zu Hause hatte weglaufen müssen. Ich sagte ihnen, dass es nicht einfach nur eine gute Idee gewesen war, Jesus nachzufolgen, sondern dass Er mein Lebensinhalt war. Bald drehten andere ihre Köpfe nach uns um, sahen herüber und hörten mir zu. Eine oder zwei schoben ihre Tische heran, bis ich beinahe umringt war. Sogar die Aufseherinnen sahen in meine Richtung – und das nicht nur, um sicherzugehen, dass wir keinen Ausbruch planten. Eines der Mädchen weinte und ihre Tränen des Bedauerns und der traurigen Erinnerungen schienen sich mit ihrer Not und Hoffnung zu vermischen. Glühend vor Leidenschaft erzählte ich ihnen von Jesus. Ich fühlte mich tapfer in diesem Moment. Mehr denn je war ich überzeugt, dass ich das Richtige getan hatte, als ich von zu Hause weggelaufen war.

Später am selben Nachmittag, als ich, noch immer von meinem frischen Eifer für Gott erfüllt, wieder allein in meiner Zelle saß, nahm ich das wahr, was für mich inzwischen zu einem absolut sicheren Zeichen Seiner Gegenwart geworden war: ein sanftes Flüstern, das in meinem Geist widerhallte und mit schlichter Gewissheit zu mir sprach.

»Wirst du etwas für mich singen, Rifqa?«, schien das Flüstern zu fragen.

Für Dich singen? Hier? Meinst Du das im Ernst? Ich sitze in einer Gefängniszelle. Die werden denken, ich bin verrückt geworden. Ein Lied? Ich weiß nicht einmal, ob ich mich an eines erinnere!

Ich weiß nicht, wie lange ich mit Gott gerungen habe. Ich hatte keine Uhr und daher keine Möglichkeit – weder in diesem noch in irgendeinem anderen Moment meines Gefängnisaufenthalts – festzustellen, wie viel Zeit verstrichen war. Doch ich wusste, dass Er am Ende gewinnen würde. Er gewinnt immer. Ich konnte einfach nicht anders, als Seiner Liebe nachzugeben. Ich nahm an, was Er mir sagte, nahm alle Qual meines Lebens an diesem furchtbaren, grenzenlosen Ort an, und betete: *Okay, Gott. Gib mir ein Lied, und ich werde es singen.*

Ich lehnte meinen Hinterkopf sanft gegen die Wand, stieß einen Seufzer aus, der ein halbes Räuspern war, schluckte den letzten gehemmten, verlegenen Rest Ungehorsam hinunter und begann die ersten Zeilen von Matt Redmans *The Heart of Worship* zu singen – das einzige Lied, das mir einfiel.

Ich sang jedes Wort, jeden Vers. Und dann – da ich Ihm nun schon so weit gefolgt war – wiederholte ich die letzte Zeile wieder und wieder: *It's all about You. It's all about You, Jesus.* Dieses einfache Lied wurde zu meinem Gebet. Das Bewusstsein Seiner Gegenwart flutete durch jede Pore meines Körpers – ganz ähnlich, wie Er an jenem Freitagabend im Andachtsraum von Angelas Gemeinde mein Sein überschwemmt hatte. Ich begann vor Freude zu weinen. Ich konnte Gottes Nähe spüren und ich wusste, wie stolz Er auf mich war. Ich fühlte seine tiefe Zuneigung und Freude über mein Leben.

Schließlich hielt ich es nicht mehr aus, konnte es einfach nicht mehr für mich behalten. Meine Stimme hallte laut von den Wänden meiner engen Zelle wider, als ich zur

Decke hochsah und mit der ganzen Kraft meines Gott verehrenden Herzens ausrief: *»Ich liebe Dich, Jesus!«*

»Du bist es wert, Herr«, betete ich laut. Ich werde die nächsten zwanzig Jahre hierbleiben, wenn es sein muss. Ich kann nicht ohne Deine Gegenwart leben, Gott! Ich werde *alles* tun. Ich werde *überallhin* gehen, wenn Du nur bei mir bist!« Ich fühlte mich, als blickte ich direkt in den geöffneten Himmel. Die Sehnsucht nach Ihm und die Treue zu Ihm ergriffen mich von Kopf bis Fuß. Es spielte keine Rolle, dass ich für ein Verbrechen im Gefängnis saß, das ich nie begangen hatte. Mein Geist schwang sich empor auf den Flügeln der Hoffnung. Ich legte mein Leben wieder in Gottes Hand. Alles schien in diesem Augenblick einen Sinn zu ergeben – zumindest vertraute ich voll und ganz darauf, dass es für Ihn einen Sinn ergab. Es spielte keine Rolle mehr, ob ich nach Ohio zu meinen Eltern zurückgeschickt werden würde. Es spielte keine Rolle mehr, ob ich geschlagen oder verletzt werden würde. Es spielte keine Rolle mehr, ob ich nach Sri Lanka zurückgebracht oder sogar von meinem Vater eigenhändig getötet werden würde. Jesus genügte. Im Leben und im Tod würde ich Ihm folgen. Und es war mir gleich, wer davon wusste.

In der Zwischenzeit kämpfte Rosa, meine Anwältin in Miami, wie eine Löwin. Beverly war völlig außer sich gewesen, nachdem sie mich vor Gericht in meiner Gefängniskluft gesehen hatte, und hatte sie sofort angerufen. »Bitte, Rosa, holen Sie unser Mädchen da raus«, hatte sie gefleht. Normalerweise ist Beverly ein zuversichtlicher und positiver Mensch, doch mich wie ein Tier in Ketten zu sehen, hatte sie völlig fertiggemacht. Sie hatte danach weder essen noch schlafen können.

»Beverly, ich tue alles, was ich kann. Wir *werden* sie da rausholen.«

Rosa zog alle Register. Sie ließ ihre Beziehungen spielen und wandte sich an die richtigen Leute, bis sie ihren Standpunkt unmissverständlich klargemacht hatte: Dieses Mädchen, ihre Klientin, war in Gefahr. Und wenn der Staat auch nur darüber nachdachte, mich nach Ohio zurückzuschicken, ohne meine Aussage ernst zu nehmen, dann würde mein Blut an Floridas Händen kleben. Außerdem hätte ich nichts Unrechtes getan: Ich hätte nur zu meinem eigenen Schutz gehandelt und überdies bestehe keine Fluchtgefahr, denn ich wolle ja gar nicht weg. Ich sei aus eigenem Antrieb hergekommen. Von Rechts wegen müsse ich *noch am selben Tag* vor Sonnenuntergang aus dem Gefängnis entlassen werden!

Und das wurde ich auch.

Ein paar Stunden später – es war der Tag vor meinem siebzehnten Geburtstag – öffnete eine Vollzugsbeamtin meine Zellentür und sagte: »Du bist frei.« Bestimmt träumte ich. Oder sie erlaubte sich einen Scherz mit mir. Doch das tat sie nicht. Ich folgte ihr durch ein Labyrinth von Gängen, bis ich schließlich durch gläserne Türen hindurch die Außenwelt sah, die im Strahl der Abendsonne durchschien – und Blake mitten drin. Ich rannte auf ihn zu, stürzte mich in seine Arme und umklammerte ihn, als könnte er verschwinden, sobald ich ihn losließ.

Ich träumte nicht. Ich war frei!

»Bis morgen die Anhörung fortgesetzt wird, haben wir das einstweilige Sorgerecht für dich, Rifqa«, sagte Blake, als die Beamtin mir eine Tasche mit meinen Kleidern und meinen wenigen Habseligkeiten aushändigte, dann auf eine geschlossene Zelle wies und mir zu verstehen gab, dass ich mich darin umziehen könne. Als ich die Gefängnismontur gegen meine eigenen Sachen ausgetauscht hatte, stieß ich einen erleichterten Seufzer aus. Es fühlte sich so gut an, wieder ein hübsches Kleid zu tragen.

Als ich zu Blake zurückkam, trug ich Sandalen und starrte auf meine hübsch pedikürten, rosa lackierten Zehennägel. Der Lack war noch nicht völlig abgewetzt, seit Beverly und ich uns einen Mädels-Ausflug gegönnt und uns die Nägel hatten machen lassen. Das war vor einer Woche gewesen.

Rosa. Wie die Blume, die ich aus dem Gefangenentransport heraus gesehen hatte. Ich hoffte, dass die Freude in mir nicht verblassen würde, bis wir diese schweren Zeiten überstanden hatten.

Zweiundzwanzig

Rosa, Blake, Beverly und ich gingen an diesem Abend zum Essen. Kein Gefängnisessen mehr. Überhaupt *gar nichts* mehr, was mich ans Gefängnis erinnerte. Doch es war viel von rechtlichen Dingen die Rede, und ich gab mir alle Mühe, die Feinheiten dessen zu erfassen und nachzuvollziehen, was Rosa uns zu erklären versuchte.

»Es ist ein höchst sensibler Fall«, sagte sie, »weil das Pendel nach zwei Richtungen ausschwingen kann: Entweder es ist eine strafrechtliche Angelegenheit – ein minderjähriges Mädchen läuft von zu Hause weg und seine Eltern erstatten Anzeige – oder es ist ein Sorgerechtsfall, der auf Misshandlungsvorwürfen gegen ihre Familie beruht. Wir müssen das *DCF (Florida Department of Children and Families)*, die Familienbehörde, miteinbeziehen, damit der Staat Florida sie unter seine Obhut nimmt und sie hierbleiben kann. Doch bisher versuchen sie es so darzustellen, als ob Rifqa eine Ausreißerin und das Ganze damit eine Strafrechtssache wäre. Wenn sie damit durchkommen, können sie sie von Rechts wegen zurück nach Ohio zu ihrer Familie schicken. Dann können wir nichts dagegen tun.«

Ich war zutiefst bestürzt, als ich das hörte. Sie konnten mich immer noch nach Hause schicken? Obwohl die Richterin Nein gesagt hatte?

»Doch wenn der Verdacht auf Misshandlung besteht – und der besteht ja tatsächlich –, können wir verlangen, dass die Familienbehörde den Fall untersucht. Dann ist der Staat Florida für sie verantwortlich und der Fall bleibt in Orlando. Dann können sie sie nicht zurückschicken.«

Das klang schon besser. Und doch …

Beverlys Stirn legte sich in sorgenvolle Falten. »Aber was ist mit ihrem Einwanderungsstatus? Selbst wenn wir sie in Florida behalten können, könnte sie immer noch zurückgebracht werden, weil sie keine Papiere hat.«

Rosas Gesicht hellte sich ein wenig auf, als sie sich nach vorn lehnte und Beverly tröstend an der Hand fasste. »An diesem Punkt kommt Gottes Vorsehung ins Spiel und genau deshalb bin ich so froh, dass ihr mich angerufen habt. Ich habe Erfahrung mit Sorgerechtsfällen und weiß daher ein paar Dinge, die die meisten Anwälte und sogar ein paar Immigrantenanwälte nicht wissen. Es gibt einen sogenannten ›Sonderstatus für jugendliche Immigranten‹, das heißt, dass Minderjährige ohne rechtmäßigen Einwanderungsstatus – die also vom Staat abhängig sind – eine Greencard erhalten und damit legal im Land bleiben können. Wenn wir die Richterin davon überzeugen, Rifqas Fall als einen Sorgerechtsfall einzustufen, dann können wir diesen Sonderstatus beantragen und die Einwanderungsangelegenheit lösen.«

Ich ließ ihre Worte auf mich wirken. Es gab also keinen Mittelweg. Im Grunde hing alles davon ab, wie das Gericht meinen Fall bewerten würde. Die eine Möglichkeit war eine totale Niederlage; die andere gab mir Hoffnung auf Schutz. Rosas Blicke sprachen Bände: Die Situation war ernüchternd. So oder so würde die Entscheidung der Richterin mein Leben dramatisch verändern.

Und doch fiel es mir schwer, *allzu* pessimistisch zu sein. Ich würde heute Nacht bei der Familie Lorenz schlafen, mit einem Glas frischem Wasser neben meinem Bett und einem sauberen Badezimmer gleich auf dem Flur. Ganz davon zu schweigen, dass der nächste Tag zwar ein weiterer Anhörungstag, aber doch gleichzeitig auch mein siebzehnter Geburtstag sein würde.

Noch wusste ich nicht, was für ein Montag mir bevorstand …

Als ich am Morgen erwachte, schmeckte alles nach Freiheit. Elizabeth Lorenz hatte mir ein wundervolles weißes Spitzenkleid zum Geburtstag geschenkt, und ich beschloss, es sofort zu tragen – zur Feier dieses Tages, der uns, so hoffte ich, den totalen Triumph bringen würde. Auf dem Weg vom Auto zum Gerichtsgebäude hielt ich mich an Blakes Arm fest, atmete die frische Luft und spürte seine beruhigende und starke Nähe. Ich versuchte mir einzureden, dass alles gut werden würde.

Doch – das war die erste Überraschung des Tages – mein Fall war verschoben worden. Wir mussten warten. In Gerichtsangelegenheiten, das dämmerte mir nun, rechnete man am besten immer mit dem Unerwarteten.

Und dann – Überraschung Nummer zwei – lief ich *ihm* über den Weg, als wir das Gerichtsgebäude verließen. *Meinem Vater*. Er war hier. Gleich hinter der Parkplatzausfahrt lehnte er an seinem grünen Wagen, die Arme vor der Brust verschränkt. Beinahe wäre ich in Ohnmacht gefallen. Doch stattdessen machte ich auf dem Absatz kehrt und rannte, so schnell ich konnte, in die entgegengesetzte Richtung. Blake jagte mir hinterher und brachte mich nach Hause.

Alles lief völlig anders, als ich es mir vorgestellt hatte.

Vor dem Gerichtssaal versuchte Rosa, sich zu sammeln. Es sah nicht gut aus. Die Stunden verstrichen und die Lage wurde immer entmutigender. Der vom Gericht bestellte Anwalt meiner Eltern drängte darauf, mich als kriminelle

Ausreißerin zu verurteilen und mich unter völliger Umgehung der Gerichtsbarkeit des Staates Florida nach Ohio zurückzuschicken. Und sie schienen Boden gutzumachen. Rosa seufzte erschöpft. Es stand so viel auf dem Spiel.

Der direkte Weg zur Gerechtigkeit funktionierte offenbar nicht. Doch sie hatte noch ein Ass im Ärmel und es war höchste Zeit, es auszuspielen. Sie stand auf dem Gerichtsparkplatz, schickte ein Stoßgebet zum Himmel – *Bitte, Herr, mach, dass es klappt!* – und drückte die „Senden«-Taste ihres Smartphones.

Sie würde es sehr bald wissen.

Die sommerliche Brise war schwül und feucht, als ich bei den Lorenzens auf der Terrasse saß, betete, über meine Zukunft nachdachte und versuchte, mich auf das vorzubereiten, was meine dritte Geburtstagsüberraschung werden sollte.

Rosa hatte eine Pressemeldung an Orlandos örtlichen Nachrichtensender geschickt. Ihre allerletzte Notfallstrategie bestand darin, die Medien auf meine Geschichte aufmerksam zu machen und damit die Bemühungen des *DCF* zu unterlaufen, das keinerlei Aufsehen erregen und mich so diskret wie nur möglich durch die Maschen des Systems fallen lassen wollte. Wenn wir das Interesse der Öffentlichkeit erregen konnten, würden das Gericht und einige Akteure hinter den Kulissen es sich zweimal überlegen müssen, ehe sie mich wie irgendeine beliebige Ausreißerin behandelten, die sich gegen ihre Eltern auflehnte.

Beverly kam auf die Terrasse und reichte mir das Telefon. »Hey, kleine Schwester!«, sagte jemand am anderen Ende der Leitung. *Brian!* Sobald ich seine Stimme hörte, vermisste ich ihn noch mehr als ohnehin schon. Mit einem Mal wurden so viele Erinnerungen wach.

»Hey, B.«, antwortete ich.

»Ich bin so froh, dass es dir gut geht, Rifqa. Sag ihnen einfach die Wahrheit, okay? Ohne irgendetwas zu beschönigen.«

»Das mache ich. Aber bete für mich.«

»Klar doch!«

Und ich spürte die Macht seiner Gebete, als die Phalanx der Kameraleute, Reporter und Fotografen sich in das Wohnzimmer der Lorenzens drängte. Ich wusste von Rosa, dass die Presse informiert worden war, aber *damit* hatte ich dann doch nicht gerechnet. Ich marschierte noch immer in meinem neuen weißen Kleid und mit blank liegenden Nerven, weil ich im Zentrum dieser geballten Aufmerksamkeit stand, mitten in das Getümmel hinein.

Migdalia, eine Ermittlerin des *DCF*, hatte von Rosas Schachzug Wind bekommen. Sie stand an der Vordertür und verlangte, dass wir der Sache ein Ende setzten. Sie wollte nicht, dass ich ohne offizielle Genehmigung des Staates mit der Presse redete, und sie war hier, um mich darauf hinzuweisen, dass ich diese Genehmigung *nicht* besaß! Doch gegen Beverlys Mutter und Rosa, die wild entschlossen die Tür bewachten, kämpfte Migdalia einen aussichtslosen Kampf. »Welche anderen Fälle bearbeiten Sie gerade?«, fragte Rosa, um sie mit Small Talk abzulenken.

»Sie darf nicht interviewt werden, Rosa, solange sie nicht die Genehmigung dazu hat. Stopp!«, schrie sie den Fernsehleuten zu. »Stopp!«

Doch wenn Journalisten eine gute Story wittern, lassen sie sich nicht so leicht aufhalten, und sie scheuen auch nicht vor Regierungsvertretern zurück, die den Eindruck machen, als wollten sie die Wahrheit vertuschen. Migdalia konnte nur hilflos mit ansehen, wie mir ein Mikrofon vors Gesicht gehalten wurde und ich die Gelegenheit bekam, meine Geschichte nicht nur mit Orlando, sondern letztlich mit ganz Amerika zu teilen.

Was ich auch tat. Ungeniert.

Ich hatte furchtbare Angst, doch Blake stand neben mir und hatte seinen starken Arm um mich gelegt, um mir seine Unterstützung zu signalisieren. Ich beantwortete die Fragen so direkt, wie ich nur konnte, weil ich wusste, dass ich um mein Leben kämpfte und dass alles, was ich sagte, in den Ohren der Kameraleute und Journalisten wie ein Scherz klingen musste. Sie konnten es nicht verstehen. Doch vielleicht würden es ihre Zuschauer verstehen.

»Was willst du, Rifqa?« Das war im Wesentlichen die Frage, die sie mir stellten.

»Was ich will? Ich will frei sein, mich zu Jesus zu bekennen. Ich will meine Bibel lesen und sonntags in die Kirche gehen und ›Jesus lebt‹ sagen können, wann immer ich will. Ich will die Freiheit haben, Jesus anzubeten! Das ist mein sehnlichster Wunsch!«

Binnen weniger Stunden war meine Geschichte in den internationalen Medien: noch vor meinem neu angesetzten Anhörungstermin. Sie verbreitete sich wie ein Lauffeuer. Die Meldungen und Kommentare, die sie nach sich zog, waren zuweilen grausam, doch die Unterstützer waren weitaus zahlreicher als die Zweifler und Kritiker. Orlando war in Aufruhr. Nur wenige Menschen vertraten den Standpunkt meiner Eltern und viele waren der Auffassung, dass ich frei sein sollte. Rosas Plan funktionierte. Jetzt hatte ich eine reelle Chance. Nachdem die Öffentlichkeit auf meine Geschichte aufmerksam geworden war, konnte nichts davon mehr heimlich im Gerichtssaal verhandelt werden. Welche Entscheidung das Gericht auch treffen mochte – jede Zeitung in der Stadt und im ganzen Land würde darüber berichten.

Also sollten sie es sich gut überlegen.

Dreiundzwanzig

10. August 2009, 15.11 Uhr.
Gerichtsschreiber: »Gerichtssache Bary. Beteiligte Parteien, geben Sie Ihre Namen zu Protokoll.«

»Krista Bartholomew, *Guardian-ad-litem*-Programm*.«

»Migdalia Santini, Ermittlerin der Familienbehörde.«

»Dave Husted, Anwalt des Staates Florida.«

»Barbara Joyner, Anwältin des Vaters.«

»Craig McCarthy, Anwalt der Mutter.«

Krista sagte: »Ich gehe davon aus, dass das Kind und die Anwältin des Kindes anwesend sind.«

Richterin Adams sah von ihren Akten auf und fragte: »Wo ist das Kind und wo ist die Anwältin des Kindes?«

»Hier, Rosa Armesto, Anwältin des Kindes.«

»Danke, Ms Armesto. Wo ist das Kind?«

Zunächst schien alles verschwommen. Die Gesichter, die Leute, das Klicken der Kameras. Am liebsten wäre ich unsichtbar gewesen. Doch aller Augen schienen auf mich gerichtet, einschließlich der Augen meines Vaters, mit dessen Anwesenheit ich gerechnet hatte, dessen Verhalten ich jedoch nicht vorhersehen konnte – genauso wenig, wie ich meine Reaktion auf ihn vorhersehen konnte.

Es war das erste Mal seit jenen Worten, die ich als Todesdrohung gegen mich verstanden hatte, dass ich ihn

---

* Pflegschaft.

wieder aus solcher Nähe sah, und ich hätte am liebsten geschrien. Ich schauderte bei seinem Anblick und fühlte mich unsicherer denn je. Konnten die Menschen in diesem Raum, die so wichtig aussahen, aber doch so wenig über mich und über das wussten, was ich erlebt hatte – und wieder erleben würde, wenn sie meinen Fall einfach nur durchwinkten, ohne mich wirklich anzuhören –, konnten sie mich wirklich zwingen, zu meiner Mutter und meinem Vater zurückzukehren? Zurück in einen Albtraum, aus dem ich nie wieder erwachen würde?

»Ist das Fatima?«, fragte die Richterin.

Ich nickte, nahm Platz und fand mich damit ab, dass ich in diesem formellen Rahmen bei meinem ersten Namen gerufen wurde.

Der Staatsanwalt von Florida, Dave Husted, sprach als Erster und legte die Grundlagen für das weitere Vorgehen. Sein Haar war grauschwarz, mehr grau als schwarz. Auf mich wirkte er gleichgültig und ungeduldig. Kühl und kurz angebunden. Als ob er einfach nur fertig werden wollte.

»Wir haben uns mit dem Bundesstaat Ohio ins Benehmen gesetzt, wo ebenfalls ein Ermittlungsverfahren anhängig ist. Wir schlagen daher vor, dass das Kind in die Obhut der Gerichtsbarkeit von Ohio überstellt wird. Sie haben eingewilligt, das Kind zu übernehmen und Ermittlungen einzuleiten, um herauszufinden, ob es sicher ist, das Kind zu seinen Eltern zurückzuschicken, oder nicht.«

Da war sie wieder, die bundesstaatliche Strategie: Sie wuschen ihre Hände in Unschuld und stellten mich als simple Ausreißerin dar – ein Teenager eben, der in einer Mischung aus Angst und Eigensinn überreagiert und alles missverstanden hatte. Sie wollten mich einfach zurückschicken, woher ich gekommen war, ich sollte raus aus

Florida, damit sie mich loswurden. Meine Seite der Geschichte schien nicht zu interessieren.

Doch er war nicht der Einzige, der zu Wort kam. Die Richterin wandte sich nacheinander an alle anwesenden Anwälte und hörte sich jeden Standpunkt und Einwand genau an. Rosa drängte das Gericht natürlich dazu, eine Notfallregelung zu treffen und anzuerkennen, dass ich in große Gefahr geraten würde, wenn man mich nach Hause zurückschickte.

»Welche Position vertritt der Vater?«, fragte die Richterin.

»Der Vater kann dafür sorgen, dass das Kind nach Ohio zurückgebracht wird«, antwortete seine Anwältin, »nicht in seine Obhut, sondern in die Obhut der Familienbehörde in Ohio. Ich habe mit zwei Angestellten der dortigen Generalstaatsanwaltschaft gesprochen, die mit der Behörde zusammenarbeiten, wo die Vermissten gemeldet sind. Sie hatten den Eindruck, dass bereits Vereinbarungen getroffen worden seien, um das Kind nach Ohio zurückzubringen.«

»Mr McCarthy? Die Position der Mutter?«

»Sie unterstützt, was der Rechtsbeistand des Vaters zu Protokoll gegeben hat. Sie bittet das Gericht, sowohl den Antrag bezüglich der Inobhutnahme als auch den Antrag bezüglich des Sorgerechts abzulehnen. Sie hält keinen der beiden Anträge für ausreichend. Im Idealfall möchte die Mutter das Kind mit nach Hause nehmen. Wenn das Gericht zu einer staatlichen Notfallregelung tendiert, hält die Mutter es für das Beste, das Kind zurück nach Ohio zu bringen.«

Ich bin nicht stolz darauf, aber in diesem Moment hätte ich die Anwälte meiner Eltern am liebsten mit irgendetwas beworfen. Und Mr Husted ebenfalls. Ihr dreifaches Plädoyer dafür, mich nach Hause zu schicken, brachte mich in Rage, weil es eine himmelschreiende Ungerechtigkeit war. Ihre Stimmen waren teilnahmslos und kalt. Ohne jede Sympathie für mich und meine Todesangst, die Grund genug gewesen war, von zu Hause wegzulaufen. Ich hatte das Gefühl, innerlich zu rufen: »So helft mir doch!« Doch sie hatten keine Ahnung, dass sie mit dem, was sie sagten, als Anwälte des Unrechts und der Unterdrückung auftraten. Mit jeder Faser meines Wesens wünschte ich mir, dass sie imstande gewesen wären, die Wahrheit zu erkennen. Doch das war zwecklos, denn soweit ich es beurteilen konnte, war es ihnen einfach nicht wichtig.

Die Richterin wandte sich wieder an Rosa: »Was halten Sie davon, wenn das Kind aus der Obhut unserer Familienbehörde in die Obhut der Familienbehörde von Ohio überstellt wird?«

»Ich bin dagegen, denn es wäre nicht im Interesse des Kindes. In Ohio gibt es eine einflussreiche, aktive muslimische Gemeinschaft, und sie fürchtet um ihr Leben, denn falls sie nach Ohio und letztlich in ihr Elternhaus zurückkehrt, wird man sie in ihr Heimatland bringen, und dort wird man sie mit Sicherheit töten, weil sie Christin ist.«

Die Richterin schenkte allen Seiten Gehör. »Die Position der *Guardian ad litem?*«, fragte sie, zu Ms Bartholomew gewandt.

Die Rolle des *Guardian ad litem* besteht darin, das zu empfehlen, was ihrer oder seiner Meinung nach und von Rechts wegen das Beste für das betreffende minderjährige Kind ist, wobei der *Guardian ad litem* aber nicht in einem Anwalt-Klienten-Verhältnis zu dem Kind steht und deshalb, anders als Rosa in meinem Fall, nicht zwangsläufig für das eintritt, was das Kind selbst will. Ich konnte also keineswegs sicher sein, ob ich dieser selbstbewussten Dame mit den durchdringenden blauen Augen trauen durfte, doch ich hatte den Eindruck, dass sie auf meiner Seite war, und ich fühlte mich sicherer in ihrer Gegenwart – erst recht, nachdem ich ihre Antwort gehört hatte.

»Euer Ehren, an diesem Punkt hat das Gericht es in der Tat mit zwei Fragen zu tun. Die erste ist die der Notfallregelung. Ich denke, ganz gleich, von welcher Seite man es auch betrachtet, wir haben hier ein völlig verschrecktes Kind, und das ist Grund genug für eine Notfallregelung. Deshalb denke ich, dass es für den Moment das Beste wäre, sich einvernehmlich auf eine amtliche Fürsorge zu einigen. Ich würde eine Pflegeunterbringung befürworten. Wenn Ohio nicht interessiert ist, ist dieses Gericht unbedingt befugt, die Rechtsprechung hierzubehalten.«

»Ich habe das Gericht in Ohio kontaktiert«, antwortete die Richterin, »doch ich habe noch nicht mit dem Richter sprechen können.«

»Dann schlage ich vor, dass wir in drei Wochen eine neuerliche Anhörung ansetzen. In der Zwischenzeit können wir in Erfahrung bringen, ob Ohio den Fall übernehmen will. Wenn das Gericht von Ohio seine Jurisdiktionsgewalt nicht ausüben will, dann ist das Gericht von Florida für den Fall zuständig.«

Damit hatten alle Seiten ihre Positionen und Ansprüche klar formuliert. Nun war es an der Richterin, mit ihrem erfahrenen, analytischen Verstand eine Entscheidung zu fällen. Sie legte eine Pause ein, um ihre Gedanken zu ordnen, und zögerte so das Ende dieses ohnehin schon langen Gerichtstages noch weiter hinaus.

Dann sagte sie mit weit ausholender Endgültigkeit: »Das Gericht wird im Falle des Kindes eine Notfallregelung treffen. Ich werde das Kind in Obhut nehmen. Das Kind untersteht nun der Fürsorge der Familienbehörde.«

Erschöpft seufzte ich auf. Ich würde in Florida bleiben, weit weg von meinen Eltern – zumindest fürs Erste.

Vierundzwanzig

Nach wenigen Stunden rollte ich den Koffer mit all meinen Habseligkeiten in einen großen, unpersönlichen, barackenartigen Raum mit unzähligen Betten, die an beiden Wänden entlang aufgereiht waren. Es gab einen Mädchen- und einen Jungenschlafsaal und keiner von beiden sagte mir zu. Ich mochte das Haus von Anfang an nicht.

Group Homes sind das moderne Gegenstück zu den alten Waisenhäusern à la *Oliver Twist*: ein Ort für minderjährige Kinder, die kein Zuhause haben – nur noch schlimmer, weil alle Kinder, die dort leben, eigentlich in einer Pflegefamilie wären, wenn man sie nicht aufgrund ihres unmöglichen Betragens wieder fortgeschickt hätte. Es ist also ein Ort, an dem all diese schwer oder gar nicht vermittelbaren Minderjährigen zusammengepfercht sind – ein Freizeitcamp ist das ganz sicher nicht!

Doch einstweilen war es mein neues Zuhause, nachdem ich das kleinere von zwei Übeln hatte wählen müssen: Ich wollte lieber in einem *Group Home* in Florida als bei meiner Familie zu Hause in Ohio leben. Bei den Lorenzens durfte ich nicht wohnen, ja, ich durfte sie nicht einmal sehen, denn gegen sie wurde ermittelt, weil sie einer Minderjährigen ohne Erlaubnis ihrer Eltern Obdach gewährt hatten. Die Anordnung der Richterin stellte mich unter die Obhut des staatlichen Fürsorgesystems, und dessen erste Station war dieser Kuhstall von einem Schlafraum – so lange, bis ein Platz in einer Pflegefamilie für mich gefunden wurde.

Zum Glück war außer mir niemand da, als ich den Saal zum ersten Mal betrat, und so konnte ich meinen Gefühlen freien Lauf lassen, ohne auf irgendwelche Zuschauer Rücksicht nehmen zu müssen. Ich warf meine Sachen auf den Boden und weinte, rief leise zu Gott angesichts dieses würdelosen Handels. Ich wollte keine Szene machen, ich wollte nicht, dass die Mitarbeiter, die für Zwischenfälle im Haus zuständig waren, auf mich aufmerksam wurden, doch ich schäumte vor Wut: Für kurze Zeit hatte ich die Freuden eines echten Familienlebens genossen, nur um jetzt mit ansehen zu müssen, wie mir das alles wieder weggenommen wurde. Was für ein grausamer Scherz! Nie hatte ich mich einsamer gefühlt, nicht einmal in meiner Zelle im Jugendgefängnis. Ich fühlte mich so im Stich gelassen, so verraten.

Deprimiert warf ich mich auf mein Bett und starrte an die Decke. Ein Bibelvers kam mir in den Sinn. Ich sagte ihn auf, erst beinahe ein bisschen spöttisch, dann flehend: »Du magst mich töten, ich harre auf Dich.« Wie gern hätte ich diese Worte aus dem Buch Ijob auch wirklich so gemeint. Doch in diesem Augenblick schien mir der Tod besser als die Wirklichkeit, in der ich lebte. Wieder übermannte mich der Zorn und frustriert schlug ich auf mein Bett ein, traktierte das Bettzeug, auf dem ich lag, mit Fäusten, trat dagegen und schleuderte es herum. Ich hasste alles hier. Ich konnte es nicht glauben. Ich hatte keine Ahnung, wie lange ich hier festhängen würde – mit nichts anderem, worauf ich meinen Kopf legen konnte, als diesem elenden Bett der Tränen.

Doch die Situation besserte sich fast sofort. Migdalia, meine Prozesspflegerin, brachte mich schon am nächsten Tag zum *DCF*-Gebäude und sagte mir, sie hätten eine Pflegefamilie für mich gefunden. Meine erste Reaktion war der Gedanke an Blake und Beverly und daran, wie sehr ich sie vermisste. Doch dann kam eine schicke junge Frau, den Arm voller Babysachen und einen Kinderwagen vor sich herschiebend, durch die enge Tür in den Raum, in dem ich wartete. Ein kleines Mädchen trödelte hinter ihr her. »Komm, mein Schatz«, sagte sie mit starkem, aber angenehmem Südstaatenakzent zu ihrer Tochter, »wir haben nicht den ganzen Tag Zeit.« Ich starrte sie an und versuchte sie einzuschätzen. Sie sah aus wie Ende dreißig. Die schönen grünen Augen unter dem kurzen, glatten braunen Haar strahlten Wärme aus. Sie kam quer durch den Raum auf mich zu und zog mich in eine herzliche Umarmung – mitnichten das, was ich erwartet hatte.

Soll das meine neue Pflegemutter sein?

Sie war einfach großartig. Bei dieser lieben Familie würde ich nun also wohnen, solange ich in Florida blieb, dachte ich, als ich in ihr wunderbares Zuhause einzog.

Allerdings war für meinen Fall ein anderes Modell der Pflegeunterbringung vorgesehen. Wegen des öffentlichen Interesses, das meine ungewöhnliche Geschichte auf lokaler und internationaler Ebene erregt hatte, sollten meine Wohnverhältnisse geheim bleiben – doch dieser Status der Anonymität ließ sich nie lange aufrechterhalten: Immer wieder sickerte an der einen oder anderen Stelle etwas durch. Also schob mich das *DCF*, angeblich vor allem aus Sicherheitsgründen, ständig von einer Pflegefamilie zur nächsten. Oder die Familien machten selbst einen Rückzieher, weil sie ihr Leben oder das der anderen Pflegekinder nicht dadurch gefährden wollten, dass sie ein Mädchen aufnahmen, das sein Leben für bedroht hielt.

Manche Pflegestellen waren albtraumhaft. Andere waren zwar nicht ideal, aber immerhin erträglich. Für mich waren sie kein richtiges Zuhause, sondern lediglich Unterkünfte, in denen ich zufällig schlief, aß und mich wusch. Nach einiger Zeit packte ich meine Sachen gar nicht mehr aus und war immer darauf eingestellt, bald wieder umzuziehen. Im Grunde lebte ich aus dem Koffer.

Und als wäre all dieses Hin und Her und Chaos meiner Lebensbedingungen nicht schon genug gewesen, wirbelten auch die gerichtlichen Anhörungen und Intrigen, die für mich allmählich zu einer absurden Art von Normalität wurden, nach wie vor in einem wirren Zickzackkurs durch das Justizsystem. Die fieberhafte Geschwindigkeit, mit der Strategien entwickelt und Informationen eingeholt wurden, stand in scheinbarem Gegensatz zu dem sich mühsam dahinschleppenden Verfahren. Hinter den Kulissen wurden von geschäftigen Leuten beider Parteien ständig Züge und Gegenzüge geplant, erwogen, überdacht und umgesetzt, und der politische Beigeschmack, der den Vorgängen anhaftete, verschärfte und verkomplizierte das Ganze nur noch.

Ja, ich war von zu Hause weggelaufen, weil die Lage dermaßen aus dem Ruder gelaufen war, dass ich gezwungen war, von dort zu fliehen – doch wie weit sie sich letzten Endes tatsächlich entwickeln sollte, das hatte ich mir in meinen schlimmsten Albträumen nicht vorgestellt.

Eines Abends saß ich in ich-weiß-nicht-mehr-welcher-Pflegeunterbringung mit meinem Laptop auf dem Bett und musste plötzlich daran denken, wie mein Vater kurz davor gewesen war, mir damit auf den Kopf zu schlagen. Ich fragte mich, was die Leute wohl von meiner Familie und meinem Fall hielten. Bis zu diesem Zeitpunkt – seit jenem Tag bei den Lorenzens, als ich bei einer schlichten Internetsuche schockiert hatte feststellen müssen, wie bekannt ich war – hatte ich es tunlichst vermieden, irgendetwas von dem zu lesen, was über mich geschrieben wurde. Doch jetzt gab ich der Neugier nach und googelte meinen Namen. Ich wollte es einfach wissen. Tausende Treffer erschienen. Unglaublich!

Ich überflog die Überschriften und Anfangszeilen auf den Google-Seiten und war völlig fassungslos über die Berichterstattung und die Deutungen, zu denen mein Fall Anlass gab. Ich klickte einen der Treffer an, einen Artikel der *Assyrian International News Agency* mit dem Titel: »Ehrenmorde erreichen Amerika«, und las den ganzen Bericht, um mir ein genaueres Bild zu machen. Darin stand unter anderem:

David Miller Smith vom *Pakistan Daily* [...] hat am 15. August über den Fall geschrieben; sein Artikel trägt den Titel »Schwangere sri-lankische Minderjährige von christlicher Kirche in Ohio entführt, per Gehirnwäsche gegen die Eltern aufgehetzt und zwangskonvertiert«. Der Bericht zitiert Fatimas Eltern, die behaupten, sie habe Drogen genommen und mit Männern mittleren Alters online über Sex gechattet. »Als die Eltern versuchten, sie in die Schranken zu weisen, wehrte sie sich dagegen. Bei ihrer Rückkehr nach Hause erfand sie eine Geschichte über eine Konversion zum Christentum. [...] Wie viele Mädchen wird die Kirche noch entführen?«

Wie bitte?

Entführt? Nein, ich war so verzweifelt gewesen, dass ich von zu Hause weglief. *Drogen?* Habe ich nie auch nur angerührt. *Schwanger? Häufig wechselnde Geschlechtspartner?* Meine Schulfreundinnen können bezeugen, dass ich nicht einmal einen Freund hatte – von häufig wechselnden Partnern ganz zu schweigen!

Ist das der Preis, den man zahlt, wenn man im Blickpunkt der Öffentlichkeit steht? Dass die Leute alles über einen drucken und als Tatsache verkaufen können? Ich war doch nur ein Mädchen, das für Jesus leben wollte. Das war alles! Nichts von diesem Dreck kam der Wahrheit auch nur nahe. Ich war wütend über die falschen Informationen und besorgt darüber, wie sie sich auf meine Zukunft auswirken würden.

Wie schlägt man in einem solchen Krieg zurück … und wie gewinnt man ihn?

Fünfundzwanzig

Niemand hörte es gern und niemand sagte es gern, aber Rosa hatte keine Wahl. Sie saß mit Blake und Beverly zusammen, und das Unbehagen war ihr schon deutlich anzumerken, ehe sie die schlechte Nachricht überhaupt ausgesprochen hatte: »Es tut mir leid, aber ich muss Rifqas Fall abgeben.«

»Was?!«, schrien Blake und Beverly gleichzeitig. »Wir haben niemanden, der ihn übernehmen könnte, Rosa. Warum machst du jetzt einen Rückzieher?«

»Es ist sehr kompliziert, aber um es auf den Punkt zu bringen: Einer der Anwälte, der als Vertreter ihrer Eltern berufen worden ist, arbeitet für dieselbe Kanzlei wie ich. Und es ist gegen das Gesetz, dass zwei Anwälte, die bei derselben Firma angestellt sind, in einem Prozess gegeneinander antreten. Das gilt als Interessenkonflikt. Ich könnte meinen Job verlieren, wenn ich weitermachen würde. Aber ich kenne jemanden, der uns vielleicht helfen kann, einen hervorragenden und erfahrenen Anwalt. Er heißt John Stemberger.«

»Nein.« Blakes Miene verfinsterte sich. »Mehrere Vertreter der hiesigen Behörden und ich haben schon mit John gesprochen. Er ist bekannt und hat verschiedene prestigeträchtige Zivilfälle durchgefochten, aber er ist kein Fachmann für Sorgerechtsfragen.«

»Ich weiß«, entgegnete Rosa, »aber *ich* habe auch mit ihm gesprochen. Er war dreizehn Jahre lang ehrenamtlich als *Guardian ad litem* tätig und hat missbrauchte und vernachlässigte Kinder vertreten. Ich habe ihn davon überzeugt, den Fall zu übernehmen und euch vor Gericht zu vertreten – unter der Bedingung, dass ich ihm hinter den Kulissen mit der Recherche und der Literatur über die wesentlichen Rechtsfragen helfe.«

Hmm. Das klang noch immer nicht optimal, aber es gab keine Alternative …

»Also gut«, sagte Blake. »Denkst du, dass es funktioniert?«

»Es wird funktionieren.«

»Sagst du es Rifqa? Sie wird enttäuscht sein.«

Das war ich in der Tat. Rosa war mir ans Herz gewachsen. Sie war eine der wenigen, die für mich eintraten. Doch sie hielt es so für das Beste und ich vertraute ihrem Urteil. Außerdem wusste ich, dass sie nur tat, was sie tun musste. Als sie mich anrief, um es mir zu sagen, erklärte sie mir, dass John bereit sei, meinen Fall *pro bono* zu übernehmen und mich vor Gericht zu vertreten. »Aber es liegt bei dir, Süße, wir machen es so, wie du willst. Ich hoffe nur, dass du wenigstens mit ihm sprichst, bevor du dich entscheidest.«

Wenn ich gewusst hätte, was für ein wunderbarer Freund und Ratgeber John in den nächsten Monaten und Jahren für mich werden würde, hätte ich nicht einmal mit ihm zu telefonieren brauchen: Ich hätte sofort Ja gesagt. Doch wenn er gewusst hätte, was da auf ihn zukam, hätte er vielleicht sofort das Weite gesucht und sich von mir und meinem Fall ferngehalten.

Bis zu meiner nächsten Anhörung vergingen fast zwei Wochen, das heißt, meine Situation war nach wie vor ungeklärt und die Bedrohung bestand unvermindert weiter. Alles war möglich. Das Risiko, dass ich zu meinen Eltern zurückgeschickt wurde, war noch immer viel zu real.

Höchstwahrscheinlich würde die Richterin den Weg des geringsten Widerstands gehen und verfügen, dass ich wieder nach Ohio gebracht werden sollte. Seit Rosas tollkühnem Manöver, mit dem sie auf meine Situation hatte aufmerksam machen und einen öffentlichen Aufschrei hatte provozieren wollen, war mein Fall allerdings ein ganz heißes Eisen für die Gouverneure und Senatoren, deren Jobs davon abhingen, dass die Öffentlichkeit ihr Handeln billigte.

Das konnte noch lustig werden.

Am Freitag, 21. August, kam ich gerade von einem Arzttermin. Es war bald Zeit, mich für meine zweite gerichtliche Anhörung vorzubereiten. Doch in meiner Pflegefamilie herrschte nicht das übliche Durcheinander: Nirgends tobten süße Kinder herum. Die Stimmung im Haus war irgendwie künstlich, so ruhig und ordentlich, als gäbe es ein unausgesprochenes Geheimnis, das man mir noch nicht mitgeteilt hatte. Als ich eintrat, begrüßten mich zwei ältere Männer in glänzenden schwarzen Anzügen. *Wer sind sie und was wollen sie hier?*, fragte ich mich.

»Hallo, Rifqa«, sagte der Erste. »Es ist uns ein Vergnügen, dich endlich persönlich kennenzulernen. Wir sind vom *DCF.*« Dann wies er auf einen riesigen kahlköpfigen, muskelbepackten Mann mit Sonnenbrille und sagte: »Pablo hier ist ein gut ausgebildeter Leibwächter und wird dich heute zum Gericht bringen. Der Saal wird voller Presseleute sein, und wir wollen dafür sorgen, dass dir nichts zustößt.«

Es war wie im Film. Pablo sprach fast gar nicht. Seine einschüchternde Gegenwart war Botschaft genug. Er stand nur mit fest ineinander verschränkten Händen da und wartete auf Anweisungen.

Also gut. (Hoffte ich zumindest.)

Ich ging in das Zimmer meiner Pflegeschwester, um mich fertig zu machen. Ich wusste nicht, was ich anziehen sollte. Nachdem ich mit ihrer Hilfe mehrere Sachen anprobiert und wieder beiseitegelegt hatte, entschied ich mich für ein marineblaues Kostüm und ging dann hinaus, wo meine Begleiter dienstbeflissen auf mich warteten.

»Ich bin fertig!«, verkündete ich und stolzierte mit glatt gebürstetem dunklem Haar und meiner Bibel unter dem Arm durch den Raum. Pablo nickte stumm und stoisch und wies auf die Tür. Er öffnete sie, und mein Blick fiel auf einen dunklen Zivilstreifenwagen, der mit laufendem Motor in der Einfahrt stand. Als wir darauf zugingen, machte er einen Schritt vorwärts und hielt mir die Tür auf, während ich auf den Rücksitz kletterte. *Ich fasse es nicht, ich habe einen Leibwächter!*

Als wir abfuhren, drehte er sich auf dem Vordersitz zu mir um und sagte mit tiefer, Respekt einflößender Stimme: »Keine Sorge, ich passe auf dich auf.« Ich glaubte ihm aufs Wort. Und doch kam mir die ganze Sache merkwürdig vor. Warum interessierte sich irgendeine Regierungsbehörde plötzlich so sehr für meine Sicherheit? Es kam mir vor, als ob jemand einen Vorschlaghammer benutzte, um eine Ameise zu erschlagen – der Aufwand war eindeutig übertrieben.

Doch als wir an der Rückseite des Gerichtsgebäudes ankamen, vergaß ich die auf der Fahrt für meine Sicherheit zuständigen Begleiter und wandte mich wieder dem ungewissen Schicksal zu, das mich erwartete. Garagenähnliche Tore öffneten und schlossen sich wieder, als wir auf einen innen liegenden, von Stacheldrahtzaun umgebenen Parkplatz fuhren. Ein paar Männer brachten mich ins Innere, wo wir gemeinsam mit John, meinem neuen Anwalt, und Krista, meiner *Guardian ad litem*, im Zimmer des Richters stundenlang auf den Beginn der Anhörung warteten.

Ich wurde immer nervöser. Krista erzählte Witze, um die Stimmung aufzuheitern. Und ich versuchte mich abzulenken, indem ich Pablo neckte, bis ich ihm endlich ein kleines Lächeln entlockt hatte, und ihn mit Fragen traktierte, um ihn zum Sprechen zu bringen. Als eine zweite Gruppe Männer eintrat, wurde die Situation noch beunruhigender. Auch sie wirkten furchtbar wichtig und von sich selbst überzeugt.

Wer sind diese Leute mit ihren schicken Anzügen?

Irgendetwas war faul. Sie drückten mir die Hand und umarmten mich, als wären sie mein Großvater oder ein verloren geglaubter Onkel. »Rifqa! Wie schön, dich kennenzulernen«, sagte einer von ihnen, der offenbar die Hauptperson war. »Mein Name ist George Sheldon. Ich bin der Sekretär der Familienbehörde, und der Gouverneur von Florida, Charlie Crist, hat mich mit deinem Fall betraut. Der Gouverneur wäre heute gern selbst gekommen, aber es war ihm leider nicht möglich. Er lässt sich entschuldigen. Aber wir wollen deutlich machen, dass Florida gut auf dich aufpasst. Wir fühlen uns für deine Sicherheit verantwortlich und stehen hundertprozentig hinter dir. Apropos, warst du schon mal in *Disney World*?«

Okay. Das war schon irgendwie lustig. Noch vor ein paar Wochen war ich ins Gefängnis gesperrt und auf dem Weg zu meiner ersten Anhörung von schlecht bezahlten, Nullachtfünfzehn-Aufsehern verspottet und ausgelacht worden, obwohl ich nichts Falsches getan, sondern bloß versucht hatte, mich in Sicherheit zu bringen. Und jetzt genoss ich plötzlich die Aufmerksamkeit des Gouverneurs und den Schutz einer persönlichen Leibwache, die mich von Haustür zu Haustür brachte, während die höchsten staatlichen Autoritäten mir ihre Unterstützung zusicherten.

Sogar Marco Rubio, der gerade gegen Gouverneur Charlie Crist für Floridas Sitz im US-Senat kandidierte, sprach sich für meine Sicherheit aus. Er sagte: »Es ist unumgänglich, dass die staatlichen Behörden alle verfügbaren Rechtsmittel nutzen, um Rifqas Interessen bestmöglich zu wahren. Florida ist dafür verantwortlich, nicht nur ihr unschuldiges Leben zu schützen, sondern auch ihr heiliges Recht auf Religionsfreiheit zu verteidigen.«

Wow!

Und doch drängte sich mir das Gefühl auf, dass mehr dahintersteckte.

Endlich war es so weit und ich musste vor Gericht erscheinen. Auf dem Weg durch die gewundenen Gänge, die zum Verhandlungssaal führten, sagte Pablo zu mir: »Hör zu, wenn irgendetwas passiert, werfe ich dich mir über die Schulter und renne los. Du darfst dich nur nicht wehren, okay? Es ist mein Job, auf dich aufzupassen.«

Ich nickte und ging weiter. Ich hatte entsetzliche Angst. Ich atmete ein paarmal tief durch und umklammerte meine Bibel noch fester. Sie gab mir ein Gefühl der Sicherheit, als ich den Raum betrat.

Doch obwohl ich dachte, ich wüsste noch vom letzten Mal, was es heißt, im Blickpunkt der Öffentlichkeit zu stehen, war ich in keiner Weise auf das vorbereitet, was mich jetzt erwartete. Das fiebrige Interesse der Medien war ungleich stärker geworden. Man hätte denken können, ich sei mitten in einer Samstagabendshow gelandet. Das einzige Geräusch, das ich hörte, war das wilde Klicken großer Kameras, jedes Mal gefolgt von einem blendend hellen Lichtblitz. Es war grell und verstörend. Jede Bewegung, jedes Wort, selbst die Kleider, die ich trug, wurden von Reportern notiert, während ich mir meinen Weg zu dem mir zugewiesenen Platz bahnte. Ich fühlte mich furchtbar unbehaglich. Das alles schien so unwirklich. Ich war nicht darauf eingestellt und wusste nicht, wie ich mit all dieser Aufmerksamkeit umgehen sollte.

Der Gerichtsdiener bat um Ruhe und der Tumult auf den Rängen wich einer angespannten Stille, die nur hier und da von einem unterdrückten Räuspern unterbrochen wurde. Das Verfahren wurde mit einem Vorgeplänkel aus juristischen Begriffen eingeleitet, die ich nicht verstand. Doch ehe wir überhaupt zu der Frage übergehen konnten, die ich für den eigentlichen Zweck der Anhörung hielt – welcher Staat die sorgerechtliche Zuständigkeit beanspruchte –, sagte ein Anwalt der Familienbehörde: »Herr Richter, wir stellen einen Befangenheitsantrag gegen den Rechtsbeistand der Minderjährigen.«

John, der neben mir saß, riss sich in äußerster Überraschung die Lesebrille herunter und rang nach Luft: »Wie bitte?!« In meinem Fall, der von unvorhersehbaren Ereignissen nur so wimmelte, war dies vielleicht das unvorhersehbarste von allen: die ungewöhnliche Taktik der einen Seite, die versuchte, den Anwalt der anderen Seite für befangen erklären zu lassen. Ich hatte mir sagen lassen, dass die Beziehung zwischen einem Anwalt und seinem Klienten auf Vertrauen basieren und von niemand anderem als dem Klienten selbst infrage gestellt werden sollte. Doch jetzt hatten sie es auf meinen neuen Anwalt abgesehen? Das ergab überhaupt keinen Sinn.

Dieses inzwischen höchst öffentliche und höchst kontroverse Gerichtsverfahren schien erneut eine seltsame Wendung zu nehmen.

Richter Dawson sah den Anwalt des *DCF* verwirrt an und wartete auf eine Erklärung.

»Herr Richter, wir sind der Meinung, dass die Minderjährige bereits durch die *Guardian ad litem* vertreten wird.

Außerdem unterhält Mr Stemberger Beziehungen zu einer nationalen Interessenvertretung, und wir glauben, dass es im Sinne des Kindes ist, die Religion aus alldem herauszuhalten.«

John saß vor Wut kerzengerade auf seinem Stuhl. »Einspruch, Euer Ehren! Das ist lächerlich! Meine Klientin hat das Recht, jeden Anwalt, den sie will, als ihren Rechtsbeistand zu benennen. Selbst Minderjährige, die ohne Einwilligung ihrer Eltern eine Abtreibung durchführen wollen, haben das Recht auf einen Anwalt!«

Was steckte wohl dahinter? Ich hatte keine Ahnung. Alles, was ich in diesem Augenblick begriff, war, dass der Staat versuchte, die einzige Stimme zum Schweigen zu bringen, die mir noch geblieben war, den einzigen Menschen, der für meine Sache eintrat und glaubte, dass die religiösen Ansichten meiner Eltern und ihrer Moschee tatsächlich eine Gefahr für mein Leben darstellten. Und wie passte das zu den bisherigen Ereignissen des Tages: dem *DCF*-Sekretär, dem Leibwächter, dem Gouverneur und dem ganzen Brimborium der offiziellen Zusicherungen? Wenn John aus dem Fall hinausgedrängt würde, wäre das *DCF* der Chef auf dem Platz, und mir wären bei meiner Verteidigung, bildlich gesprochen, die Hände gebunden. War es denkbar, dass George Sheldon und Gouverneur Crist diese juristische Karte ausspielten? Dass sie nach außen hin so taten, als ob sie für das arme muslimische Mädchen eintraten, das seinen christlichen Glauben nicht praktizieren durfte, und gleichzeitig hinter den Kulissen alle Hebel in Bewegung setzten, um dem Staat Ohio diesen ganzen PR-Schlamassel zuzuschieben? Ich wusste es nicht. Ich weiß es immer noch nicht. Aber merkwürdig war es schon.

John seinerseits lieferte mir den Beweis, dass Rosa sich nicht in ihm getäuscht hatte. Sein Auftreten war entschlossen und klar, und ich wusste im selben Augenblick, dass er ohne Vorbehalte für mich eintreten und aktiv für meine Sicherheit kämpfen würde. Ich spürte, dass er mich wirklich verstand, sich um mich sorgte und mir meine Geschichte glaubte. Und obwohl ich meine Angst kaum verhehlen konnte, gab seine unbeirrbare Präsenz mir ein Gefühl der Zuversicht.

Richter Dawson nahm sich einen Augenblick Zeit, um einen Blick auf den Antrag zu werfen, während überall im Raum getuschelt und geflüstert wurde. »Ich entscheide, dass die Minderjährige dennoch ein Recht auf einen Anwalt hat«, sagte er dann und klopfte mit dem Richterhammer auf den Resonanzblock, dass man es im ganzen Raum hörte. John antwortete mit einem Seufzer der Erleichterung: »Danke, Herr Richter.«

»Okay«, sagte Richter Dawson und sah auf den nächsten Aktenstapel, den er in der Hand hielt. »Der nächste eingereichte Antrag?«

Diese gerichtlichen Anhörungen waren so kompliziert und langwierig. Der nächste Antrag hatte irgendetwas mit der Strafvollzugsbehörde von Florida zu tun, die sich bereit erklärte, meine Darstellung der Vorfälle zu überprüfen, aber zwei Wochen benötigen würde, um irgendetwas über irgendwelche glaubwürdigen Gefährdungen meiner Person und meines Lebens herauszufinden.

John aber blieb wachsam und ließ sich die Angelegenheit nicht aus der Hand nehmen. Er parierte jeden Vorstoß der gegnerischen Partei mit dem Versuch, die Aufmerksamkeit wieder auf den eigentlichen Kern der Sache zu lenken und zu gewährleisten, dass ich nicht wieder in Gefahr geriet.

Was mich betraf, so war mir von all den juristischen Floskeln schon ganz schummerig im Kopf, und ich fing an, in der Bibel zu lesen, um mich abzulenken. Sie lag aufgeschlagen in meinem Schoß: »Die Stimme des Herrn erschallt über den Wassern. Der Gott der Herrlichkeit donnert, der Herr über gewaltigen Wassern. Die Stimme des Herrn ertönt mit Macht, die Stimme des Herrn voll Majestät. Die Stimme des Herrn zerbricht die Zedern [...] Die Stimme des Herrn sprüht flammendes Feuer [...] Der Herr thront über der Flut, der Herr thront als König in Ewigkeit. Der Herr gebe Kraft seinem Volk. Der Herr segne sein Volk mit Frieden« (Ps29,3–5.7.10–11).

Diese Anhörungen und ihre Auswirkungen machten mir Angst. Das Rechtssystem, das über mein Leben entschied, verlangte von mir, dass ich die Stichhaltigkeit dessen, was ich über die Situation bei uns zu Hause gesagt hatte, bewies, und schien doch gleichzeitig ernsthaft daran zu zweifeln, dass ich die Wahrheit sagte. In einem tiefen Bedürfnis nach Frieden schloss ich die Augen, ließ mich von der Macht der göttlichen Worte durchdringen und begann zu beten.

Jesus, ich schaffe das nicht allein. Danke, dass Du die Schöpfung in Deiner Hand hältst, dass Du die Sterne geschaffen hast, dass Du meine Lungen atmen lässt. Du bist mein König und Richter. Hilf mir, auf Dich zu vertrauen, Herr. Du hast das letzte Wort.

Ein heiteres Gefühl Seiner Gegenwart erfüllte mich inmitten aller Unruhe und Sorge und auch dann noch, als ich hörte, wie die Regentropfen auf dem Dach des Gerichtssaals einen langsamen Tanz begannen. Rasch wurde aus dem Tröpfeln ein donnerndes Rauschen, und alle, die an der Anhörung beteiligt waren, mussten ein wenig lauter sprechen, um es zu übertönen. Mein Blick fiel erneut auf den biblischen Text – »Die Stimme des Herrn erschallt über den Wassern. Der Gott der Herrlichkeit donnert« –

und ich schmiegte mich, so gut ich konnte, in Seine ewige und starke Umarmung hinein.

Dann wandte sich das Gespräch der letztlich entscheidenden Frage der Einwanderung zu. »Ich bin irritiert«, sagte der Richter. »Ist sie nun US-Bürgerin, oder nicht?«

Krista antwortete: »Ich habe beträchtliche Zeit darauf verwendet, den Einwanderungsstatus des Kindes zu überprüfen. Ich habe den Anwalt der Eltern mehrfach um Auskunft gebeten, doch die Auskunft wurde nicht erteilt. Sie haben keinen Beweis dafür geliefert, dass sie sich legal in den USA aufhält.«

Der Richter sah über Krista hinweg und wandte sich direkt an meinen Vater, der im Publikum saß. »Herr Bary, wie ist ihr Aufenthaltsstatus?«

»Sie kam im Jahr 2000 mit einem B1B2-Visum ins Land und hat dann auf L1L2 gewechselt«, antwortete er. »Zurzeit hat sie keinen Status. Ihr Status muss aktualisiert werden.«

»Hat sie Papiere? Hat sie einen Pass?«

»Ja, den können wir dem Gericht vorlegen.«

So ging es Runde um Runde. Eine weitere frustrierende Abfolge von Anträgen, Stellungnahmen und neuerlichen Auskunftsersuchen endete ohne endgültigen Beschluss. Mein Status und meine Zukunft waren nicht weniger unklar als am Nachmittag, als ich mich unter Pablos wachsamen Augen im Verhandlungssaal eingefunden hatte. Das Gericht vertagte sich, und das Warten ging weiter.

Dafür kam die Politik unverzüglich in Bewegung.

Kurz nach der Anhörung veröffentlichte Gouverneur Crist eine Presseerklärung:

Ich bin Amtsrichter Daniel Dawson dankbar für seine Entscheidung, Fatima Rifqa Bary Bleiberecht in Florida zu gewähren. Die erste und einzige Priorität meiner Regierung betrifft die Sicherheit und das Wohlergehen dieses Kindes. Ich bin dankbar für die gute Arbeit des Sekretärs der Familienbehörde, George Sheldon […], der durch seine persönliche Anwesenheit bei der heutigen Anhörung die Position der Regierung deutlich gemacht hat. Wir werden auch im weiteren Verlauf alles dafür tun, Rifqas Sicherheit und Wohlergehen zu garantieren.

Das wirkte auf den ersten Blick unglaublich beruhigend. Wow, dachte ich, ich hatte Erwachsene mit unglaublichem Einfluss auf meiner Seite. Doch in den darauffolgenden Tagen begann ich zu ahnen, dass Gouverneur Crist und seine Regierung zwar versuchten, während des Wahlkampfs mit meiner Geschichte politisch zu punkten, dass mein eigener Sieg in diesem Prozess für sie aber nicht wirklich von Belang war. Jedes Mal, wenn sie bei *Fox News* über meine Geschichte berichteten, wurden die Zuhörer landesweit gebeten, in Gouverneur Crists Büro anzurufen und ihm zu sagen, er solle sich dafür einsetzen, dass ich in Florida bleiben dürfe und nicht zu meinen Eltern nach Ohio zurückgeschickt werde. Der Gouverneur gab sich alle Mühe, die vielen Tausend Menschen im ganzen Land, die mit ihren Anrufen und E-Mails Druck ausübten, damit ich in Orlando bleiben durfte, öffentlich zu beschwichtigen. Doch die Realität sah anders aus: In Wirklichkeit setzte die ihm unmittelbar unterstellte Behörde – das *DCF* – im Gerichtssaal alles daran, diesen Druck von Gouverneur Crist (und seinem Wahlkampf) zu nehmen – indem sie versuchte, mich nach Ohio zurückzuschicken.

Und je genauer ich all diese Abläufe durchschaute, desto wütender wurde ich.

Ein paar Tage später kam eine regelrechte kleine Armee von Vollzugsbeamten des Staates Florida zu meiner Pflegefamilie und verbrachte mich an einen sicheren Ort, wo ich über zwei Stunden lang in die Mangel genommen und ausgefragt wurde: über mein Leben, meine Erinnerungen, die Vorwürfe, die ich meiner Familie machte, und die Maßnahmen, die sie mir angedroht hatten, wenn ich meinen christlichen Glauben praktizierte. Die Ermittler – bis auf eine Beamtin allesamt Männer – trugen deutlich sichtbare halbautomatische Waffen und drangsalierten mich mit rücksichtslosen und spöttischen Fragen, die im Grunde auf eine einzige Frage hinausliefen: »Du glaubst doch nicht wirklich, dass dein Dad dich umgebracht hätte, oder?« Alles deutete darauf hin, dass hier eine Zeugin eingeschüchtert werden sollte.

Und das gelang ihnen ziemlich gut. Irgendwann fragte ich sie unter Tränen: »Was wird mit mir passieren?« Sie versuchten es so aussehen zu lassen, als wäre ich bloß ein gestörter, aufsässiger Teenager.

»Oh, das wissen wir nicht!«, lachten sie herzlos und fuhren mit ihrer massiven Einschüchterung fort.

Das Erstaunlichste an dieser Befragung war, dass sie in Abwesenheit meines Anwalts und meiner *Guardian ad litem* stattfand, die beide keine Kenntnis davon hatten, geschweige denn benachrichtigt worden waren. John Stemberger war an diesem Tag in Miami, doch als er im Nachhinein von diesem »Gespräch« erfuhr, war er außer sich vor Wut. Sie hatten meine Lage ganz offensichtlich ausgenutzt und versucht, mich zu bestimmten Schlussfolgerungen zu bewegen. Zudem waren die Ermittler Beamte des *FDLE*, der Strafvollzugsbehörde von Florida, gewesen. Und nun raten Sie einmal, welchem leitenden Beamten das *FDLE* direkt unterstellt ist? Genau: Gouverneur Charlie Crist.

Sämtliche Nachforschungen in meinem Fall geschahen hier – in Florida. Nichts davon geschah dort, wo das Problem bestand – in Ohio. Und so wurden meine Sorgen immer noch größer, während die Wochen ins Land gingen und etwa alle vierzehn Tage eine neue, ergebnislose Anhörung nach Regeln stattfand, die offenbar *ad hoc* aufgestellt wurden, um es so kompliziert zu machen wie nur möglich.

Es war – so erklärte man mir – überaus selten, dass zwei Gerichtshöfe in zwei verschiedenen Staaten mit zwei vorsitzenden Richtern per Videokonferenz zusammenfanden, um in ein und derselben Rechtssache zwei separate Anhörungen durchzuführen. Das rechtliche Problem, das sie zu lösen versuchten, betraf die Frage, ob in meinem Fall Florida oder Ohio dafür zuständig war, über das Sorgerecht und damit darüber zu entscheiden, ob ich zu meinen Eltern zurückgeschickt oder dem Schutz des Staates unterstellt werden sollte. Die rechtliche Auseinandersetzung drehte sich also um das Sorgerecht für eine Minderjährige, die in Amerika keinen legalen Status besaß – weil meine Eltern nie die Staatsbürgerschaft beantragt oder sich um eine Verlängerung ihrer vorläufigen Visa bemüht hatten. Das machte den Fall noch spezieller und rief sowohl die nationalen als auch die internationalen Medien auf den Plan.

Mein Einwanderungsstatus war das beherrschende Thema der ersten dieser beiden letzten Anhörungen, bei der Krista ein Dokument vorlegte, das angeblich der Ausweis meiner Mutter war. Doch die Fotokopie war von so schlechter Qualität, dass die Echtheit nicht bestätigt werden konnte. Außerdem war der Pass offenbar seit Jahren abgelaufen. Da meine Eltern auch weitere Informationen, die das Gericht benötigte, schuldig geblieben waren, blieb dem Richter nichts anderes übrig, als einen neuen Anhörungstermin festzusetzen und zu verfügen, dass die betreffenden Papiere binnen zehn Werktagen vorgelegt werden mussten. Die mangelnde Kooperationsbereitschaft meiner Eltern und ihrer Anwälte machte die Dinge noch komplizierter und schwieriger, als sie ohnehin schon waren.

Ihr Wahnsinn hatte jedoch Methode, denn letztlich hätten wir – trotz seiner Beispiellosigkeit – die losen Enden meines Falls nur rechtzeitig miteinander verknüpfen müssen, und unser Sieg wäre in greifbare Nähe gerückt. Der Richter schien meinem Anliegen mehr oder weniger wohlwollend gegenüberzustehen. Und immerhin hatten wir ein wenig Ordnung in das Durcheinander und die Nebenschauplätze bringen und unser eigentliches Ziel ins Auge fassen können: ein Gericht in Florida dazu zu bringen, dass es dem Staat Florida das Sorgerecht für mich zusprach, bis ich achtzehn wurde. Nicht mehr und nicht weniger.

Doch meine Eltern spielten auf Zeit und fanden tatsächlich aller Gerechtigkeit und Logik zum Trotz einen Weg, das Blatt noch einmal zu wenden. Nach der dritten oder vierten Anhörung erstatteten sie durch ihre neuen Anwälte Anzeige gegen mich: Ich sei eine »unbotmäßige Minderjährige«, so lautete der quasi-strafrechtliche Vorwurf. Obwohl ich technisch gesprochen nichts Illegales getan hatte, konnte es in Ohio als kriminelles Fehlverhalten gewertet werden, wenn ein Kind von zu Hause weglief. Und wenn der Staat Ohio erst einmal offiziell auf den Plan getreten war, bedeutete das, dass ich im Zuge eines neuen Gerichtsverfahrens zurückgeschickt werden konnte.

Na großartig.

Jetzt konnte der Fall – wie es sich viele ja ohnehin wünschten – von Rechts wegen an Ohio übergeben werden. Als wir am Montag, 21. September 2009, zur letzten

Anhörung in Florida erschienen, lag ich die meiste Zeit weinend in den Armen einer meiner Betreuerinnen. Ich war ganz krank vor Stress und müde und ängstlich und wütend, dass ich schon wieder zum Spielball der Manipulationen meines Vaters geworden war. Ich saß da und schämte mich meiner Tränen nicht, die mir über die Wangen liefen, während meine Betreuerinnen mir übers Haar strichen und mir die Schultern massierten.

Meine Eltern hatten ein Schlupfloch gefunden, und das bedeutete, dass ich nach Ohio zurückgebracht werden sollte. Als Minderjährige würde ich nach wie vor in der Obhut des Staates bleiben, doch die Gefahr, dass irgendein juristisches Lügengespinst mich umgarnen und in die Wohnung meiner Eltern und unter die Terrorherrschaft meines Vaters und der Moschee zurückbringen würde, war nun sehr viel realer.

Und sie würden weiter ihre Fäden spinnen – bis zum bitteren Ende.

Sechsundzwanzig

Sie kamen in der Nacht. *Mitten* in der Nacht. Meine Pflegemutter hatte mir (ohne weitere Begründung) gesagt, dass ich nicht wissen durfte, wann oder wie ich nach Ohio gebracht werden würde. Die Brisanz meiner Situation und die Befürchtungen des Gerichts, dass ich vielleicht weglaufen könnte, um einer Unterbringung in so großer Nähe zu meiner Familie zu entgehen, führten dazu, dass nicht einmal ich von den Reisevorbereitungen in Kenntnis gesetzt wurde. Man wies mich lediglich an, meine Koffer zu packen und mich bereitzuhalten.

Also hätte ich nicht weiter überrascht sein sollen, als sie mich eines Dienstagmorgens um drei Uhr in der Frühe weckte und mir sagte, dass Männer gekommen seien, um mich abzuholen. »Beeil dich, Süße. Mach dich fertig.«

Doch *jetzt* war es ihnen offenbar egal, wer davon Wind bekam. Polizisten umstellten das Haus meiner Pflegefamilie, während der Sheriff mich hastig in ein militärisch wirkendes Fahrzeug bugsierte und wir mit jeweils einer Eskorte vor und hinter uns in der Dunkelheit verschwanden. In der Öffentlichkeit des Gerichtssaals hatten die Staatsbeamten die potenzielle Gefahr, in der ich mich befand, heruntergespielt, doch privat nahmen sie sie offenbar sehr ernst. Schon bald saß ich in einem Verkehrsflieger nach Ohio; neben mir saß ein mürrischer, geschäftsmäßiger Sheriff und meine Fallbetreuerin Maxine, deren Anwesenheit mich ein wenig über seine nicht sehr angenehme Gesellschaft hinwegtröstete.

Wir waren ein paar Stunden oder auch länger in der Luft gewesen, als der Sinkflug begann. Diese Reise war sehr viel kürzer gewesen als die letzte, bei der ich dieselbe Strecke in umgekehrter Richtung mit dem Bus zurückgelegt und zwei Tage dafür gebraucht hatte. Als das Flugzeug an Höhe verlor und zur Landung ansetzte, blickte ich durchs Fenster und stellte fest, dass wir noch gar nicht am Flughafen waren. Wir landeten auf einem weiträumigen Gelände mit mehreren weißen Gebäuden, die eine einsame Landebahn säumten. Verwirrtes Geflüster erhob sich in den Gängen, als andere Passagiere die unerwartete Zwischenlandung bemerkten und zu fürchten begannen, dass irgendetwas nicht stimmte.

»Entschuldigen Sie bitte«, erklang die Stimme des Piloten über den Bordlautsprecher. »Es hat eine kleine Planänderung gegeben. Mit dem Flugzeug ist alles in Ordnung. Wir müssen nur eine Kleinigkeit erledigen und sind bald wieder in der Luft. Es wird nur einen Moment dauern.«

Der Sheriff winkte mir aufzustehen und folgte uns auf dem Fuße, als Maxine den Arm um mich legte und mich den Gang hinunterführte. Ein Flugbegleiter öffnete die Tür, doch statt in das Innere eines Flughafens wurde ich eilig die Treppe hinunter direkt auf die Landebahn gebracht, während über mir die Rotorblätter eines Hubschraubers einen ohrenbetäubenden Lärm verursachten. Ich hielt mir die Ohren zu, während meine langen Haare mir flatternd ins Gesicht schlugen und eine hübsche Fernsehreporterin samt filmendem Kameramann auf uns zueilte. Sie drehte sich zur Kamera um, mich und meine Begleitung im Hintergrund, und verkündete den Zuschauern der Lokalnachrichten: »Wir haben sie!«, während der Sheriff mich in ein wartendes Polizeiauto bugsierte.

Ging es vielleicht noch schräger? Oder noch schlimmer?

Es ging. Im Auto saß eine Frau namens Carol, die sich mir als meine neue Betreuerin vorstellte. Sie war eine ältere Dame mit kurzem hellblondem Haar und leicht distanziertem Verhalten. Das Erste, was sie nach dem üblichen Small Talk und Informationsaustausch zu mir sagte, war: »Nun Rifqa, freust du dich auf deine Eltern?«

Ihre Worte trafen mich wie ein Dolchstoß. Man muss förmlich gesehen haben, wie sich mir die Haare sträubten. Mir war nicht ganz klar, ob sie einfach nur gemein oder widerlich sarkastisch war. Wenn sie von meinen *leiblichen* Eltern sprach, dann hatte sie offenbar nicht mitbekommen, weshalb ich zum Beispiel in dieser misslichen Lage war, oder sie war aus irgendeinem anderen Grund der Ansicht, dass ich nicht vor ihnen beschützt zu werden brauchte. Und wenn sie von meinen neuen Pflegeeltern sprach – was brachte sie auf die Idee, dass ich mich auf das Zusammentreffen mit Menschen freute, die sich wahrscheinlich noch weniger für mich interessierten als *sie*? Ich jedenfalls konnte darin keinen Grund zur Freude erkennen.

Doch mehr hatte ich von Carol nicht zu erwarten. Wenn sie etwas empathischer gewesen wäre, hätte sie mich in Anbetracht dessen, was mir bevorstand, ganz sicher nicht gefragt, ob ich mich freute, meine Eltern zu sehen. Sie hätte mich auf jeden Fall vorgewarnt. Und mir vielleicht eine Tetanusspritze verabreicht.

Wir fuhren durch ein dunkles, bedrückendes Viertel, das sich weder in demografischer noch geografischer Hinsicht irgendwo in der Nähe von New Albany zu befinden schien, und hielten vor einem heruntergekommenen Haus. Martha, eine emotionslose Frau mit lockigen Haaren und unfroher Ausstrahlung, begrüßte mich an der Tür und zeigte auf die Treppe nach oben. »Dein Zimmer ist links«, sagte sie und entblößte dabei ein paar Zahnlücken. Ich taxierte die Umgebung, als ich mit meinen wenigen Habseligkeiten eintrat, und sah einen großen, glatzköpfigen Mann, der in der Nähe auf einem Sofa saß. Er drehte mit knapper Not den Kopf, um meine Anwesenheit zur Kenntnis zu nehmen, ehe er sich räusperte und dann wieder auf den Fernseher starrte.

Es ist nur vorübergehend, Rifqa, sagte ich zu mir selbst. *Du wirst hier nicht ewig bleiben. Sie werden dich von einem Platz zum nächsten schieben, genau wie in Florida. Sei tapfer, Mädchen. Alles wird gut.*

Ich versuchte nicht zu verzweifeln, doch es fiel mir schwer. Am liebsten wäre ich davongelaufen. Das Zimmer, in dem ich schlafen sollte, war düster und kalt. Es wirkte kaum größer als ein begehbarer Schrank. Die Bettlaken rochen säuerlich nach Körperausdünstungen und die Wände waren mit Löchern von der Größe eines Softballs überzogen – vielleicht die Krater, die eine zornige Faust im Putz hinterlassen hatte.

Plötzlich hörte ich eine schüchterne, farblose Stimme von der oberen Etage des Stockbetts.

»Hey.«

Oh, großartig. Ich habe Gesellschaft. Ich kann mir nicht einmal in Ruhe selbst leidtun.

»Ich heiße Amelia«, sagte sie. Ihr Gesicht sah älter aus, als ihre Stimme klang.

Doch vielleicht war es gut, dass ich nicht allein war. Sonst hätte ich sofort meine Tasche auf den Boden und mich selbst aufs Bett geworfen und einen ähnlichen Anfall bekommen wie in dem *Group Home,* in das man mich in Florida zunächst geschickt hatte. Dass ich mir das Zimmer mit einem anderen Mädchen teilte, half mir, mein emotionales Gleichgewicht zurückzugewinnen. Es gab mir das beruhigende Bewusstsein, dass Gott auch an diesem Ort bei mir war und dass ich hier war, um die Veränderung, die Er in meinem Herzen angebahnt hatte, in die Tat umzusetzen und jener Macht und Liebe Raum zu geben, für die ich mein Leben riskiert hatte. Seine Wahrheit konnte auch in diesem winzigen, unheimlichen Zimmer herrschen, das ich gemeinsam mit Amelia bewohnte – genauso, wie sie an den vielen anderen Orten und in den vielen kleinen Schritten geherrscht hatte, die mich hierhergeführt hatten und mich schließlich in Sicherheit bringen würden. Dessen war ich mir sicher.

Langsam und methodisch packte ich meine Sachen aus und räumte sie weg. Ich faltete jedes Kleid auseinander, während ich leise eines meiner Lieblingskirchenlieder vor mich hin trällerte, dessen Text eine an den Herrn gerichtete Bitte um Hilfe und gleichzeitig ein Versprechen war, dass ich sogar in dieser Hölle auf Erden sein lebendiger Tempel sein wollte.

Doch mein Aufenthalt war nicht so vorübergehend, wie ich gehofft hatte. Letztlich blieb ich mehrere Monate lang, und Marthas Hausordnung sorgte dafür, dass mir die Zeit sogar noch länger vorkam. Nach zehn Uhr abends durfte ich mein Zimmer nicht mehr verlassen, nicht einmal, um mir in der Küche ein Glas Wasser zu holen. Ich durfte mit niemandem telefonieren und niemanden sehen, dessen Hintergrund nicht vollständig überprüft worden war und der nicht auf einer genehmigten Kontaktliste geführt wurde. Wenn ich den falschen Topf auf den Herd stellte oder etwas von meinen Sachen im Wohnzimmer liegen ließ, konnte es sein, dass ich eine harsche, ärgerliche Gardinenpredigt zu hören bekam. Trotz seiner einschüchternden

Statur war ihr Mann verbal und emotional weniger brutal, als *sie* es sein konnte. Es war nicht ganz so schlimm wie zu Hause, aber es gab Parallelen.

Meine einzige Zerstreuung (wenn man es denn so nennen kann) war die Schule – nur, dass die *Charter School*, die ich besuchen musste, sich kaum krasser von der *New Albany Highschool* hätte unterscheiden können. 60 Prozent der Schüler – mich vermutlich eingeschlossen – hatten bereits eine Haftstrafe verbüßt. Und ein Großteil der Mädchen war entweder schwanger oder alleinerziehend. Trotz meiner ungewöhnlichen und üblen Geschichte galt ich als das reiche Mädchen mit dem rosa Mantel und den hautengen Jeans: eine verwöhnte Exotin in einer Masse jugendlicher Delinquenten.

Gleich an meinem ersten Schultag – nur damit Sie sich ein Bild machen können – gab es eine Zwangsschließung (weil ein Schüler eine Schusswaffe mit in den Unterricht gebracht hatte) und eine Dringlichkeitsversammlung der gesamten Schule, bei der der Rektor die Tür hinter sich zuschlug und schrie: »Wann werdet ihr euch endlich am Riemen reißen?!«

Das Niveau war lächerlich niedrig. Am Ende hatte ich etwa doppelt so viele Leistungspunkte wie die meisten anderen. Als ich die Schule verließ, hatte ich in gut sechs Monaten den Stoff durchgenommen, der für zwei Jahre vorgesehen war. Doch wenigstens lenkte mich der Unterricht von meinen Lebensumständen ab, und jeder Tag brachte mich meinem achtzehnten Geburtstag näher: jenem magischen Augenblick, in dem ich frei sein und von niemandem mehr manipuliert und kontrolliert werden würde. Nacht für Nacht aber hielt mich der Zorn über meine entwürdigenden, traumatischen Lebensumstände wach, und ich weinte, weil der Kummer mein Herz nie ganz losließ.

In einer besonders einsamen, dunklen Nacht streckte ich den Finger nach dem mit Raureif bedeckten Fenster aus, durch dessen zugige, nicht isolierte Ecken die Kälte ins Zimmer drang, und zeichnete ein kleines Kreuz auf das winterlich behauchte Glas. Da fiel mein Blick darunter auf das Holz, wo sich bereits ein anderes Kind verewigt hatte: »Holt mich hier raus!«, hatte es geschrieben.

Offenbar war ich nicht die Erste, die sich so fühlte.

Die Pflegeunterbringungen waren nur allzu oft abscheulich und wurden mit der Zeit nicht erträglicher. Dieses letzte Schreckenshaus war nur ein weiteres auf einer langen Liste, das direkt an einige meiner Erfahrungen in Florida anknüpfte. Das vielleicht Schlimmste, was ich dort erlebt hatte, war mein Aufenthalt bei einer Familie gewesen, deren Vater ein gefährliches Geheimnis hütete: seinen hochexplosiven Jähzorn.

Bumm! Bumm! Bumm! Manchmal hörten wir ihn durchs Fenster, wenn er im Hinterhof stand und Blumentöpfe auf den Betonboden schmetterte. *Wumm! Wumm! Wumm!* Jetzt schlug er die Hintertür zu. Kam herein. Ging wieder nach draußen.

Entspann dich, Rifqa, er wird dir nichts tun. Er ist unten. Du bist in Sicherheit. Ich sah zu Nina, meiner neunjährigen Pflegeschwester, hinüber. »Was tut er da? Er ist verrückt!«, sagte sie. Ich hasste es, dass seine Wut ihm eine manipulative Macht über uns verlieh.

Und hier hatte mich die Regierung zu meiner »Sicherheit« untergebracht!

Warum ich? Warum konnte ich nicht hier weg? Warum hatte meine einzige Chance, der Tyrannei und den Todesdrohungen meines Vaters zu entkommen, mich an Orte geführt, die kaum erträglicher waren, als mein Zuhause es gewesen war? Warum hatte ich nicht einfach bei Blake und Beverly bleiben können, die mich liebten und beschützten und umsorgten wie ihre eigene Tochter? Ich wusste nicht, wie ich bis zu meinem achtzehnten Geburtstag durchhalten sollte, ohne den Verstand zu verlieren.

Und dann kamen – von Gott gesandt, und das zur rechten Zeit – Mara und Steve.

Es war eine der angenehmsten Überraschungen meines Lebens, als die zuständige staatliche Behörde mich zu einem freundlichen, lieben, älteren Paar nach Hause schickte, dessen eigene Kinder bereits erwachsen waren, die aber, weil sie es gern taten und sich damit auskannten, weiterhin Pflegekinder betreuten. Ihr Zuhause war anders als jedes, in dem ich je gelebt hatte: ein Traumzuhause für ein Pflegekind. Mara (oder Mamaw, wie wir sie nannten) hatte kurzes, lockiges Haar und ihr Blick und Gesicht drückten einfach nur Liebe aus. Steve (Papaw) hatte eine dunkle Brille, ein schelmisches Lächeln und einen Sinn für Humor, mit dem er seine Frau manchmal in Entzücken versetzte und manchmal zur Verzweiflung brachte, aber immer dazu beitrug, dass in ihrem Zuhause und in ihrer Beziehung eine spielerische Herzlichkeit herrschte.

Der Rest unserer kleinen Bande von Vagabunden bestand aus der dreizehnjährigen Isabella und der achtjährigen Raven. Raven mit ihren meerblauen Augen und dem kurz geschnittenen braunen Haar war ein Ausbund an Unschuld und Lebhaftigkeit. Nicht selten trug ich die kleine Ravy huckepack durchs Haus, wenn wir herumtollten und spielten, dass wir Seeleute wären. Oder ich herzte sie, wenn ich sie zu Bett brachte. Oder ich erwischte Isabella, die mit meinem Laptop lustige Bilder machte, wenn ich nicht hinsah. Dann tat ich, als ob ich furchtbar wütend wäre, schrie: »Na warte, ich kriege dich!«, und jagte sie durchs Haus, bis wir am Ende, von der wilden Jagd erschöpft und von hysterischen Lachanfällen geschüttelt, hilflos japsend übereinanderlagen.

Wir waren, was unsere Herkunft betraf, völlig verschieden, doch wir bildeten eine so nahtlose Einheit, wie das bei drei Ausgestoßenen nur möglich war: Es gab gerade so viele Zankereien und Meinungsverschiedenheiten zwischen uns, dass die Sache interessant blieb und ihren Reiz nicht verlor. Das zeigte sich eines Morgens, als Isabella mit Mamaw von einem Friseurtermin zurückkam. Sie kam nicht einfach herein: Sie schüttelte ihr blondes Haar demonstrativ in meine Richtung und stolzierte wie auf dem Laufsteg durch die Tür. Ich musste zweimal hinsehen.

Sie hatte exakt denselben Schnitt wie ich.

Verärgert verschränkte ich die Arme vor der Brust und markierte einen kleinen Anfall. »Mamaw! *Warum* musste Isabella dieselbe Frisur kriegen wie ich?«

Mamaws Lippen kräuselten sich zu einem Lächeln. »Das ist ihre Art, zu sagen: ›Ich will wie meine große Schwester Rifqa sein.‹ Es ist ein Kompliment, Rifqa!«

Sie sah mich an und wartete ab, ob sie mich überzeugt hatte. Ich rollte mit den Augen, rang die Hände und stürmte dramatisch aus dem Zimmer, während Isabella neckisch hinter mir herrief: »Ich liebe dich, Riffy.«

Wir waren eine Familie von Ausgestoßenen, aber wir waren eine Familie.

Die beiden anderen Mädchen waren jede auf ihre Weise lebhaft und unternehmungslustig und gemeinsam genossen wir beinahe so etwas wie Normalität. Zumindest war es die längste normale Phase, die ich je erlebt hatte. Wir hatten einander furchtbar gern und Mamaw und Papaw sorgten dafür, dass unser Miteinander für sehr lange Zeit durch nichts getrübt wurde.

Eines Abends, als ich in meinem Essen herumstocherte, aber nicht besonders hungrig war, fragte ich Mamaw, ob ich aufstehen dürfe. »Ich weiß, dass ich heute kaum etwas gegessen habe«, sagte ich, »aber mein Magen fühlt sich so dick und voll an. Ich glaube, ich lege mich ein bisschen hin.«

Das Völlegefühl wich einem Unwohlsein. Und das Unwohlsein wich einem Gefühl der Schwäche und Benommenheit und krampfartigen Schmerzen in der Seite. Überzeugt, dass ich krank werden würde, schleppte ich mich ins Bad.

Da bemerkte ich das Blut.

Unmengen von Blut.

»Maaaaamaaaaaw!«

So schnell sie nur konnten, packten sie mich in den Wagen und rasten zum Krankenhaus, wo ich sofort in die Notaufnahme kam. Manche der Schwestern und Ärzte sahen mich und erschraken. Sie versuchten gar nicht erst, mir etwas vorzumachen. »Was ist das?«, schrie ich hysterisch. »Das tut weh!«

»Süße, wir brauchen deine Hilfe, du musst die Beine öffnen«, sagte die Oberschwester und schob sie sanft auseinander.

Ich schrie, so laut ich konnte. »Nein!« Und versuchte, mich gegen die Schwestern zu wehren. »Ihr dürft da nicht hinsehen! Fasst mich nicht an! Fasst mich nicht an! Aufhören!« Mein Glaube schien in diesem Augenblick Millionen Meilen entfernt.

»Das sieht übel aus. Wir müssen ihr sofort Morphium spritzen«, sagte eine Schwester und riss sich von meinem Anblick los, um die zweite Schwester im Raum herbeizuholen.

»Wir kümmern uns um dich, Süße«, sagte die andere Schwester und versuchte, mich zu beruhigen.

Tränen strömten mir aus den Augen und übers Gesicht, während ich vor Schmerz und Verzweiflung heulte und schluchzte. Wenig später eilten nicht weniger als sechs Ärzte und eine Handvoll Krankenschwestern in den Raum. Eine von ihnen rieb meinen Arm und sagte: »Entspann dich, Süße, mit diesem Stoff hier wirst du dich *richtig* gut fühlen.«

Um mich herum wurde es dunkel, und meine Schreie verhallten im Schleier der Narkose … und in der Furcht vor einem neuen Unbekannten.

Siebenundzwanzig

Piep. Piep. Piep.

Der regelmäßige Rhythmus eines Herzmonitors brachte mich allmählich wieder zu Bewusstsein. Wo *war* ich? Ich konnte Schläuche ertasten, die hier und dort und anscheinend überall an mir angebracht waren. Ich versuchte, mich umzudrehen, damit ich bequemer lag, doch die Maschinen ließen mich nicht. Sie hielten meinen Körper in der Position fest, in der ich mich befand. Alles war verschwommen. Meine Augenlider zu heben war hundertmal so anstrengend wie sonst. Als ich es endlich geschafft hatte, sie einen winzigen Spalt zu öffnen, fiel mein erster Blick auf einen tiefvioletten Pullover. Unverkennbar. Das war Mamaw – der tröstlichste Anblick, den ich mir in diesem Moment vorstellen konnte. Am liebsten hätte ich, statt hier im Aufwachraum zu liegen, bei ihr auf dem Schoß in ihrem hässlichen Sessel im Wartesaal gesessen und mich in ihren Armen gewiegt, wie ich es schon so oft getan hatte. Nur sie und ich.

»Wo bin ich?«, fragte ich erschöpft. »Was ist passiert?«

Ich merkte, dass auch noch andere Leute im Raum waren, aber ich erkannte niemanden. Wie sich herausstellte, waren es Vertreter der Familienbehörde. Carol zum Beispiel (auf deren Anwesenheit ich *verzichten* konnte) – und sie hatte noch jemanden mitgebracht.

Leute, deren Anwesenheit ich physisch nicht *ertragen* konnte.

»Ich weiß, dass dir das nicht gefallen wird«, sagte sie zu mir, obwohl ich völlig hilflos dalag, »aber ich will, dass du weißt, dass deine Eltern hier sind. Ich denke, es ist wichtig, dass sie dich sehen.«

»Was?!«

Vielleicht hat sich noch nie zuvor in der Geschichte der modernen Medizin ein Patient von einer Nanosekunde zur nächsten aus einem nebulösen Morphium-Dämmerschlaf in hellwache Panik katapultiert. Ich begann vor Angst zu zittern und an den Schläuchen zu zerren, um mich loszureißen und aus meinem Bett zu entkommen. Doch es war zu spät. Da waren sie. Meine Mutter und mein Vater kamen, gefolgt von meinem großen Bruder Rilvan, quer durch den Raum auf mich zu.

Wut überkam mich. Und Furcht. Ich sah meinem Vater kurz in die Augen und schrie: »Ich vergebe dir! Ich vergebe dir!« Das war ganz sicher den Medikamenten zuzuschreiben, doch ich wusste einfach nicht, was ich sonst in diesem Augenblick tun oder sagen sollte, zumal meine Mutter schluchzend zusammenbrach und stammelte: »Meine Kleine …« Sie weinte so laut, dass die ganze Station aufmerksam wurde – und meine Anwältin, Angie Lloyd, die im Flur wartete, in den Raum gestürzt kam.

John Stemberger hatte Kort Gotterdam, einen staatlich zugelassen Strafverteidiger in Ohio, und Angie Lloyd, eine Juraprofessorin, ausfindig gemacht, die mir zur Seite standen, nachdem mein Fall nach Ohio gegangen war. Angie war genau wie Rosa eine der wenigen Expertinnen für Kindereinwanderung und Sorgerecht. Das passte perfekt – und obendrein war sie auch noch genauso kämpferisch!

»Raus! Raus! Sie dürfen hier nicht rein!« Angie ist eine Person, die sich innerhalb wie außerhalb des Gerichtssaals normalerweise problemlos durchsetzt, und wie üblich zeigte ihr Protest die gewünschte Wirkung. Respektvoll, aber unerbittlich geleitete sie meine Eltern aus dem Zimmer.

Carol gegenüber war sie nicht ganz so respektvoll, als sie wieder hereinkam.

»Carol, hier wird gerade gegen eine *gerichtliche Anordnung* verstoßen!«

Inzwischen hatte ich mir Carol allerdings auch schon selbst vorgeknöpft. »Wie *konnten* Sie nur? Sie sollen mich *beschützen*! Wie *konnten* Sie nur?!« Obwohl ich durch die Medikamente noch benommen war, schlug ich mit meinen Fäusten auf das Krankenhausbett und suchte irgendetwas, das ich nach ihr werfen konnte. Zum Glück für uns beide fand ich nur ein Kissen. Doch Angie übernahm den Rest und beförderte sie wutschnaubend nach draußen.

Ich hatte kaum Zeit gehabt, mich zu beruhigen, und hatte in der Aufregung beinahe vergessen, weswegen ich eigentlich da war, als auch schon ein Arzt hereinkam und mit ernster, drängender Stimme (womöglich hatte er das Drama, das sich gerade abgespielt hatte, gar nicht mitbekommen) zu mir sagte: »Rifqa, wir müssen gleich in den OP. Wir müssen sofort mit der Anästhesie beginnen.«

»Bitte? Wovon sprechen Sie?«

Mamaw war bereits informiert. »Sie müssen etwas tun, um die Blutung zu stoppen, Schatz, und sie müssen den Polypen entfernen, der in dir gewachsen ist.«

Alles ging furchtbar schnell.

Bei der ersten Untersuchung hatten sie offenbar etwas Schreckliches gefunden: einen Polypen (was immer das war). Ich spürte den Ernst der Lage, als das OP-Team mich im Rollstuhl in einen anderen Raum schob. Sie legten mich auf einen schwarz gepolsterten Tisch unter helle Leuchtstrahler und pflasterten mir Kabel auf den Körper.

»Entspann dich und denk an was Schönes«, sagten sie in dem Versuch, meine vibrierenden Nerven zu beruhigen. »Du bist in guten Händen, Kleines.« Und dann, wie zuvor, diese berühmten letzten Worte: »Alles wird gut, Süße.«

Zum zweiten Mal in dieser Nacht wurde es schwarz um mich herum.

Eine Woche später stand ich zu Hause vor dem Schlafzimmerspiegel, schüttelte mein Haar und sah zu, wie die frischen Locken sich anmutig um mein Gesicht legten. Carol hatte ihren Besuch angekündigt (hmpf!), doch ich wollte so gut wie möglich aussehen und mich von ihrer Gehässigkeit nicht anfechten lassen. Außerdem waren es nur noch ein paar Monate bis zu meinem Schulabschluss und danach nur noch ein paar Monate bis zu meinem achtzehnten Geburtstag. Wenn ich es noch ein kleines bisschen mit Carol aushielt, konnte ich mich für immer von meinen Betreuern verabschieden.

Also schritt ich beschwingt ins Wohnzimmer, um zu erfahren, worüber sie so unbedingt mit mir reden wollte. Ich setzte mich so weit von ihr entfernt, wie ich konnte, ohne unhöflich zu sein, und sah, dass vor ihr ein Stapel Papiere lag.

»Rifqa«, sagte sie in einem Ton, dem ich anhören konnte, dass etwas nicht in Ordnung war, »du hast Krebs.«

Ich starrte einige Sekunden lang gedankenverloren durch den Raum und lachte dann ungläubig. »Nein, habe ich nicht«, sagte ich. »Das meinen Sie nicht ernst.«

Sie nickte. »Die Ärzte dachten zuerst, der Polyp sei gutartig, doch die Biopsie hat etwas anderes ergeben. Es tut mir sehr leid.«

Sie *meinte* es ernst.

Ich hatte Krebs.

»Mamaw?« Sie streckte die Hand nach mir aus, während ihr Tränen des Mitleids in die Augen traten. Ich blinzelte meine eigenen Tränen weg und gab mir alle Mühe, nicht unter der Last dieser erschütternden Neuigkeit zusammenzubrechen. Ich sterbe. *Ich sterbe?* Warum erfuhr ich das ausgerechnet von Carol?

»Du hast in ein paar Stunden einen Arzttermin«, sagte sie, »und ich wollte, dass du vorbereitet bist.«

Carol. Immer traf sie eigenständige Entscheidungen, die »zu meinem Besten« waren. Und immer wieder musste ich mich fragen, was in aller Welt sie sich eigentlich dabei dachte.

Ich fingerte in meinen Haaren herum und versuchte, dieses neueste Problem zu entwirren – wobei mich mein erschreckender Zustand natürlich letztlich mehr aufregte als Carols mangelnde Sensibilität. Würde ich nicht mehr zur Schule gehen können? Würde ich nicht heiraten können? Würde ich keine Kinder bekommen können? Würde ich die Kontrolle über mein Leben noch mehr verlieren als ohnehin schon?

Die Ärztin, deren Praxis wir noch am selben Tag aufsuchten, beantwortete all diese Fragen in einem einzigen Atemzug. Die große dunkelhäutige Inderin in dem weißen Kittel stand neben mir, während ich auf dem Untersuchungstisch saß. Dann setzte sie sich neben mich und nahm meine zitternden Hände.

»Rifqa, ich muss dir die Wahrheit sagen, okay? Du hast höchstens noch ein Jahr zu leben, selbst mit der besten Behandlung, die wir dir bieten können.«

Wie bitte!?

Letztendlich beschäftigten sich alle möglichen Ärzte im ganzen Land mit meinem Fall. Er war höchst ungewöhnlich. Außerordentlich. Ich hatte *de facto zwei* Arten von

Krebs. Die eine (Rhabdomyosarkom) kam normalerweise bei kleinen Kindern vor, an der anderen (Adenokarzinom) erkrankten im Allgemeinen nur Frauen in der Menopause. Ich war natürlich weder das eine noch das andere. Und doch hatte ich beide Arten. Zusammen ergaben sie eine der schlimmsten und seltensten Formen von Gebärmutterkrebs, die man sich vorstellen kann.

»Deshalb«, fuhr die Ärztin fort, »würden wir dir neben der Chemotherapie dringend zu einer Hysterektomie raten. Das bedeutet natürlich, dass du nie Kinder haben wirst, aber es ist das Einzige, was helfen könnte. Es tut mir so leid, Rifqa.«

Niemand kann vorhersehen, wie man auf eine so verheerende Nachricht reagiert. Ich erkannte den Ernst der Lage: meinen wahrscheinlichen Tod und das kurze, qualvolle Leben zwischen jetzt und dann. Doch mit meiner Prognose setzte ich mich in diesem ersten Moment gar nicht auseinander. Ich konnte mir einfach nicht vorstellen, dass ich sterben würde. Mein Hauptproblem war, warum auch immer, die *Gewissheit*, dass ich nach einer Hysterektomie nie mehr eine Familie haben würde. Was mich die Kämpfe der vergangenen Jahre bestehen ließ, war nicht zuletzt der Traum gewesen, dass ich heiraten und Kinder bekommen und so eine neue Generation von Christen in die Welt setzen würde. Das hatte ich mir wieder und wieder ausgemalt. Dieser dumpfe Schmerz des Wissens – die absolute Sicherheit, dass ich keine Kinder würde empfangen und gebären können – erschütterte mich bis ins Mark.

Ich sank in Mamaws Arme, durchnässte ihre Schulter mit meinen Tränen und schluchzte bei dem Gedanken, mehr zu verlieren, als ich ertragen oder mir auch nur vorstellen konnte.

Während die Zeit mit chirurgischen Eingriffen verging – darunter einer, bei dem sie mir einen Port für die Chemotherapie in die Brust einsetzten –, rückte der Schulabschluss immer näher. Obwohl ich natürlich geschwächt und von meinem Leben als Krebspatientin in Anspruch genommen war – vielleicht der ultimative Hintergrund für die angemessene Wertschätzung, aber auch Bescheidenheit angesichts einer solchen Leistung –, war die Planung für den großen Tag bereits angelaufen.

Ich sollte bei der Feier die Abschiedsrede für meine Klasse halten und einige der Menschen, die mir auf der Welt am wichtigsten waren, würden dabei sein: natürlich Mamaw und Papaw, Isabella und Raven, aber auch Brian und Michaela und sogar Rosa, die zu diesem Anlass eigens aus Miami herflog. Es war trotz aller traurigen Untertöne ein wunderbarer Augenblick, als ich so dasaß in meinen goldenen Sandalen und den Moment erwartete, in dem ich auf die Bühne treten, mein Zeugnis in Empfang nehmen und dann gemeinsam mit den anderen zur Feier des Tages die roten Hüte in die Luft werfen würde.

Doch zuerst trat die Schulbezirksdirektorin ans Rednerpult und sagte:

Manchmal gibt es Zeiten, in denen eine richtige individuelle Entscheidung einen Menschen mit der Welt in Konflikt zu bringen scheint. Sie hätte sich für ein sehr viel leichteres und sorgenfreieres Leben entscheiden können, doch für diese junge Frau war der einfache Weg nicht der richtige Weg. Sie ließ sich von dem Gott leiten, an den sie glaubt, und wählte den Weg in eine Freiheit, die ihrer Vorstellung von Freiheit entsprach.
Diese Entscheidung hatte extreme Konsequenzen und stellte ihr Leben auf den Kopf. Ihr Zuhause, ihre Sicherheit

und ihr Seelenfriede wurden ins Chaos gestürzt. Ihr Leben wurde zu einem Medienwirbel und viele Seiten überschütteten sie mit Negativberichten. Sie wurde mit Hassbriefen und Todesdrohungen bombardiert. Das Chaos drohte sie zu überwältigen und ihre Seelenstärke zu zerrütten.
Doch diese junge Frau ließ sich nicht vom Chaos überwältigen. Sie fand ihren Funken, ihre besondere Gabe, und erhob sich aus den Trümmern. Allem Leid und allem Hass zum Trotz entschied sie sich für Liebe, Mitgefühl und Beharrlichkeit. Mit nur siebzehn Jahren fand sie die Kraft, das Chaos zu überwinden, und sie hatte Erfolg.
Sie hat in ihren Schwerpunktfächern eine Durchschnittsnote von 4,16 erzielt und in weniger als sechs Monaten 9,6 Leistungspunkte gesammelt. Vor Kurzem ist bei ihr eine lebensbedrohliche Krankheit diagnostiziert worden. Obwohl man sie erst letzten Donnerstag operiert hat, um den bösartigen Tumor zu entfernen, ist sie am Dienstag dieser Woche mit einem Lächeln auf dem Gesicht zur Probe für die Abschlussfeier erschienen. Obwohl sie so viel Schlimmes erlebt und so viel Hass erfahren hat, ist sie entschlossen, eines Tages durch die Welt zu reisen und jenen zu helfen, die weniger Glück haben.

Das war *ich.*

Sie sprach von *mir.*

Ich konnte es nicht glauben. Ich fühlte mich ganz demütig und klein, als ich nach vorn ging, um den Sonderpreis der Schulleitung entgegenzunehmen. So tief meine schmerzlichen Erfahrungen mir auch das Herz verwundet hatten: In diesem Moment war die Freude, die meine Seele durchflutete, größer als alles, was ich je empfunden hatte. Noch deutlicher als den Beifall des Publikums nahm ich die gewichtige Anerkennung meines himmlischen Vaters wahr, der mich mit seiner Liebe, Gnade und Zustimmung umgab.

Natürlich wusste ich nicht, was als Nächstes kam. Das heißt, eigentlich glaubte ich sehr wohl, es zu wissen: Die Ärzte hatten es mir ja gesagt.

Doch vielleicht hatten Gott noch ein paar Überraschungen für mich auf Lager, die alles verändern konnten.

Achtundzwanzig

In meiner Kindheit hatte ich es immer gehasst, wenn ich den Sommer über mit anderen zusammen in einer Unterrichtsklasse eingepfercht wurde. Es waren lange, unerträgliche und unglückliche Tage gewesen – und doch vielleicht nicht so schlimm, wie an einen Herzmonitor angeschlossen zu sein, mit Chemotherapeutika vollgepumpt zu werden und sich todkrank zu fühlen, obwohl doch alle nur wollen, dass es einem besser geht und man sich wohlfühlt.

Den letzten Sommer meiner Jugendzeit hatte ich mir anders vorgestellt.

Mein Leben war schon lange nicht mehr leicht und berechenbar. Ich hatte gelernt, das zu akzeptieren. Der Herr hatte es so gewollt: Mein Glaube an Ihn sollte vom Augenblick meiner Bekehrung an ein Kampf sein. Gleichgültigkeit war nicht vorgesehen. Und obwohl mir einige dieser physisch, emotional und spirituell höchst anspruchsvollen Tage zugegebenermaßen schwere Seufzer der Depression und des Selbstmitleids abrangen, versuchte ich doch, mir in alldem eine frohe Grundeinstellung zu bewahren.

Meine Pflegefamilie half mir dabei. Ich erinnere mich, wie Mamaw mich einmal von einem Chemotherapie-Termin nach Hause fuhr und mich im Auto einen christlichen Sender hören ließ. (Was für ein himmelweiter Unterschied zu dem, was ich bei meinen Eltern oder auch in anderen Pflegefamilien erlebt hatte!) Sie spielten ein bestimmtes Lied, irgendetwas von wegen »wenn meine Welt erschüttert wird … wenn mein Herz zerbricht … lasse ich Deine Hände niemals los«, und ich drehte den Regler auf die Lautstärke meiner eigenen Stimme und schmetterte gemeinsam mit dem Sänger im Radio und in rückhaltlosem Vertrauen auf Jesus meine Anbetung gen Himmel.

Mamaw und ich weinten. Wir priesen Ihn. Ich sagte ihr, ich hätte keine Angst vor dem Tod. Sie sagte mir, sie sei nicht bereit, mich gehen zu lassen. Wir waren Leidensgefährten im Licht der himmlischen Hoffnung Gottes, während die Sonne ihre warmen Strahlen durch die Windschutzscheibe sandte und wir gemeinsam gegen jeden Gegner kämpften, der mich zu schwächen und zu zerstören drohte.

An einem anderen Tag, nicht lange danach, saß ich während einer Behandlung im Krankenhaus mit geschlossenen Augen da, als ich eine Bewegung im Raum hörte. Ich öffnete die Augen einen Spalt weit und sah Isabella, in der einen Hand einen großen Strohhut und in der anderen eine ungeöffnete Dose Orangenlimo.

Mit einem mühsamen Lächeln lehnte ich den Kopf zurück und sagte leise: »Isabella, danke!«

Sie kannte meine Schwäche für Orangenlimo. Und der Hut war eine liebe, fast vergessene Erinnerung. Vor vielen Monaten waren wir einkaufen gewesen und ich hatte diesen lächerlich großen Hut vom Ständer genommen und gesagt: »Hey, Isabella, guck mal!« Ich setzte ihn mir auf und machte einen Kussmund. Und sie griff sich sofort einen zweiten Hut von derselben Sorte und posierte, die Hände in die Hüften gestemmt, als Diva. Mamaw, typisch Mutter, hatte mit ihrem Smartphone Fotos gemacht, um den Moment festzuhalten.

Und jetzt waren sie zurück in den Laden gegangen und hatten als einen stillen Beweis ihrer Liebe diesen Strohhut gekauft, um mich an glücklichere Zeiten zu erinnern.

Ich hätte Isabella so gern in den Arm genommen und ihr gesagt, dass es mir gut gehe, doch ich konnte vor Schmerzen kaum sprechen. Sie drückte meine Hand und lief schluchzend aus dem Zimmer und ich fühlte eine Woge der Dankbarkeit in mir aufsteigen, weil ich eine Familie hatte, die mich wirklich liebte.

Ich hasste es, dass sie mich leiden sahen. Manchmal waren die Schmerzen weniger schlimm, als ihren Kummer mit anzusehen. Ich machte mir Sorgen darüber, was diese fortdauernde Prüfung bei ihnen anrichten würde, besonders bei den Mädchen. Eines Tages, als Isabella bei mir im Krankenhaus saß und versuchte, sich ihre Niedergeschlagenheit nicht anmerken zu lassen, fragte ich sie, ob sie ihre Gefühle und Gedanken nicht vielleicht aufschreiben wolle. »Mir hat das immer geholfen«, erklärte ich ihr. Dennoch war ich, als ich ihre Worte später las, von der Tiefe ihrer Wahrnehmung und ihrer Fragen überrascht. Ich schreibe sie hier für Sie auf – in all ihrer ungrammatischen, kindlichen Ehrlichkeit:

Heute habe ich das Allerschlimmste gesehen. Ich war mit meiner Schwester Riffy im Krankenhaus. Sie haben ihr Chemo in ihren Port getan, und wir haben dagesessen und rumgealbert. Der Arzt kam rein und hat ihr irgendwelchen Kram erklärt und ich hab' einfach daneben gesessen und so getan, als ob mich das nichts angeht. Dann sind wir in ein anderes Zimmer gegangen und sie haben ihr den Pulli hochgezogen und sie da, wo der Port war, mit Creme eingeschmiert, damit es nicht so wehtut. Da hab' ich mich gefragt: Und wenn ich das wäre? Dann sind sie mit der Chemo gekommen. Das war richtig schrecklich. Ich habe ihr nur in die Augen gesehen und ihre Angst gesehen und das Licht Jesu, das in ihren Augen leuchtete. Sie hat meine Hand gehalten und es war einfach nur schrecklich. Das werde ich nie vergessen, bis zu dem Tag, an dem ich sterbe. Ich habe so viele Fragen. Warum muss sie das alles durchmachen?

Natürlich habe ich mir diese Frage auch oft gestellt, besonders oft vielleicht von dem Moment an, als ich meine Haare zu verlieren begann. Ich stand unter der Dusche und hatte plötzlich, während ich mir den Kopf wusch, ein großes Büschel in der Hand. Sie fielen einfach so aus. Überall. Ständig. Ekelhaft. Peinlich.

Eines Abends – es regnete, Blitze zuckten und der Donner tönte durchs Haus – bat ich Mamaw, mich irgendwohin zu bringen, wo ich sie mir alle abschneiden, mir eine Glatze scheren lassen konnte. Ich war es leid.

»Liebes, es ist spät, es regnet, und es ist Sonntag. Die Friseursalons sind alle geschlossen.«

»Das ist mir egal. Ich halte es nicht mehr aus!«

»Na gut, ich kenne eine Dame, die im Souterrain ihres Hauses einen Salon betreibt. Wenn du sie anrufst und wenn sie einverstanden ist, dann bringe ich dich hin.«

Ich war verzweifelt genug, um es zu tun. Mamaw gab mir die Nummer. Als ich der Frau die Situation schilderte, sagte sie sofort Ja.

Wenige Stunden später saß ich vor dem Spiegel einer Fremden und sah mit einer eigenartigen, ungläubigen Faszination zu, wie sie jedes letzte Restchen Haar von meinem Kopf rasierte. Später würde es Tage geben, an denen ich in den Spiegel schaute und keuchte vor Schreck über das, was ich da sah: geschwollene und gerötete Augenlider, ein blasses, abgezehrtes Gesicht. Ich sah aus wie ein Gespenst. Mit meinem blinden Auge und meinem kahlen Schädel kam ich mir vor wie ein Monster. Missgebildet. Morgens wünschte ich mir manchmal, unzählige Male, dass ich einschlief und nie wieder aufwachte. Wenn ich mir mit den Händen über meine kahle, fleischige Kopfhaut strich, hätte ich mich am liebsten in ein Loch verkrochen und vor der Welt versteckt. Ich wollte sein wie die anderen Siebzehnjährigen, die die Ferien über zu Hause, mit ihren Familien im Urlaub oder irgendwo auf Sommermission waren. Sie bereiteten sich auf ihre ACTs vor, überlegten, welche Collegekurse sie im Herbst belegen wollten, gingen shoppen, lachten oder plauderten stundenlang mit ihren Freundinnen. Ich dagegen war der einen Todesgefahr entronnen, nur um kopfüber in die nächste zu geraten, und sah den letzten Monaten eines schwindenden, kläglichen Lebens entgegen, das allem Anschein nach nicht nur nicht lustig, sondern auch nicht fair gewesen war.

Im Souterrain dieser freundlichen Frau in Ohio sah ich zum ersten Mal meinen braunen, kahlen Kopf, und an diesem regnerischen Abend schloss ich mit Gott einen Handel ab. »Du weißt, Herr, die Bibel sagt, das Haar einer Frau sei ihre Ehre. Nun denn, ich verzichte heute Abend auf meine Ehre, auf meine Schönheit und auf all meine Kraft und tausche sie gegen Deine.« Ich hielt inne, als mir das ganze Gewicht dieser Wahrheit bewusst wurde.

»Und wenn es nachwächst«, fügte ich dann in rückhaltlosem, unzweifelhaftem Glauben hinzu, »wirst Du es dann schöner machen als vorher?«

Ich war im Flur hin und her gelaufen und hatte meinen Text wieder und wieder geprobt. Die sechs bis acht Wochen der Krebsbehandlung hatten mich derart geschwächt, dass ich nicht mehr wusste, was schlimmer war: zu sterben oder sich die inneren Organe zerstören zu lassen, um am Leben zu bleiben.

Mamaw war am Telefon, als ich das Wohnzimmer betrat. Bei meinem nervösen Gezappel blickte sie auf und sagte ihrem Gesprächspartner am anderen Ende der Leitung, dass sie zurückrufen würde. Dann legte sie auf und fragte mich: »Was brauchst du, Liebes?«

»Ich, äh … Ich, hm …«

»Was ist los, Rifqa?«

»Ich will mit der Therapie aufhören.«

»Du willst *was*?«, fragte sie, riss sich die Brille von der Nase und rutschte nach vorn auf die Stuhlkante, um mich als Erste in einer ganzen Reihe von Personen für verrückt zu erklären, weil ich eine so überstürzte und unlogische Entscheidung traf. Zu diesen Personen gehörte natürlich auch mein Onkologe. Er sah mir direkt in die Augen und versuchte mich mit seiner feierlichen, ernsten Art zu überzeugen.

»Rifqa, meine Liebe, wissen Sie, was Sie da tun? Sie werden *sterben*, wenn Sie das durchziehen.«

Doch ich ließ mich nicht beirren. Ich hatte mich entschieden. Ich starb sowieso. Wenn nicht am Krebs, dann an der Chemo. Ich weiß nicht genau, wie ich es erklären soll, aber mir war sehr klar geworden, welchen Weg ich zu gehen hatte. Und die Chemotherapie war kein Teil dieses Weges.

Ich wusste, dass es verrückt klang. Verrückt *war*. Für mich selbst ergab es ja auch keinen Sinn. Doch ich wusste in meinem tiefsten Inneren, dass Gott genau das von mir verlangte, und so beschloss ich, dass ich lieber gehorchen und sterben als Ihm ungehorsam sein und die Behandlung womöglich überleben wollte. Dasselbe Flüstern, das mich an jenem Sonntagmorgen dazu gebracht hatte, mein Versteck hinter einem Baum unweit der Wohnung meiner Eltern zu verlassen, forderte mich nun dazu auf, etwas zu tun, wovon mich jeder Mensch, der mir in meinem Leben etwas bedeutete, abzuhalten versuchte. Die Stimme sagte dasselbe wie damals.

Aufgrund des Glaubens, Rifqa … Aufgrund des Glaubens …

Ich würde keine Hysterektomie und keine weitere Chemotherapie machen lassen. Die Ärzte hatten alles entfernt, was sie operativ entfernen konnten, und Gott würde den Rest übernehmen und mich heilen. Oder ich würde sterben. Doch mein Leben gehörte nicht mehr mir selbst und ich hatte irgendwie meinen Frieden damit gemacht. Ich würde Ihm voller Freude dienen, solange er mich am Leben ließ, und ich würde Ihn auch dann bis zum Äußersten lieben, wenn dies meine letzten Monate auf Erden sein sollten.

Neunundzwanzig

So liebevoll mich meine Pflegefamilie selbst während der unerwarteten Prüfung meiner Krebserkrankung beschützt und umsorgt hatte, hatte sie die Wirklichkeit meiner rechtlichen Situation dennoch nicht vollständig ausblenden können. Zwar hatten meine Eltern und ihre ursprünglichen Anwälte die Verfügung des Richters in Florida ohne großen Protest akzeptiert, doch sobald ich wieder in Ohio war, änderten sie ihre Strategie. Obwohl alle Seiten darin übereingekommen waren, dass ich (1) zurück nach Ohio geschickt und dort in die Obhut des Staates (das heißt in eine Pflegeunterbringung) gegeben werde und dass ich (2) einen legalen Einwanderungsstatus erhalten sollte, war wieder einmal alles nicht so einfach, wie es schien.

Kurz nachdem ich zu Mamaw und Papaw gekommen war, heuerten meine Eltern neue muslimische Anwälte an, um gegen die Verfügung vorzugehen und das Sorgerecht zurückzubekommen. Ein Jahr lang schleppte sich das Gerichtsverfahren mit Anträgen, Beschwerden und Rechtsmitteln träge dahin und brachte immer neue Anhörungen und unsinnige juristische Vorgänge hervor, während ich versuchte, mich auf die Schule zu konzentrieren und das bisschen Entspannung und Freiheit zu genießen, das mir vergönnt war. Die ganze Zeit über leugneten meine Eltern standhaft, mich je misshandelt oder bedroht zu haben, und erklärten immer wieder, sie wollten nur, dass ich nach Hause komme. Einen Außenstehenden hätten sie damit vielleicht überzeugt. Doch ich kannte die Wahrheit. Ich wusste, dass ich nie zu ihnen zurückgehen konnte.

Ich klammerte mich an die Tatsache, dass ich in den Augen des Staates schon bald erwachsen sein würde. Mit Erreichen des achtzehnten Lebensjahres würde das Sorgerecht, das der Staat Ohio für mich ausübte, erlöschen und mein Fall zu den Akten gelegt werden. Dann war das juristische Drama endlich vorbei. Ich konnte nie wieder gegen meinen Willen in die Obhut meiner Familie oder nach Sri Lanka zurückgeschickt werden.

Ein Traum wurde wahr, als ich an meinem achtzehnten Geburtstag den Gerichtssaal verließ. Wunderbarerweise hatte die Landesregierung am Tag zuvor meine Greencard bewilligt. Ich stand neben Angie, als sie John und Rosa anrief, um ihnen die gute Nachricht über meinen Einwanderungsstatus zu verkünden. Wir jubelten alle vor Begeisterung und Angie und ich machten vor Freude Luftsprünge. Weil mir die Greencard nur dank der Sonderregelung für Jugendliche zustand, hätte ich sie nach meinem achtzehnten Geburtstag nicht mehr beantragen können. Es war also bis zur letzten Minute spannend geblieben. Doch nun hatte ich endlich einen dauerhaften Einwanderungsstatus.

Außerdem hatten meine Eltern ihre Drohung fallen lassen, mich als »unbotmäßiges Kind« vor Gericht zu bringen. Hätten sie daran festgehalten, wäre mein achtzehnter Geburtstag sehr viel anders verlaufen. In diesem Fall hätte man mich zwingen können, zu ihren Vorwürfen Stellung zu nehmen. Doch offenbar haben sie eingesehen, dass, wenn sie an dieser Strategie festhielten, jedes Detail unseres häuslichen und familiären Lebens gnadenlos an die Öffentlichkeit gezerrt werden würde. Statt ihr Ansehen und ihre Ehre in der Gemeinschaft wiederherzustellen, hätten sie das wenige, was davon noch übrig geblieben war, auch noch zunichtegemacht. Die Temperatur unserer Beziehung wäre von null auf unter null gesunken. Und so traten meine Eltern, obwohl zu einem bestimmten Zeitpunkt sogar schon ein Verhandlungstermin angesetzt worden war und meine Rechtsbeistände sich auf eine Anhörung vorbereiteten, letztlich doch den Rückzug an.

Es war vorbei.

Es war alles vorbei.

Ich war frei.

Aus den Augenwinkeln sah ich, wie meine Familie ihre Sachen zusammenpackte und den Gerichtssaal verließ. Mein großer Bruder lehnte wartend an einem der Pulte. Vielleicht fragte er sich, wie es nun weitergehen würde. Bei seinem Anblick zog sich mein Herz schmerzhaft zusammen. Er sah so zerbrochen und gequält aus, dass ich ihn am liebsten in den Arm genommen hätte.

Ich dachte an das letzte Mal zurück, als er und ich miteinander gesprochen hatten – unter Aufsicht, bei einem Treffen in Florida. »Es tut mir so leid, was ich mit deinem Auge gemacht habe«, hatte er an jenem Tag zu mir gesagt, und dabei waren ihm ganz untypischerweise die Tränen gekommen. Ich sah in seine wässrigen braunen Augen und fühlte Mitleid in mir aufsteigen: Seine Reue war nicht gespielt. Wir saßen an einem hellen Holztisch am Fenster. Sonnenstrahlen wanderten über uns hinweg, und in ihrem Lichtkegel tanzten Staubkörner.

Ich nahm das Gesicht meines Bruders in meine Hände und flüsterte in tiefem Ernst: »Sieh mich an: Ich vergebe dir. Es ist okay.« Wir saßen beide da und starrten einander durch unsere Tränen hindurch an.

»Rifqa«, sagte er dann und versuchte eine Art Befreiungsschlag, »bitte, komm nach Hause. Bitte! Lass uns alles vergessen. Du kannst deinen christlichen Glauben praktizieren. Es kann wieder alles so werden wie früher.«

»Es tut mir leid, Rilvan, aber ich kann nicht. So einfach ist es nicht.«

Das wussten wir beide. *Ich* jedenfalls wusste es. Doch ich hielt seine Hände, während wir redeten und in unserer unerfüllbaren Sehnsucht zueinanderfanden. Als wir unser kurzes Treffen wenige Minuten später beenden mussten, hielt ich ihn fest. Ich verstand, dass er gehen musste, aber ich wollte ihn nicht loslassen, weil mir in diesem Moment schmerzlich bewusst wurde, dass ich nicht nur meine Familie, sondern auch einen Teil meines Herzens zurückließ.

Das war mir nie klarer als an meinem achtzehnten Geburtstag, in diesem letzten Augenblick im Gerichtssaal: dem Schlusspunkt so vieler Sorgen, Verluste und nervenzerreißender Nöte, die doch irgendwie in Gottes mitreißender Gegenwart und der unangefochtenen Souveränität seiner Vorsehung aufgehoben gewesen waren.

Ja, ich ließ vieles zurück: nicht nur meine Familie – ungeachtet ihres Widerstands gegen den christlichen Glauben –, sondern auch einen Großteil meines Betreuungssystems und der Aufmerksamkeit, in deren Fokus ich gestanden hatte, seit aus meinem entschlossenen Freiheitsstreben ein Streit um Recht und Gerechtigkeit geworden war. Nun, da wir unseren heiß umkämpften Fall gewonnen hatten, war es Zeit für mich, Angie, John und Rosa an andere Klienten abzugeben, die ihrer heroischen Dienste bedurften. Und es war Zeit für mich, auf eigenen Füßen zu stehen: das wunderbare Zuhause zu verlassen, das ich bei Mamaw und Papaw gefunden hatte und für das ich dem staatlichen Fürsorgesystem von Ohio ewig dankbar sein werde.

Es war Zeit für mich, zu gehen.

Aber wohin?

Da meine Lebensrealität als Teenager mich so lange Zeit gezwungen hatte, die Leute auf Abstand zu halten, konnte ich nicht nahtlos an meine Vergangenheit anknüpfen und in meinen alten Freundeskreis zurückkehren – schon gar nicht jetzt, da uns der natürliche Rhythmus der Schule nicht länger zusammenhielt. Ich konnte nicht einfach den Bus nach Columbus nehmen und mich – so nahe bei meinen Eltern! – mit meinen Bekannten treffen. Außerdem hatte mein Vater Informationen aus meinem Handy genutzt und die Telefonnummern etlicher christlicher Freunde herausgefunden, bei denen ich in all den Jahren so viel Liebe und Rückhalt gefunden hatte. Eine ganze Reihe von ihnen erzählte mir später, dass er sie belästigt und ihnen mit der Polizei und mit gerichtlicher Verfolgung gedroht habe. Selbst Menschen, die sich um mich sorgten, hatten allen Grund, mir aus dem Weg zu gehen. Sie sind ihre eigenen Wege gegangen. Verständlicherweise.

Für mich war es nun auch an der Zeit, meine eigenen Wege zu gehen.

Und das habe ich getan. Seit fünf Jahren führe ich ein selbstständiges Leben.

Seltsamerweise haben meine Erfahrungen mit der Justiz mich auf die Idee gebracht, mich im rechtlichen Bereich zu engagieren. Ich habe die längste Zeit meines Lebens in der Opferrolle verbracht. Jetzt, da ich meine Geschichte niederschreibe, wird mir bewusst, dass ich ein unstillbares Verlangen in mir trage, den Unterdrückten eine Stimme zu geben. Meine eigenen Erlebnisse haben eine Leidenschaft für Gerechtigkeit in mir geweckt, die mir keine

Ruhe lässt. Doch ich weiß auch, dass Gott letztlich derjenige ist, der wahre Gerechtigkeit übt. Kein Justizsystem kann mir alles wiedergeben, was ich verloren habe. Mein ist die Rache, spricht Gott.

Ich wünschte, ich wüsste es, aber ich habe wirklich keine Ahnung, wohin mich das führen wird. Einstweilen kanalisiere ich diese Leidenschaft, indem ich mich mit Feuereifer auf meine Collegefächer Philosophie und Politik konzentriere.

Ich weiß nicht, was aus meinen Beziehungen zu meinen Eltern und meiner Familie werden wird. Es ist schwierig, sich eine Versöhnung vorzustellen, solange sie nicht bereit sind, Jesus kennenzulernen und mithilfe derselben Gnade, die mir geschenkt worden ist, herauszufinden, warum Er alles ist, worum es im Leben geht, wert, jedes Risiko und jedes Opfer auf sich zu nehmen.

Doch das sind Spekulationen.

Fast jeder dunkelhäutige asiatische Junge, den ich sehe, erinnert mich an meinen kleinen Bruder Rajaa. Als ich neulich mit einer Freundin in einem indischen Restaurant zum Essen war und ein kleiner Junge in seinem Alter sich in die Schlange am Selbstbedienungsbuffet einreihte, ließ ich meinen Teller fallen und brach in Tränen aus. Es fühlte sich an, als hätte jemand die Zeit angehalten und mir alle Luft aus den Lungen gepresst. Während ich auf dem Boden kniete, um mich und mein Essgeschirr einzusammeln, traf mich die Frage wie ein Blitz: Wie anders wäre die Situation, wenn ich noch ein Teil von Rajaas Leben wäre? Mit der Zeit ist mir bewusst geworden, wie viel von dem entsetzlichen Kummer, den ich nach wie vor empfinde, mit ihm zu tun hat. Was immer geschieht: Die Jahre seiner Kindheit, die ich versäumt habe, sind für mich unwiederbringlich verloren. Vielleicht sehe ich ihn nie wieder – und ich habe keine Ahnung, wie hoch ich diesen Preis veranschlagen soll. Ich weiß nur, dass er sich ständig aufaddiert.

Hin und wieder träume ich von meiner Mutter. Sie hat graue Strähnen in ihrem dunklen, lockigen Haar und schneidet für das Curry ein Hühnchen in Scheiben. Ich möchte sie in den Arm nehmen und ihr von Jesus erzählen, ihr erzählen, dass es mir gut geht. Doch dann ist sie weg, verschließt sich vor mir, und nicht einmal in der Erinnerung weicht die Härte aus ihren Augen.

Was soll ich über meinen Vater sagen? Ich kann meine Erinnerungen nicht löschen. Die meisten davon würde ich gern vergessen, ich weiche davor zurück und möchte weglaufen, so weit ich nur kann. Selbst aus der Entfernung haben sie immer noch die Macht, mich in Angst und Schrecken zu versetzen.

Dennoch kann ich nach allem, was gewesen ist, sagen, dass ich rückblickend Dinge entdecke, für die ich ihm dankbar bin. Er hat mir sechzehn Jahre lang Nahrung und Unterkunft gegeben. Er hat hart gearbeitet, um uns zu unterhalten, und er hat mich zur Schule gehen lassen. Doch hauptsächlich halte ich mich an die Josefsgeschichte aus dem Alten Testament: Josef hatte notgedrungen und weil er überleben wollte, beschlossen, seiner Wege zu gehen und die Vergangenheit hinter sich zu lassen. Er gab sogar seinem Erstgeborenen einen Namen, der »vergessen« bedeutete, »denn er sagte: Gott hat mich all meine Sorge und mein ganzes Vaterhaus vergessen lassen« (Gen 41,51). Und auch wenn Gott mich in meinem Glauben zu bestärken scheint, dass wir eines Tages irgendwie so etwas wie eine Versöhnung erleben werden, wird diese Versöhnung doch genau wie die zwischen Josef und seinem Vater und seiner Familie sein müssen: in jeder Hinsicht ein

Wunder. Doch ich bete darum und ich bete für jeden Einzelnen von ihnen, wie ich es schon mit zwölf getan habe – wenn auch nicht mit derselben Intensität wie heute.

Ich vergebe meinem Vater, obwohl ich ihn nicht verstehe – vielleicht genauso wenig wie er mich. Nicht alle Geschichten können übereinandergelegt und als Schablone oder Raster benutzt werden, um zu entscheiden, wie ein Mensch reagieren sollte. Eines müssen Sie wissen, wenn Sie sein Verhalten verstehen wollen: Ich habe nicht nur dem Islam abgeschworen, sondern ich habe außerdem meiner Familie Schande gemacht. Und diese Schande ist von einer Art und Größe, die die Begriffe der meisten Menschen übersteigt, sofern sie nicht mit den Gesetzen und der Kultur strenggläubiger Muslime vertraut sind. Diejenigen, die damit vertraut sind und sich damit identifizieren, wollten mich tot sehen. Deshalb habe ich Vorkehrungen getroffen, um mein Leben und meine Sicherheit zu schützen, und ich treffe diese Vorkehrungen auch heute noch.

Vergebung muss – das liegt in ihrer Natur – oft sehr beschwerliche Wege gehen. Ich weiß das. Ich bin diese Wege gegangen. Doch Vergebung ist weder dumm noch blind und hat nichts mit gedankenloser Schönrederei zu tun. Manchmal müssen selbst Menschen, die anderen wirklich vergeben haben, aus Vernunftgründen weitere Schritte unternehmen, deren Umsetzung und Anwendung schwerfallen und die nicht sehr nach Vergebung aussehen. Mit einer Schwarz-Weiß-Logik wird man dem Wesen der Vergebung nicht gerecht. Das sind Einheitsschablonen, die vielleicht unter spirituellen Laborbedingungen, aber ganz sicher nicht im richtigen Leben funktionieren.

Ich liebe meine Eltern und will von ganzem Herzen und mit aller Leidenschaft das, was letztlich das Beste für sie ist. Ich habe gemeinsam mit meinem Freund Brian auf dem Grundstück gekniet, wo ich mich unweit unseres alten Wohnblocks vor meinen Eltern versteckt hatte, und für das Seelenheil meiner Eltern gebetet. Ich habe meine Finger über den Baumstamm gleiten lassen und mich lebhaft an jeden Gedanken und jedes Gefühl erinnert, das mich dorthin getrieben hatte und das mich auch heute noch treibt. Ich will vergessen. Aber ich kann nicht.

Ich bin in den vergangenen Jahren zu dem Schluss gekommen, dass Gott Seine Gründe hat, wenn er mich nicht vergessen lässt. Vielleicht soll ich – das könnte einer dieser Gründe sein – meinen vielen im Islam geborenen Schwestern sagen, dass es im Leben mehr gibt als die drückende Last der Schuld und Plackerei, die unsere einstmals gemeinsame Religion ihnen auferlegt. Jesus ist Freiheit und Vergebung, Hoffnung und Liebe, Frieden und Sinn, schlicht und einfach.

Und vielleicht soll ich – das wäre ein zweiter Grund – gegen jedwede Unterdrückung aufstehen und denjenigen Mut zusprechen, die keine Stimme haben und unter dem grausamen Zuchtmeister des Unrechts leiden. Ich bete, dass meine Geschichte Zeugnis gibt von der Kraft Gottes, die die Mächte der Finsternis überwindet – und davon, dass selbst ein einzelner Mensch, der Ihm nachfolgen will, ganze Nationen und Regierungen erbeben lässt. Wenn wir uns als Brüder und Schwestern in Christus zusammentun, können wir wahrhaftig Berge versetzen.

Und selbst wenn es sonst keine Gründe gäbe, ist es doch immer noch ein Privileg für mich, gemeinsam mit all den Männern und Frauen überall auf der Welt, die einen hohen Preis dafür bezahlt haben, dass sie Jesus als ihren Herrn bekennen, mein Kreuz zu tragen. Ich bin nicht allein: Ich bin eine von Unzähligen, die um Seines Namens willen im Verborgenen leben, denen aber die Ehre zuteilwird, in Seine Fußstapfen zu treten, in Seiner Nachfolge alles andere aufzugeben und so Seinen Namen zu verherrlichen. Mögen Geschichten wie meine überall dort, wo die Kirche diese Leidenschaft und Inbrunst verloren hat, die Spinnweben der Routine zerreißen, die die Religion auf eine Art Menüwahl reduziert – während doch Jesus selbst das eigentliche Hochzeitsmahl ist! Wenn meine Geschichte einen kleinen Beitrag dazu leisten kann, Ihre Begeisterung für Christus zu erneuern, dann sei Gott gepriesen. Ihm allein gebührt die Ehre.

Ich lebe heute in spiritueller Freiheit, denn ich kann Jesus uneingeschränkt anbeten, ohne mich dafür entschuldigen zu müssen.

Ich lebe heute in physischer Freiheit, denn mehrfache Tests und Untersuchungen haben – ohne eine andere Erklärung als den heilenden Finger des allmächtigen Gottes – ergeben, dass ich krebsfrei bin.

Ich lebe heute in mentaler und emotionaler Freiheit und bin auch in meinen Beziehungen frei. Für mich hat sich das Schriftwort als wahr erwiesen, das da sagt: »Jeder, der um meines Namens willen Häuser oder Brüder, Schwestern, Vater, Mutter, Kinder oder Äcker verlassen hat, wird dafür das Hundertfache erhalten« (Mt 19,29). Gott hat Männer und Frauen in mein Leben geführt, die mich innig lieben und ihr Leben opfern würden, um mich zu beschützen.

Vielleicht lebe ich im Verborgenen.

Aber untergetaucht im Licht.

Fragen zur Diskussion

1. Mit welchen Erwartungen sind Sie an die Lektüre von *Untergetaucht im Licht* herangegangen? Was für eine Vorstellung hatten Sie von der Verfasserin, ehe Sie Näheres über ihre Geschichte erfahren haben?
2. Rifqa fühlte sich von ihren Eltern unterdrückt, weil sie eine Frau und weil sie physisch beeinträchtigt (auf einem Auge blind) war. Sie vergleicht sich selbst mit einem streunenden Kätzchen: »Schmutzig. Wertlos. Unrein.« Beschreiben Sie eine Situation, in der Sie sich auch einmal unterdrückt oder ausgegrenzt gefühlt haben.
3. In ihrer Kindheit war Rifqas Gottesbild sehr stark von ihrer Familie und Kultur beeinflusst. Welche Ähnlichkeiten oder Unterschiede können Sie feststellen, wenn Sie sich vor Augen halten, wie Ihr Gottesbild von Ihrer Familie und Kultur beeinflusst worden ist?
4. Einige Christen wie ihr Freund Aiden und ihre Freundin Angela, die Rifqa nach ihrem Umzug in die Vereinigten Staaten kennengelernt hat, haben sie durch die Art, wie sie mit ihren Mitmenschen und mit Gott umgingen, näher zu Jesus hingeführt. Worin besteht Ihrer Meinung nach die Macht solcher Worte oder Taten? Glauben Sie, dass den meisten Christen heute bewusst ist, dass sie einen Nichtchristen in dieser Weise beeinflussen können? Warum oder warum nicht?

5. Von mehreren Christen ermutigt, tauchte Rifqa »tiefer und tiefer hinein in den Ozean der bedingungslosen Liebe und Wahrheit Gottes«. Welche der unten angeführten Aussagen kommt dem am nächsten, was Sie über die Evangelisierung Andersgläubiger denken? Warum?
   - Ich glaube nicht, dass wir das tun sollten. Solange sie in irgendeiner Form an Gott glauben, sind sie gut so, wie sie sind, und der Schaden wäre vielleicht größer als der Nutzen.
   - Ohne Jesus sind sie verloren, deshalb müssen wir sie taktvoll, aber kühn am Evangelium teilhaben lassen.
   - Wir sollten für sie beten und darauf vertrauen, dass wir die christliche Würze in ihrem Leben sind, aber wir müssen nicht direkt mit ihnen über Gott sprechen.
6. Nach ihrer Bekehrung zu Jesus hat Rifqa ihren neuen Glauben noch drei Jahre lang vor ihrer Familie verheimlicht und, wenn sie dazu aufgefordert wurde, weiterhin die islamischen Rituale praktiziert. War es in Ihren Augen klug von Rifqa, ihren Glauben geheim zu halten, oder meinen Sie, dass sie ihre neuen Überzeugungen verraten hat? Warum?
7. Wie lässt sich in einer Situation, wie Rifqa sie erlebt hat, das fünfte Gebot, Vater und Mutter zu ehren, mit dem biblischen Gebot vereinbaren, seinem Glauben gemäß zu leben?
8. Rifqas Vater drohte ihr, sie zu töten. Ihre Mutter sagte ihr, dass sie sie zurück nach Sri Lanka bringen und dort in ein Heim stecken würden. Waren diese Drohungen in Anbetracht der Familiendynamik Ihrer Meinung nach ernst gemeint, oder glauben Sie, dass Rifqa

überreagiert oder etwas missverstanden hat? Begründen Sie Ihre Antwort.

9. Stellen Sie sich vor, Sie würden entdecken, dass Ihr Kind zum Islam oder zu einem anderen Glauben konvertiert ist. Wie würden Sie reagieren?
10. Welche allgemeinen Schlüsse über Muslime kann man Ihrer Ansicht nach aus Rifqas Geschichte ziehen, und welche Schlüsse sollte man *nicht* ziehen?
11. Statt auf Christus zu verzichten, hat Rifqa ihr Zuhause mitten in der Nacht verlassen und ist nie zurückgekehrt. Was ist der kühnste Schritt, den Sie je unternommen haben, um Christus treu zu sein?
12. Brian, Beverly und andere haben die junge Rifqa in ihrem Plan unterstützt, von zu Hause wegzulaufen, obwohl sie sich damit unter Umständen sogar eines Verbrechens schuldig gemacht haben. Haben sie die richtige Entscheidung getroffen? Was hätten Sie an ihrer Stelle getan?
13. In bestimmten, entscheidenden Momenten ihres Lebens hatte Rifqa ein intensives Gefühl der Gegenwart Gottes: zum Beispiel kurz nachdem sie von zu Hause weggelaufen war und im Jugendgefängnis in Florida. Beschreiben Sie eine Situation, in der Sie die unleugbare Gegenwart Gottes gespürt haben. Was hat das für Sie bedeutet?
14. Die Behörden in Florida beschlossen letzten Endes, Rifqa unter der Bedingung, dass sie nicht zu ihrer Familie zurückkehren musste, wieder nach Ohio zu schicken. Rifqa wurde bis zu ihrem achtzehnten Lebensjahr dem staatlichen Fürsorgesystem unterstellt. Glauben Sie, dass das Gericht damit die bestmögliche Entscheidung getroffen hat? Warum oder warum nicht?

15. Rifqas Rechtsfall hat überall in der Welt Debatten ausgelöst. Einige sagen, er habe die Gefahren deutlich gemacht, die der Islam mit sich bringe. Andere behaupten, er sei symptomatisch für die unbegründete Hysterie mancher Christen gegenüber Muslimen. Was kann man Ihrer Meinung nach aus Rifqas Fall lernen?
16. Mitten in all ihren Kämpfen, die sie ausfechten musste, um Christus in Freiheit anzubeten, wurde Rifqa mit einer anderen furchtbaren Prüfung konfrontiert: der Diagnose einer tödlichen Krebserkrankung. Inwiefern hat die Erfahrung mit der Krankheit Ihrer Ansicht nach Rifqas spirituelle Entwicklung beeinflusst?
17. Am Ende ihres Buches sagt Rifqa, dass sie ihre Geschichte aus drei Gründen weitererzählt:
    - um anderen, die sich vom Islam unterdrückt fühlen, zu sagen, dass sie in Jesus Freiheit und Hoffnung finden;
    - um diejenigen, die gegen alle Arten von Ungerechtigkeit kämpfen, zu ermutigen und ihnen zu sagen, dass ein Sieg möglich ist;
    - um ihre Leser an diejenigen Männer und Frauen überall auf der Welt zu erinnern, die einen hohen Preis dafür bezahlen, dass sie Jesus ihren Herrn nennen.

    Wie hat Rifqas Geschichte Ihre Sicht auf die Menschen verändert, die gegen Ungerechtigkeit kämpfen? Was können Sie selbst tun, um den Unterdrückten und Verfolgten zu helfen?
18. Beschreiben Sie, was die Freiheit in Christus für Sie bedeutet.
19. Wenn Sie Rifqa eine Frage stellen könnten, was würden Sie sie fragen?

20. Was soll die Formulierung »Untergetaucht im Licht« Ihrer Meinung nach im Kontext dieses Buches bedeuten?
21. Inwiefern hat Rifqas Geschichte Ihnen geholfen, Gott besser zu verstehen?
22. Wir können uns das Ende von Rifqas Geschichte nicht aussuchen. Sie lebt immer noch im Verborgenen und ist womöglich immer noch in Gefahr. Was sagt diese fehlende Auflösung darüber aus, wie Gott in unserem Leben wirkt?

Danksagungen

Folgenden Personen gilt mein tief empfundener Dank:

Meinem Verleger: Sie und ich, wir wissen beide, dass dieses Buch nicht wäre, was es ist, wenn Sie ihm nicht so viel von Ihrer kostbaren Zeit gewidmet hätten. Danke dafür, dass Sie der Coach waren, den ich so verzweifelt gebraucht habe. Die Herzen, die davon berührt und zu Christus hingeführt werden, sind ein direktes Ergebnis der Zeit, die Sie in meine Geschichte investiert haben. Vielen Dank!

Meinem Agenten Robert Wolgemuth: Papa Robert, ich liebe dich. Ich liebe deinen väterlichen Eifer, mit dem du mich, meine Geschichte und mein Herz diesen ganzen Prozess hindurch behütet hast. Du hast in mir eher eine Tochter als eine Klientin gesehen! Ich bete und träume davon, dass mich ein Mann eines Tages so liebt, wie du Bobbie geliebt hast.

Brian Williams und Blake und Beverly Lorenz, den Schlüsselfiguren in meiner Geschichte: Ich danke euch dafür, dass ihr um der Gerechtigkeit willen euer Leben, euren Ruf und eure Zukunft aufs Spiel gesetzt habt. Ohne euren mutigen Einsatz gäbe es keine Geschichte, die ich erzählen könnte. Ihr seid ein Geschenk für mich!

John Stemberger, einem meiner Helden: Ihm gilt mein besonderer Dank. Ich war eine Klientin, die Sie nicht bezahlen konnte, aber all Ihre Zeit, Ihre Kraft und Ihre Mittel in Anspruch genommen hat. Sie haben mit der Vertretung meines Falls mehr verloren als gewonnen. Ihr Familienleben und Ihre finanzielle Situation haben darunter gelitten und Sie haben sogar Ihre Gesundheit gefährdet. Und doch sind Sie die ganze Zeit über mein Fels in der Brandung gewesen und haben mir mit Ihrem Gottvertrauen immer und immer wieder Mut gemacht. Ich danke Ihnen, dass Sie wie ein großer Bruder gewesen sind und auch dann noch ein Teil meines Lebens haben bleiben wollen, als das Scheinwerferlicht erloschen war. Ich hoffe, dass ich einst in Ihre Fußstapfen treten und wie Sie gegen das Unrecht kämpfen werde, wenn ich eines Tages dazu in der Lage sein werde.

Meiner besten Freundin, meinem »Jonathan«: Du weißt, wer gemeint ist! Danke, dass du mich mit der Liebe Christi geliebt hast. Du warst immer da, wenn mich der Mut verlassen hat. An jenen Tagen, an denen ich nichts weiter tun konnte, als mit Gott zu hadern und zu ihm zu rufen und mich in meiner Qual immer und immer wieder zu fragen: »Warum?« Du hast in der Stille mit mir geweint und geduldig auf meine Heilung gewartet. Danke, dass du mich getragen hast, als ich gelähmt war und nicht mehr selbst gehen konnte. Danke, dass du mich geliebt hast, als ich am wenigsten liebenswert war. Meine liebste Schwester, ich kann die Erinnerungen gar nicht erwarten, auf die wir zurückblicken werden, wenn wir gemeinsam den Wettkampf gelaufen sind, der uns aufgetragen ist, um Christus zu unserem größten Schatz und Besitz zu machen. Ich liebe dich.